シン・サラリーマン
それは、
1 リーマン力
2
3 ネー力
3つの武器を
身につけたサラリーマンのこと。
人生100年時代の
真の「安定」を手に入れる。

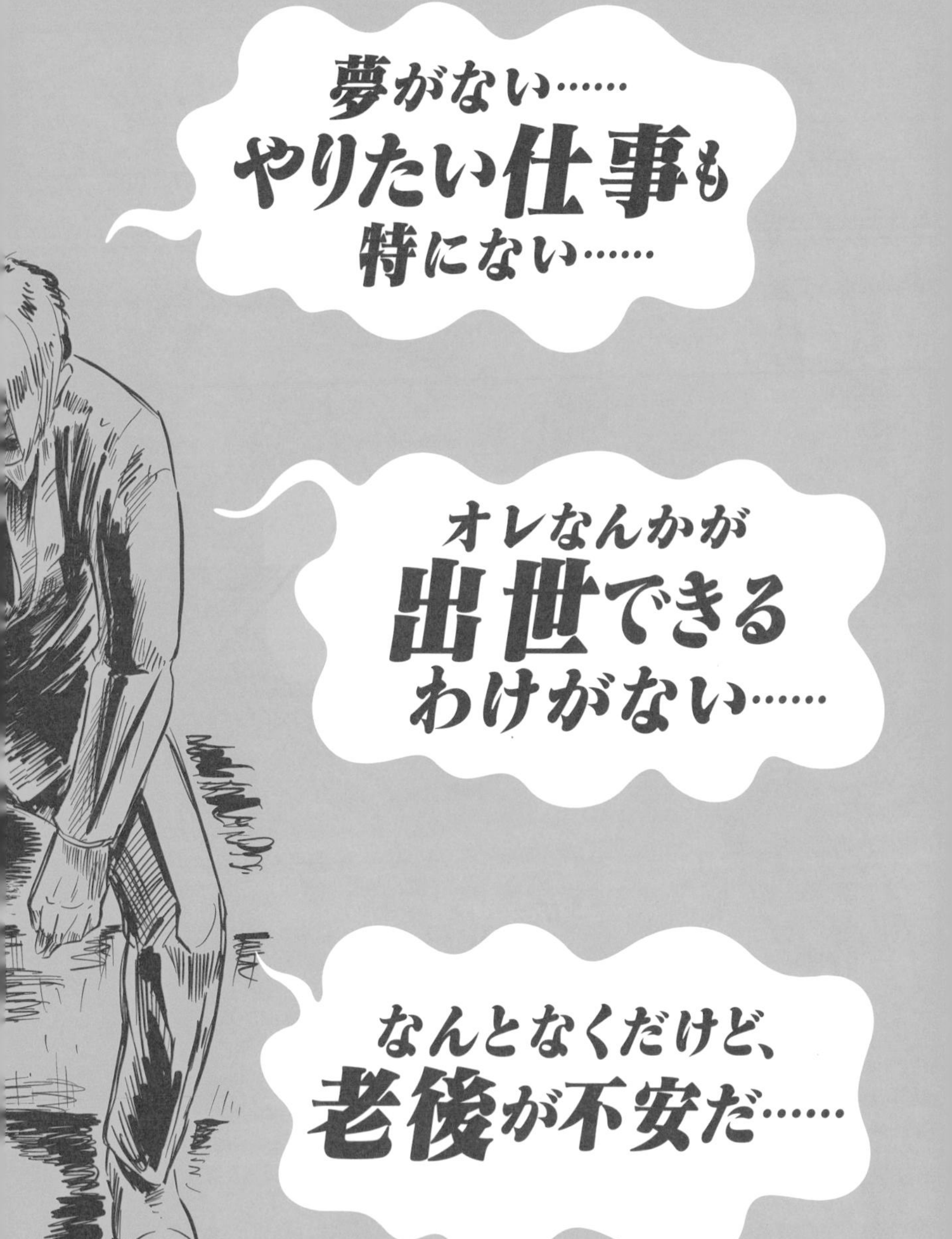

この一冊で解決します!

給料少ないし、
貯金も全然ない……

人間関係の
ストレスがツラい……
定年まで働くとか
絶対無理!

結婚したいけど、
家庭持つ自信
なんてないし……

サラリーマンの悩み、

はじめに

はじめまして**！**
サラリーマンYouTuberの
「サラタメ」と申します。

「〝サラ〟リーマンの〝タメ〟になる情報発信をしよう」ということで、こんな名前で**副業YouTuber**をしています。

本業は、**2回の転職**を経て**「新R25」**というWebメディアの会社で働かせてもらっています。

ぬくぬくと心穏やかに生きていくためなら、どんな努力も惜しまない、意識低い目標に全力で挑んでいる人間です。

どうぞよろしくお願いします！

Before 約6年前

ブラックな職場でボロボロ

- 新卒で大企業に入社するも、ブラックな職場に配属される
- ほぼ毎日終電帰り。終電にも間に合わないときはカプセルホテル泊
- パワハラ上司から、怒鳴られまくる日々。胃潰瘍《いかいよう》になる

After 約4年前

ホワイト企業に転職&副業開始

- 超絶ホワイト企業に転職。残業はほぼゼロ。逆に時間を持て余す(笑)
- 空いた時間で、ありとあらゆる副業に手を出す

Now 現在

登録者60万人超えサラリーマンYouTuber

- 複数のYouTubeチャンネルを運営(登録者合計約60万人超え)
- 転職ブログ「サラタメのホワイト転職」運営
- 副業で得た知見を活かし、前々から働きたいと思っていた会社(新R25※)に転職
- 現在31歳。年収は本業&副業合わせて、大企業の役員さんくらい

※株式会社Cyber Nowが運営するWebメディア

今から6年前、私の「理想」は「幻想」だったと気づきます。


「安定した会社に入れば、もうお金の心配はいらない」

「夜遅くまでガムシャラに働けば、デキる人になれる」

「仕事にやりがいさえあれば、ツラいことも乗り越えられる」

「出世すれば、すべての悩みが解決する」


そう、信じていました。


ただ、笑ってしまうくらい、なにもかもうまくいきません。

仕事がデキない自分と、デキる先輩を比べて落ち込み続ける日々。

そして、さらに落ち込んだのが、その尊敬する先輩ですら、余裕のある生活をしていなかったこと。

デキる先輩：子どもが2人いたら、自分のために使えるお金も時間もないぞ！
大学生のときのほうが、よっぽど自由だったかもな（笑）。

サラタメ：（え……!! なにそれ！ 全然笑えないんだが）

私が学生時代から思い描いてきた理想のサラリーマン人生は、今の時代には幻想でしかないことに、だんだん気づき出します。

これはマズい。大企業で出世コースを狙いながら、中の上くらいの生活ができればいいと思っていました。別に「大金持ち」になんてなれなくていい。「中の上くらいの安定」がほしかっただけなんです。

でも、どうやらこのままでは、その「中の上」さえも手に入らない。親世代のサラリーマンの「普通」ですら、実現が難しい時代が来ているのだと、社会人になって初めて気づかされました。

「このままでは絶対ヤバい……。スキルもお金もないんだが……」

悩んだ私は、「本」にすがりつきました。

最初は、会社の先輩を頼ってみたものの、人によって、タイミングによって、言うことがバラバラ。「攻めろ」「守れ」「言うとおりにしろ」「自分の意見を持て」、そんな日替わり&気まぐれなアドバイスに振り回された挙句、「本」にたどり着きました。

「私ごときの悩みが、世界初&史上初なんてありえない！

きっとデキる先輩より、もっとスゴい誰かがすでに解決して、本にしてくれてるはず」

そう思い、歴史的名著から話題のベストセラーまで読み漁りました。

その数、300冊以上。とにかく本を読み、その知識をサラリーマンの現場で実践しまくりました。

やっぱり本ってスゴいです。間違いなく、本のおかげで私の人生は好転しました。

とは言いながらも、ぶっちゃけ名著だろうと、話題作だろうと、現場で実践してみると、「全然違うじゃん」という部分があります……。

歴史的名著だからこそ、「人生100年時代」の実情に対応できていない部分もあったりして、「逆に遠回りさせられたわ」と文句を言ってやりたいこともありました。

なので、この本を書く意味があると思ったんです。

名著300冊以上から得た知見をもとに、現代のサラリーマン現場で実践してきた私だからこそ、お伝えできることがあると思ったんです。

先に、結論をお伝えさせてください。

結論

真の「安定」を手に入れるために、「出世」より「**3つの武器**」を身につけた「**シン・サラリーマン**」になろう**！**

3つの武器

1 リーマン力（筋力）

・一生モノの「デキる」が身につく仕事術
・働きたい会社を戦略的に選べる転職術

2 副業力（刀）

個人の力で本業以上に稼げる
スモールビジネス起業術

3 マネー力（盾）

お金の致命的ミスを防ぐ
マネーリテラシー（お金の知識）

これが結論です。おわかりいただけるでしょうか。

本書は、出世競争を勝ち抜くためのビジネススキルを語る、**従来のサラリーマン向け書籍とはひと味違います。**

人生100年時代の実情に合わせ、**出世ではなく転職を見すえた「リーマン力」、スモールビジネスを自分の手で切り盛りする「副業力」、貯めたお金を守り抜く「マネー力」の「3つの武器」**に特化した内容です。

すべてを詰め込みました。

副業サラリーマンとして、現在進行形で試行錯誤しながら、約3年にわたり〝**サラ**〟リーマンの〝**タメ**〟にと、発信し続けてきた、私**サラタメ**だからこそお伝えできる、具体的なノウハウのすべてです。

詰め込みすぎて、かなりゴッツい本になってしまったので(笑)、一気に読み切るのはしんどいかもしれません。ぜひつまみ食いするように読んでください。

本書の根幹となる「〈STEP0〉大原則」パートは、真っ先に読んでいただきたいですが、そこからの読み方はあなた次第です。**目次をザーッと眺める。今の自分に深く関わるページを探し、集中的に読む。実際に試してみる。**そんな**攻略本のような使い方**を、著者としてオススメします。

さぁ、準備はいいでしょうか。

たとえ私のようなフツーの、いわゆる「凡人」でも、**人生100年時代を徹底攻略できる、現実的&最短の道のり**をご案内します。

ぜひ楽しみつつ、おつき合いください。

ではいきましょう!

STEP 1-2 リーマン力（転職術）

準備

STEP 2 副業力

準備

実践

サラタメさん
出世する自信はないけど
お金持ちになりたい！
サラタメさん、
どうにかして〜
マモルさん
27歳のサラリーマン
食品メーカーの営業マン
未婚&彼女いない
贅沢していないのに、なぜか貯金がない
仕事がうまくいっていない
毎日、山根係長に怒られまくっている

STEP 0 大原則

STEP 0 大原則

実は恐ろしい「人生100年時代」

"捨て犬サラリーマン"が量産される!

マモル:「人生100年時代」が恐ろしいって、なんでですか? 寿命って80歳くらいかと思ってましたけど、100歳まで生きられるなら、ゲートボールし放題じゃないですか!

サラタメ:いや、それがノホホンとゲートボールしてるわけにもいかないんです……。人生80年で終わるか、100年続くかでは、私たちサラリーマンが描くべき人生プランって全然変わってきちゃうので。

マモル:具体的に、ボクたちの人生プランがどう変わっちゃうんですか!?

サラタメ:ザックリいえば、①**お金のやりくり**、②**働き方**、③**お金以外の重要性**。この3つがめちゃくちゃ変わります。その変化に対応できないと、貧

人生100年時代とは?

多くの人が、100歳まで長生きする時代が訪れたことを意味する言葉。リンダ・グラットンとアンドリュー・スコットが2016年、著書『LIFE SHIFT(ライフ・シフト)――100年時代の人生戦略』(東洋経済新報社)で提唱したもの。1914年に生まれた人が100歳まで生きる確率はわずか1%だったが、今後は珍しくなくなる。2007年生まれの世代は、50%以上が107歳まで生きるといわれている。

乏で孤独な〝捨て犬サラリーマン〟になっちゃうかも……。

マモル：貧乏……孤独……捨て犬！　ぎぃやぁぁあああ〜〜〜〜〜〜!!

人生100年時代の厄介な変化3つ

サラタメ：厄介な変化は次の**3つ**です。

①お金のやりくりがキツくなる

②「1社で働き続ける」のが難しくなる

③お金以外の資産が超重要になる

①お金のやりくりがキツくなる

一番厄介なのは「お金のやりくり」に関する変化です。

なぜならシンプルな話で、長生きするために、老後のお金がもっと必要になってくる。さらに今後、少子高齢化で、老後にもらえる公的年金はどんどん減っていく。つまり、**老後に必要なお金は増えるのに、年金としてもらえるお金は減る**ということ。

老後に必要なお金を貯めるために、おじいちゃん世代（1945年生まれ）は、毎月の給料から約4％貯金すればOKでした。

一方、若者世代（1998年生まれ）は毎月約25％の貯金が必要になると、『LIFE SHIFT』では述べられています。

マモル：給料の25％を貯金!?　手取りが25万円だとしたら、6万円も貯金しないといけないってことですか……。でも、家賃とか食費、飲み代とか払ったら、絶対残りませんよ！

サラタメ：お子さんがいる家庭とかだったら、さらに厳しいでしょうね……。

②「1社で働き続ける」のが難しくなる

長い老後に備えると、お金のやりくりがキツくなる。その影響は、私たちサラリーマンが働く期間にも及ぶでしょう。

結論、親世代より長い期間働くことになります。

2013年には、定年退職が60歳から65歳に引き上げられましたが、この流れが止まることはありません。**今の20～30代は、おそらく70～80代まで働き続けることになります。**

ただ、その一方、会社の寿命は年々短くなっています。

ビジネスの世界は、加速度的な変化を続けているため、「会社の平均寿命は23・3年まで縮まった※」ともいわれています。

たとえ自分が就活していた頃に脚光を浴びていた企業でも、40～50代になるまで存続しているかは、まったく予測できない時代が到来しているのです。

※出所：「2020年『業歴30年以上の〝老舗〟企業倒産』調査」（東京商工リサーチ）

マモル：**ボクたちサラリーマンは50年近く働かないといけないのに、会社の寿命は20年くらいしかないなんて……。**

サラタメ：そうなんです。だから、「1社で働き続ける」っていうのは、ほぼありえない人生プランになりつつあります。今後はさらに「転職」が当たり前になりますし、なんなら「起業」「勉強」「育児」「バカンス」みたいな、サラリーマン以外の期間を挟みつつ、働き続ける人が増えていきます。

マモル：たしかに！　40年以上「サラリーマンひとすじ」はさすがに飽きちゃいそうですね……!!　とはいえ簡単に転職したり、学生に戻ったりなんてできなくないですか？

サラタメ：そうです。人生80年時代の感覚のままだと、かなり難しいです。お金を持っていればOKって話でもないので。いろんなステージを身軽に乗り換え、人生100年時代を骨の髄まで楽しむには、「**お金以外の資産**」**をどう蓄えていくか**、ここがめちゃくちゃ重要になってきます。

例:「人生80年時代」と「人生100年時代」のキャリアプランの違い

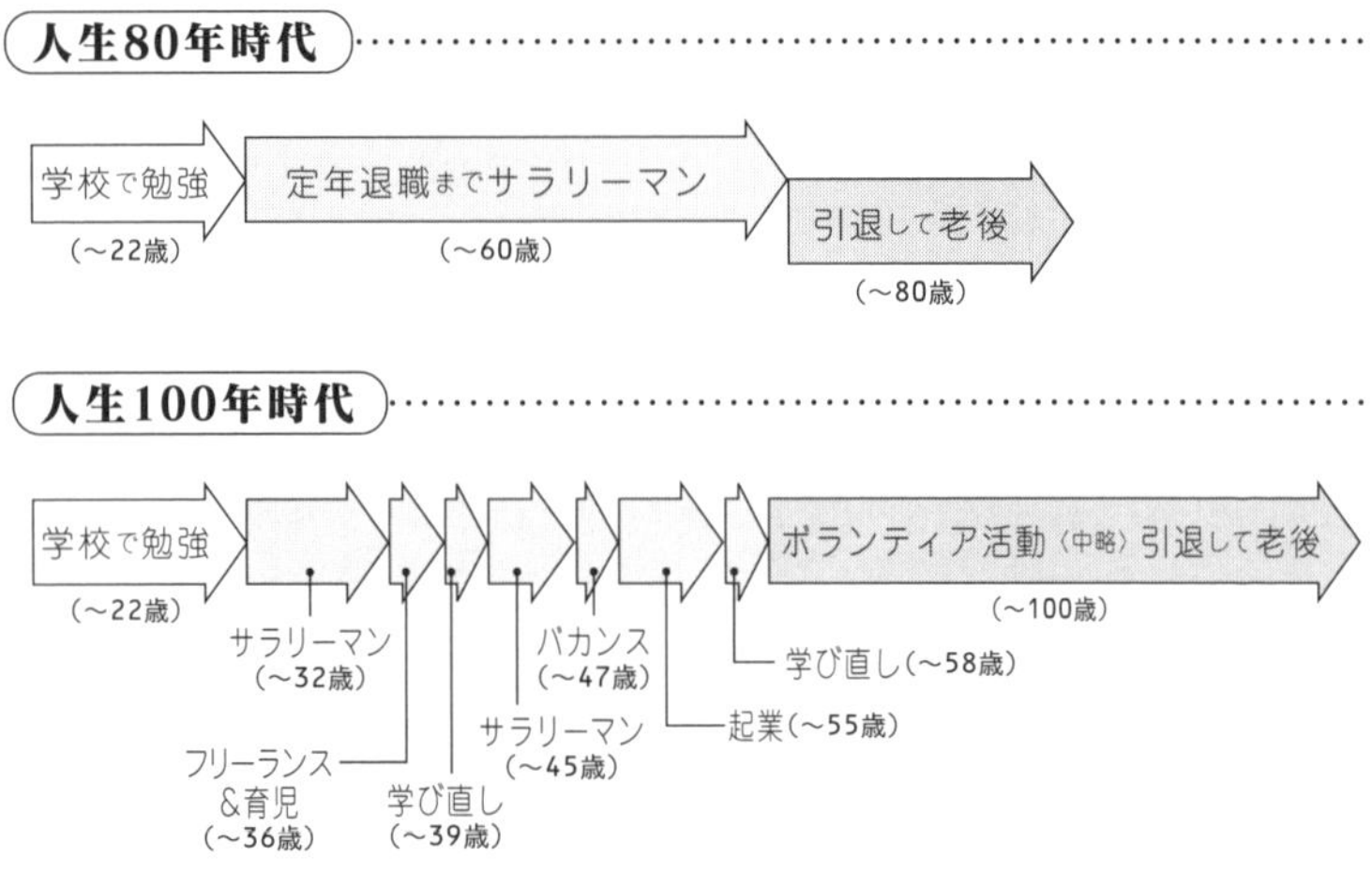

③お金以外の資産が超重要になる

人生100年時代においては、**❶ビジネススキル**、**❷人間関係**、**❸健康**、これら**3つの目に見えない資産**が重要性を増していきます。

❶ビジネススキル

転職によって、様々な会社を渡り歩くには、どんな組織でも成果を出せる**ビジネススキル（リーマン力）**が求められます。また、サラリーマンだけではなく、「起業」というステージも楽しみたいなら、スモールビジネスを個人の力で切り盛りする**ビジネススキル（副業力）**も併せて必要になってきます。

「リーマン力（仕事術・転職術）」についてはSTEP1で、「副業力」についてはSTEP2で詳しく触れます。

❷人間関係

フットワーク軽く、様々なステージを経験するには、ビジネススキルだけでなく、**「人間関係」**という資産も重要になってきます。人生が長くなるということは、仕事の時間以外の、プライベートな時間も当然増えます。家庭や友人関係が良好かどうかも、人生100年時代の幸福度に大きく影響するわけです。

マモル：ひたすら働きまくる会社人間やってたら、家族に見放されて、孤独な**捨て犬おじいちゃん**になっちゃうってことか。怖すぎる……。

❸健康

人生100年時代を楽しみきるには、健康もめちゃくちゃ大事です。健康を無視して、モーレツに、太く短く働くことが正義だった時代は、すでに終わりを告げました。20~30代の方々は、親世代より確実に長い期間働くことになります。40年以上の長期戦を見越し、ワークライフバランスを意識しながら、心身ともに健《すこ》やかに働くことを心がけましょう。

サラタメ：心身ともに健康であれば、長く楽しく働くことができます。すると結果的に、ビジネスマン人生全体での収入アップにもつながるわけです。

〈まとめ〉

- 人生100年時代は、しっかり備えないと意外に恐ろしい
- 長生きに備えるため、お金のやりくりがキツくなる
- 会社の寿命が短くなり、1社で働き続けるのが難しくなる
- お金以外の資産（ビジネススキル、人間関係、健康）の重要性が増す

STEP 0 大原則

真の「安定」は〝2つの給料袋〟から生まれる

お金も〇〇も、まるごと手に入れよ

マモル：ちょっと、サラタメさん！　人生100年時代が、予想以上に恐ろしくて、絶望しかないです……！　今すぐボクに「安定」をください（涙）。

サラタメ：いったん、落ち着きましょう（笑）。今すぐはさすがに無理ですが、真の「安定」を手に入れる最短ルートをお伝えします。

マモル：最短ルート！　もしかして、宝くじですか？　1等と前後賞合わせて10億円狙いですか!?

サラタメ：全然違います（笑）。**結論、「2つの給料袋を持つこと」**です。つまり、複数の収入源を確保すること。これが**真の「安定」を手にする「シン・サラリーマン」への最短ルート**なんです。

マモル：複数の収入源ですか……。それってホントに宝くじ1等より、いいことありますか……？

サラタメ：宝くじよりは、100％メリット満載だと言い切れます！（笑）

マモル：そうなんですか？　じゃあまず、2つの給料袋を持つと〈どんなハッピーなことが待ってるか〉教えてください。あと〈給料袋を2つに増やす方法〉もぜひ！

サラタメ：OKです！　じゃあ、2つの給料袋を持つメリットのほうから、ガッツリ解説します（実現方法は次の項目以降で）。

マモル：お願いします！　給料袋を2つ持つということは、おそらく副業したりするってことですよね？　たしかに収入源が増えれば、シンプルにお金持ちになれそうな気がしますけど……。

サラタメ：もちろん金銭的なメリットは大きいです。ただ、ここで伝えたいのは、**「2つ**

の給料袋」がもたらす、お金以外のどデカいメリットのほうなんです！

マモル：お金以外……？　どんなメリットですか!?

サラタメ：な、なんと！　仕事が嫌いじゃなくなるんです！

マモル：へ!?　それはない！　ありえないです!!　サラタメさん、ボクがどれだけ仕事嫌いかわかってます!?

サラタメ：（謎に強気だ……〈笑〉）まぁ、私も仕事が大っ嫌いだったので、その気持ちはわかりますけど、ちょっとダマされたと思って聞いてください。

2つの給料袋で仕事が好きになる不思議

私は、サラリーマンをやりながら、複数の収入源をつくりました。

現在、働いている会社以外に、YouTubeやブログなど、細かいものを含めれば5つ以上の給料袋がある状態です。収入源が増えると、単純にお金が増えてハッピーなのですが、もう一つ大きなメリットがありました。

大嫌いだった仕事が、なぜか好きになります。


なぜ仕事が嫌いじゃなくなるのか？

それは**複数の収入源を持つと、一つの会社や得意先に依存しなくなるから**です。

要は、イヤになったらすぐ辞められる立場になるのです。

そうすると、徐々にですが、好きな人・場所・内容を選んで、仕事ができるようになっていきます。

嫌いな仕事は「○○しなきゃ」という義務感から生まれます。「○○したい」「○○してみよう」という興味から生まれる仕事は、意外に悪くない。なんなら楽しいのです。

サラタメ：私でいえば、副業でやってるYouTubeの仕事ですね。人・場所・内容という環境すべてを自分で選べます。環境が選べるようになると、「仕事」の意味がまったく違うものに変わっていくんです。

マモル：たしかにボクもいわれてみると、仕事自体がイヤというか、まわりの環境がイヤなのかも……。「意地悪な上司」とか「蹴落とし合う社風」さえなければ、やっている仕事自体は悪くないんだよなぁ。

「お金」の先に「天職」がある

サラタメ：「仕事が楽しくなってきた」という感覚は、「お金」以上に大きな価値をもたらしてくれます。心からハッピーな真の「安定」には欠かせないピースです。

この資本主義社会において、お金はもちろん重要です。

本書を手に取ってくださった方には、しっかりお金持ちになり、経済的な意味での「安定」を手にしてほしいと思います。そのために必要となる、お金稼ぎに直結するノウハウもお伝えしていきましょう。

ただ、それと同時に「仕事が楽しい」という状態も、あきらめずに目指してほしいのです。

サラタメ：なぜなら、金銭的な意味だけじゃなく、精神的な安定を手に入れてこそ、**真の「安定」**だからです。「見せかけだけの成功」ではなく、心からハッピーな状態になってもらいたいんです！

マモル：心からハッピーな真の「安定」を手に入れるには、お金だけじゃホントに無理なんですか？

サラタメ：はい、それはマズローさんっていうエラい心理学者が、80年くらい前に提唱しています。

下のピラミッド図は、人間が持つ欲求を5段階に分けたものです。

人は誰しも、一番下層の「生理的欲求（とにかく生き延びたい）」から順番に満たしていき、最上段の「自己実現欲求（「自分」を存分に活かしたい）」を満たしたときに、心からハッピーになります。

要は、**ごはんを食べて生き延びているだけでは、人間はどうにも満足しきれない**ということ。「不労所得」「ＦＩＲＥ（早期リタイア）」は一見魅力的ですが、

マズローの欲求5段階説

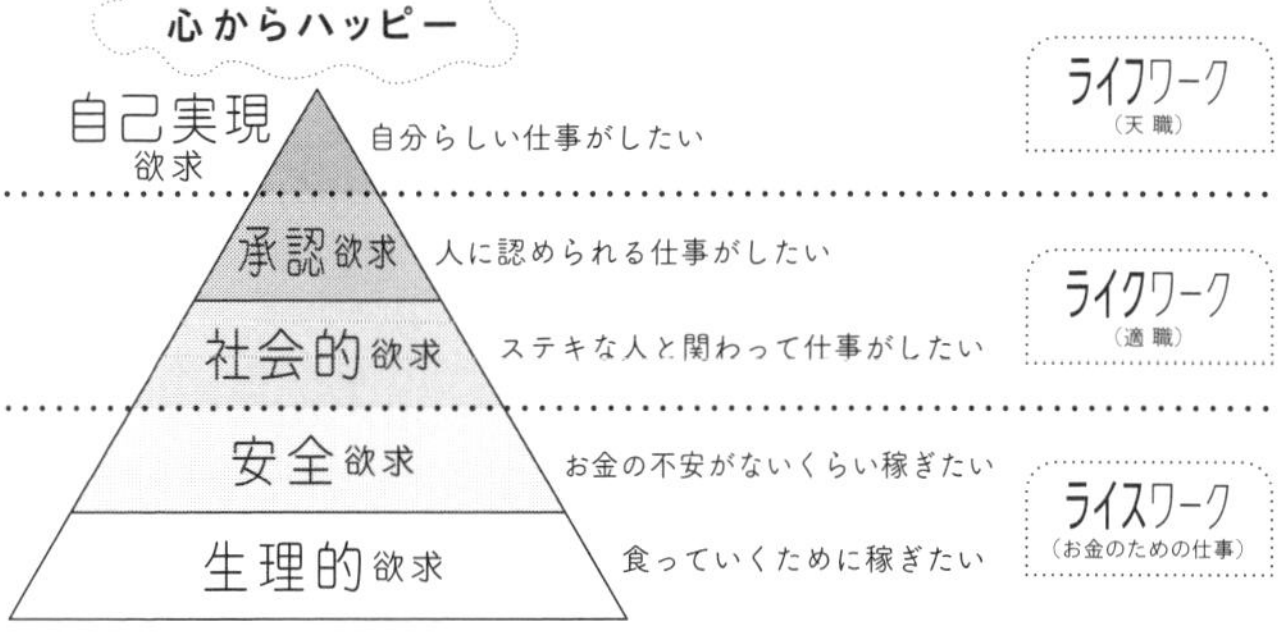

出所：樺沢紫苑著『精神科医が教えるストレスフリー超大全——人生のあらゆる「悩み・不安・疲れ」をなくすためのリスト』（ダイヤモンド社）をもとに一部改変

実はそれで満足できるほど人間の心は単純ではありません。「お金」だけで、最上段の「自己実現欲求」まで満たすのは不可能です。お金で満たせるのは、せいぜい下から2段目の「安全欲求」くらいまで。そこからさらに、ピラミッドの上に進むために結局行き着くのが、「仕事」なのです。

自分に合った仕事（適職）が第3の「社会的欲求」、第4の「承認欲求」を満たしてくれます。さらに自分の強みを存分に活かす仕事（天職）が「自己実現欲求」を満たしてくれるのです。

もちろんお金がまったくないと、上位の段階に挑戦する気さえ起きませんが、ある程度経済的に満たされた人は、誰もがこのピラミッドを登っていきます。私たち人間の脳に、そうやってインストールされているので、抵抗できません。

マモル：なるほど。**お金って最低限のストレスを取り除いてはくれるけど、心からハッピーな状態にしてくれるかっていうと微妙なのか……。**よし！　じゃあボクも欲張って「お金」と「天職」、どっちも狙っていきますね！

サラタメ：私は仕事のご縁で、とんでもないお金持ちにお会いする機会があったりするんですが、みなさん、めちゃくちゃ楽しそうに仕事してるんですよね。もう一生かけても使いきれないくらいのお金を持ってるはずなのに。

マモル：仕事を通して、お金以上にステキなものを得られてるってことなんですかね〜。

「お金好き」より「仕事好き」が最強

前項でも触れましたが、人生100年時代は**「お金」「ビジネススキル」「人間関係」「健康」の4つの資産をバランスよく築いていく**必要があります。

そして「仕事」を楽しみ続けることは、4つの資産すべてに、間違いなくよい影響をもたらします。

サラタメ：ザックリまとめると、まず目指すべきは「2つの給料袋を持つこと」。それで、イヤな仕事は徐々にやめていく。好きな仕事は極め続けていく。すると、いつのまにか、仕事が楽しくなってきちゃう瞬間がきます！

マモル：そうやって「仕事好き」になっちゃうと、お金も、お金以外の資産もガンガン貯まっていく。つまり、**「給料袋2つ」↓「仕事好きになる」↓真の「安定」が合理的なルート**ってことですね！（一発宝くじ当てることじゃなかったか……〈笑〉）

〈まとめ〉

- 「2つの給料袋」が、真の「安定」をもたらす
- 収入が増えるだけでなく、仕事を選べるようになる
- 仕事は、人間が最終的に求める「自己実現欲求」まで満たしてくれる
- 「お金」と同時に「天職」を手に入れることまで目指そう
- それこそが真の「安定」（経済的&精神的安定）につながる

STEP 0 大原則

出世より「3つの武器」

真の「安定」を手にする現実的すぎるステップ

マモル：サラタメさん！　とりあえず、この2つは理解できました。

①人生100年時代のサラリーマンは、**働き方を変えないとヤバい**

②**2つの給料袋を持つこと**がめっちゃ大事。

仕事を好きになったらいろいろ最強

マモル：でも、2つの給料袋を持つために、ボクは何をすれば……。あ！　サラタメさんもやってる「副業」をやれってことですね!?

サラタメ：そうです！　２つの給料袋を持つために、副業は欠かせません。

マモル：いや、でも副業は無理っすよ！　自慢じゃないですけど、ボクは全然仕事デキないんですから、副業なんかにかまけてたら、完全に出世コースから外れちゃいます！

サラタメ：あの……別に出世から遠のいちゃっても全然ＯＫですよ。

マモル：へ!!?　ダメでしょ！　サラリーマンが安定するには、まず出世しなきゃでしょ！

サラタメ：そうですね。たしかに、人生１００年時代になる前はそうだったと思います。というか、私も数年前までそう信じてましたし……。でも、**もう今の時代、「出世」は安定を約束してくれない**んです。

マモル：そうなんですか!?　正直「出世」以外に目指すべきゴールを考えたことなかったな……。

サラタメ：「出世」ではなくて、①「リーマン力」、②「副業力」、③「マネー力」という「**3つの武器**」を身につけることが、現代の合理的な勝ちパターンです。それが人生100年時代を生きる「シン・サラリーマン」的戦略なんです。

マモル：み、3つの武器!?……なんか、それはカッコよさげですね（笑）。で、ボクはどうすればいいんですか？

サラタメ：ザックリいうと、**まず①「リーマン力」を鍛え、出世じゃなく、自分の時間を確保する。その自分の時間を活用し、②「副業力」を磨く。副業でガッポリ稼いだ資産を③「マネー力」でしっかり守る。**大枠はこんな流れです。

マモル：ふむ、なるほど……、まったく意味がわからないので、詳しく解説してください！

「出世」が安定を約束してくれない時代

人生100年時代において、「出世」の価値は大きく下がりました。
理由はシンプル。「会社の寿命が短くなってしまったから」です。
「出世」が人生の安定をもたらしてくれるのは、会社の寿命が長く、終身雇用が約束されていた頃の話。私たちの働く期間が長くなる一方、会社の寿命が短くなる今の時代において、出世による安定は幻想でしかないと認識するべきです。

サラタメ：ただ、一つ注意！ **「出世を目指さない」は「会社の仕事をテキトーにやる」ではありません！**

出世は目指さなくても、仕事の成果にはこだわり、「リーマン力」を高めないといけません。そこで高めた「リーマン力」を、「出世」ではなく、「**自分の時間の確保**」「**副業の規模拡大**」に使うのが「シン・サラリーマン」のあるべき姿です。

3つの武器とは？

人生100年時代の理想像「シン・サラリーマン」になるために、必要な3つの力。

1 リーマン力（筋力）

◯ 収入が安定する
× 収入が限られる

◯ 勝ち馬に乗れる
× 裁量が限られる

2 副業力（刀）

◯ 収入が青天井
× 安定感がない

◯ すべてが自分の裁量
× 即金性が弱い

3 マネー力（盾）

◯ 致命的ミスを防げる
× 10年単位の期間が必要

◯ 労力ゼロで資産形成可能
× 稼ぐには大きな種銭が必要

3つの武器において、必ず覚えておいてほしいのは「**すべて兼ね備えること**」「**順番を守ること**」、この2点です。

すべて兼ね備える重要性

旧世代サラリーマンの勝ちパターンは、「リーマン力」だけをムキムキに鍛えて出世を目指すことでした。

ただ、現代においては**「副業力」という刀**と、**「マネー力」という盾**を持っていないと、マトモに戦えません。武器を持たず、戦場に向かうようなもので、どれだけ「リーマン力」がムキムキでも、人生100年時代の劇的な変化の前にまったく歯が立たないのです。

順番を守る重要性

だからといって、「リーマン力」を軽視して、「副業力」や「マネー力」という武

器だけ持っていても意味がありません。

サラリーマンとしてのビジネス経験で、基礎筋力を鍛えてこそ、刀と盾をうまく扱うことができるのです。

具体的には、副業の規模を拡大させる際、外注スタッフのマネジメントスキルや、企業との折衝力が求められます。サラリーマンの現場は、そのようなビジネススキルを伸ばすための、絶好のトレーニング環境といえます。

社会人人生を、サラリーマンから始められた幸運に感謝し、最初に「リーマン力」をガッツリ鍛えましょう。

1 リーマン力

本書では、「仕事術」と「転職術」という2つの「リーマン力」について触れます。

仕事術……会社という組織の中で成果を出すためのビジネススキル

転職術……働きたい会社を戦略的に選んで、内定を勝ち取るノウハウこの2つの「リーマン力」をしっかり身につけると、「勝ち馬」と呼べる業績のいい会社に次々と転職できるため、景気に左右されずに収入が安定します。

一方、「リーマン力」はどれだけ身につけても、**「稼ぐ金額に限界がある」「副業力より伸びが弱い」というのがデメリット**です。

サラタメ：転職術を活用して、ワークライフバランスが整ったホワイト企業に転職できれば、自分の時間がガッポリ確保できます。それが次なる武器「副業力」の成長スピードに大きく関わってくるんです！

（STEP1-1「リーマン力（仕事術）」詳細P49より、STEP1-2「リーマン力（転職術）」詳細P213より）

2 副業力

「副業力」は、個人の力で稼げるスモールビジネスを、自身の手で切り盛りするスキルです。

稼ぐ金額に限界がなく、大きなポテンシャルを秘めているのがメリットです。

しかしながら、副業も一つのビジネスですので、収益を生むレベルまで育てるには、膨大な時間と労力がかかります。

（STEP2「副業力」詳細P375より）

3 マネー力

本書の内容に沿って、①「リーマン力」と②「副業力」をしっかり身につければ、ゼロからのスタートでも、貯金1000万円程度であれば十分射程圏内となります。

ただ、資産が増えてくると、それを狙った**詐欺的な商売・投資に狙われやすくなります。稼いだ資産をしっかり守る③「マネー力」も鍛えましょう。**

また投資で安全に運用すれば、少額ですが不労所得も手に入ります。「リーマン力」と「副業力」のほうが優先度高めですが、③「マネー力」も必ず身につけておかないといけない力の一つです。

（STEP3「マネー力」詳細P519より）

〈まとめ〉

・「出世」は人生100年時代の安定を約束してくれない

・①「リーマン力」、②「副業力」、③「マネー力」の3つの武器を手に入れるべき

・3つの武器は、〝すべて〟を〝順番どおり〟手に入れてこそ価値がある

STEP 1-1
リーマン力
（仕事術）

STEP 1-1 リーマン力（仕事術）

サラリーマンの仕事力こそ最重要！

転職？ 副業？ いや、すべてはここから始まる

サラタメ：まずは、人生100年時代を生きるサラリーマンにとって最も重要な力、「リーマン力（仕事術）」からいきましょう！

マモル：え！ 「2つの給料袋」が大事って話だったので、真っ先に「副業で稼ぐノウハウ」を聞かせてもらえると思ったんですが!?

サラタメ：たしかに、「副業」や「転職」の話もめちゃくちゃ大事なんですが、なんだかんだで**サラリーマンとしての仕事術がすべての土台**になるんです。

マモル：そうなんですか！ まずはビジネスの基礎として、デキるリーマンにならなきゃいけないんですね……。

サラタメ：そうです！　そして、その極めた「リーマン力」を「出世」でなく、「転職」や「副業」にフル活用していくイメージ。それこそが「シン・サラリーマン」への最短ルートなんです！

なぜ「リーマン力」（仕事術）は最重要なのか？

サラリーマンとしての仕事力を改善すると、まずその時点で**幸福度**が上がります。サラリーマンであれば、生活の大半を会社ですごすわけで、そこでの人間関係や評価が上がるだけで、景色がまったく変わります。

また、「シン・サラリーマン」に不可欠な「転職」「副業」というステップにおいてもよい影響をもたらすので、真っ先に改善したいポイントなのです。

「本業」でのメリット

・人間関係が改善できて、会社でのストレスが減る（詳細P58）

・デキる思考法で、決断スピードが速まる。残業が減る（詳細P87）
・上司への〝報連相〟がスムーズに。上司から詰められなくなる（詳細P117）
・成果が出るようになり、大きな仕事を任せてもらえる
・大きな仕事を任せてもらえるので、やりがいが高まる

「転職」でのメリット

・伝えるスキルが高まり、書類作成も面接もうまくなる（詳細P122）
・業務スピードがアップし、転職準備に割ける時間が増える（詳細P172）
・仕事の成果が上がるので、面接で語れるエピソードが増える

「副業」でのメリット

・業務スピードがアップし、副業に割ける時間が増える
・伝えるスキルが高まり、効果的なセールスライティングができる

・営業力がアップするので、いろいろな企業から仕事を受注できる（詳細P146）
・マネジメントスキルが高まり、〝チームで〟稼ぐ副業も可能に

サラタメ：実は、**副業で本業以上稼ぐ人は、「営業力」「交渉力」「マネジメントスキル」などの「リーマン力」が高い人が多いです。**超一流サラリーマンになる必要はありませんが、せめてビジネスの基礎力だけは固めましょう！

結論、「リーマン力」において一番大事なこと

サラタメ：この「リーマン力（仕事術）」のパートでは、「人間関係」「思考法」「報連相」「営業・交渉術」「定時退社術」など、かなり幅広く触れますが、なんだかんだで**最も重要なのは「STAR」を意識して働くマインド**です！

STARとは？

「Situation（状況）」「Task（課題）」「Action（行動）」「Result（結果）」の頭文字を取った言葉。人事考課の面談や面接などでよく使われるフレームワーク（P308も参照）。

つまり、次の4ステップを〝呼吸するようにこなせる〟サラリーマンになりましょう、ということです。

- **Situation**（状況）……①どんな状況にあるか自ら分析
- **Task**（課題）……②解決すべき課題を自ら設定
- **Action**（行動）……③課題を解決するために自ら工夫して行動
- **Result**（結果）……④どんな結果になったか自ら検証

マモル：うーん……、STARとかいうヤツ、なんかゴチャゴチャしてわかりにくいですね。

サラタメ：ですよね（笑）。まぁひと言でいうと、**上司から与えられた仕事をこなすだけ**

じゃなくて、自分から仕事をつくれるサラリーマンになろうってことです。

サラリーマンの現場において、上司も気づいていない課題に気づける人は、かなり重宝されます。上司からすれば、ほっておいても勝手に業績を上げてくれる「自主性のある人材」。細かく口出しする必要がないので、手間がかからず非常に助かります。

そして、それは部下であるこちらとしても、大きなメリットです。細かく口出しされないと、自分が心からやるべきだと思える仕事に注力しやすくなります。**意味のない「やらされ仕事」が激減するため、労働時間は短くなるのに、大きな成果が出る**という理想的な状態に近づけます。

サラタメ：もしかすると今は、上司からの指示をこなすだけで手一杯かもしれません。当然最初は、みんなそうなのでOKです！　ただ、最終的には「自分で仕事をつくれる『リーマン力』を身につけましょう。「出世」ではなく、その状態こそが目指すべきゴールなんです。

「自分で仕事をつくる」サラリーマン

「与えられた仕事をこなす」サラリーマン

課長のご指示はこうでしたが、私なりに考えてみて、一番大きな課題は○○じゃないかと思いました。
理由は○○です。
まず先に、こちらの課題に取り組んでみるのは、いかがでしょうか？
いや、成果は出てないかもしれないですが、課長の言うとおりにはやりましたよ！

〈まとめ〉

・「リーマン力」（サラリーマンの仕事術）は、超重要なすべての土台
・「本業」「転職」「副業」すべてによい影響をもたらす
・ステップ1－1では、5つのスキルを磨く
「人間関係」「思考法」「報連相」「営業・交渉術」「定時退社術」
・とはいえ、最も重要なのは「STAR」を意識し、「自分で仕事をつくる」マインド

STEP 1-1 リーマン力（仕事術）

人間関係

嫌いなアノ人はあきらめよう

人間ではない。馬だ

マモル：上司とソリがまったく合わないんですよね……。人事評価はいつも低いですし、めんどくさい仕事ばかり押しつけてくる……。どうやったら、あの上司をいい人に変えられますかね!?

サラタメ：マモルさん、非常に申し上げにくいんですが……**結論、その上司を変えるのは不可能です！**

マモル：えっ、そんな！　サラタメさん、たくさん本読んでるんですから、何か裏技的なの知ってたりしないんですか!?

サラタメ：私がダントツでオススメする裏技は、「いっそのことあきらめる」ですね。特に職場のおっさん上司が相手なら、これしかないです（笑）。

マモル：ええ！　あきらめたらダメでしょ⁉

サラタメ：しょうがないんです。**他人の心をコントロールできる魔法は、この世のどこにもありません。**まずは「自分がコントロールできることは何か」を突き止める。そして、その一点に集中するしかないんです。

マモル：コントロールできること……？　つまり、どういうことですか？

サラタメ：つまり、マモルさんの場合、営業マンとして売上を上げることだけに集中。他のことは考えてもムダなので、忘れちゃいましょう！　ってことです。

「他人の課題」で消耗しない

「嫌いな人のことは、いっそのことあきらめる」

これはアドラー心理学に関する名著『嫌われる勇気』に出てくる「**課題の分離**」という考え方をもとにしています。

「課題の分離」を簡単に説明すると、

・「自分の課題」と「他人の課題」を分離しよう
・「自分の課題」とは、自分の力でコントロールできること
・「他人の課題」とは、自分の力でコントロールできないこと
・ちなみに「他人の気持ち」はゴリゴリの「他人の課題」
・「他人の課題」にムダな労力を割かない
・「自分の課題」だけに注力する

サラタメ：つまり、マモルさんのケースでいえば、**「上司の評価」が「他人の課題」で、「営業マンとして頑張ること」が「自分の課題」です。**

マモル：うーん……、上司の評価って、コントロールできないんですか……？　ボクは苦手ですけど、うまくゴキゲンを取れば、コントロールできるような気もしますが……。

サラタメ：それ超いい視点です！　今のマモルさんの話でいえば、上司のゴキゲンを取るために、なごやかに雑談したり、時にお世辞を言ってみたりすること、これはたしかにコントロールできることです。ただですよ、結果として上司が評価を上げてくれるか、これはコントロールできないってことです。

他人からの評価を改善するために努力することは「自分の課題」。実際、どんな評価になるかは「他人の課題」。これを心理学者のアドラー（1870～1937）は、「**馬を水辺に連れていくことはできるが、水を呑ませることはできない**」と表現しています。

ここでいう「馬」が他人です。馬に水を呑ませようと、力ずくで水辺に連れていくことはできます。ただ、実際ゴクゴクと水を呑んでくれるかは馬次第。私たちにはどうにもコントロールできないことなのです。

サラタメ：同じ会社の、同じ部署で働いているくらいだから、同じようなことを考えてい

るだろうと思ってしまいがちですが、**考えていることは人それぞれまったく違います。もはや動物である「馬」くらいにコントロールできないと思っておいたほうがいいんです。**

他人の課題〝だけ〟をあきらめる

マモル：ただサラタメさん！　そんなことといわれても、上司の評価が上がらないと、希望の部署に行かせてもらえないんです。だから実際問題、「コントロールできません」ってあきらめるわけにもいかないんですが……。

サラタメ：もちろんです！　「他人の課題」である「上司の評価」を〝確実に〟上げることはできませんが、だからといって希望の部署まであきらめるべき、という話にはなりません。

「他人の課題」をあきらめることは、自分の希望をあきらめることではありません。「他人の課題」から解放され、新たに生まれた時間と労力で、希望を叶えるための「自分の課題」を改めて洗い出してみましょう。

たとえば、マモルさんのケースでいえば、

・直属の上司より、さらに上位の役職者にアピールする
・自分が行きたい部署に所属する上司に直接アピールする
・直属の上司が評価せざるをえないほど、ダントツの数値実績をつくる
・不当な評価をしていると人事部に密告して、上司を異動させる
・その上司から離れるために異動や転職を検討する

マモル：なるほど……、洗い出してみると、意外に「自分の課題」としてできることが、いろいろあるもんですね。でも、サラタメさんみたいに「自分の課題」と「他人の課題」ってパキッと割り切れる気がしないんですよね……。

サラタメ：慣れるまでは、無理もないです。その原因は、私たち人間ならみな持っている「誰かに認めてもらいたい」という「**承認欲求**」にあります。この「承認欲求」のせいで、どうしても「他人の課題」まで気になってしまうんです。

「他人の課題」ばかりで頭がいっぱいになってしまうのは、人間の根源的な欲求の一つ「承認欲求」のせいです。

いい大学に行きたいのも、大手企業に入りたいのも、お金を稼ぎたいのも、誰しもその心の奥底には、「誰かに認められたい」「見くびられたくない」といった気持ちがあったりするものです。

人間なので、この「承認欲求」をゼロにすることはできません。

ただ、意識的にコントロールして、自分の人生が「承認欲求」に支配されないように努めることはできます。

「認められたいから、大手企業に入りたい！」という気持ちがあってもOKですが、その「承認欲求」以外に、「大手企業で○○したい！」という自己満足もあるなら、その気持ちを大切にしてあげましょう。

「誰かに認めてもらう」というのはあくまで「他人の課題」。それだけをゴールに生きていくと、裏切られたときに悲惨な結末になります。

特に、ビジネスの現場において「他人の課題」にばかり振り回されていると、目の前のやるべきことに集中できなかったり、無理に仕事を押しつけられたりします。

家族や友人との関係性では、「他人の課題」に積極的に関わったほうがいい場面もありますが、職場では「**自分にコントロールできるか？**」「**そもそも自分がやるべき仕事か？**」という視点で、取り組む仕事をおもいきって仕分けましょう。

〈まとめ〉

- 嫌いな上司の評価を変えようというのは無理な話
- 「課題の分離」ができていない
- 「上司の評価」はコントロールできない「他人の課題」
- 「仕事の成果」「積極的なコミュニケーション」だけが「自分の課題」
- 「自分の課題」を洗い出し、そこだけに注力しよう

誰もが「4つの仮面」を持っている

明日から実践できるパワハラ対策

マモル：あぁ、今日も山根係長にコテンパンに怒られ続ける一日だったな……。

サラタメ：大丈夫ですか？　私も前の職場では、胃潰瘍になるくらい怒られる毎日だったので、気持ちはよくわかります……。

マモル：ボクなりに関係を改善しようと思っていて、反抗なんて絶対しないですし、なるべく笑顔で対応してるんですけど、どんどん悪化していってる感じが……。何かうまくいく秘策はありませんか？

サラタメ：そうですね。オススメは、**まず「人間関係のマトリックス」を知ること。これは一生モノの知識です。**仕事、プライベート、あらゆる人間関係で使えます。

マモル：人間関係のマトリックス……？　まったく意味がわかりませんが、とりあえず名前はカッコよさげですね（笑）。

サラタメ：これは、人間を4つのタイプに分けるものですが、マモルさんはおそらく、その中の「ポジティブ＆依存型」にハマッているっぽいですね。具体的な対策を含め、詳細に解説させていただきます！

一生使える「人間関係のマトリックス」とは？

サラタメ：超ザックリいえば、下の図のように、人間のタイプは4つに分けられます。まず前提として、この図の仕組みをしっかり理解しましょう。

人間関係のマトリックス

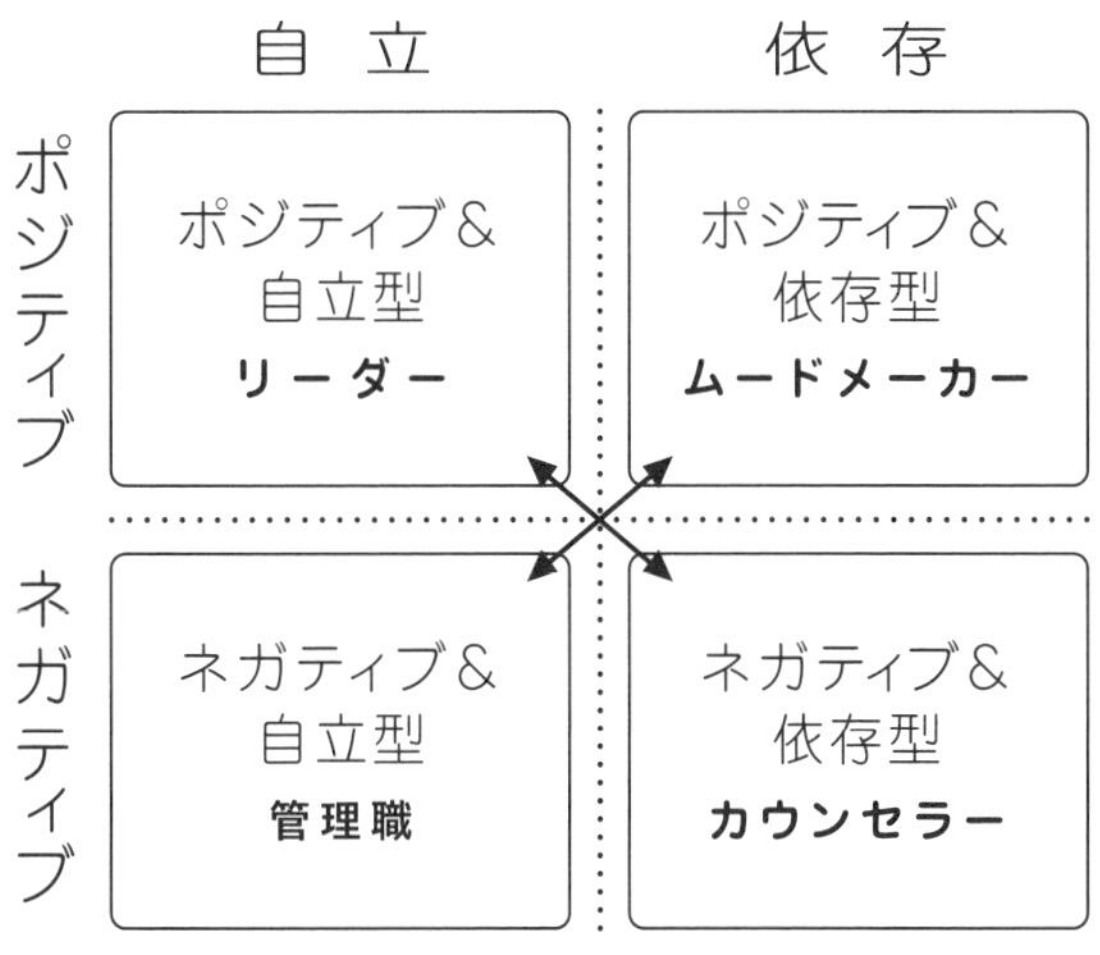

出所：本田健著『ユダヤ人大富豪の教えIII――人間関係を築く８つのレッスン』（大和書房）をもとに一部改変

・ポジティブ ⇕ ネガティブ
（リスクを恐れず行動する）　（リスクを敏感に察知する）

・自立 ⇕ 依存
（一人で突き進む）　（他人の気持ちに寄り添う）

人間のタイプは、この2つの軸によって4種類に分けられます。

①ポジティブ&自立型↓リーダータイプ

とにかく前向きで、明るくてエネルギッシュなタイプ。

問題があっても、自ら進んで解決していきます。弱音も吐きません。計画を練るよりまず「自分はこうしたいんだ！」とビジョンを掲げ、行動に移す。行動する背中を見せることで人を巻き込みながら進んでいく、いわゆるリーダー気質な人です。

②ポジティブ＆依存型↓ムードメーカータイプ

このタイプの人は、リーダータイプのように、グイグイ突き進む感じではありません。ただ、その分、人の気持ちに寄り添うことができます。周囲の雰囲気を汲み取り、ポジティブな言動で、みんなをリラックスさせてくれるいい面があります。

いつもおちゃらけ、**空気をなごやかにしてくれるムードメーカータイプの人**です。

③ネガティブ＆自立型↓管理職タイプ

このタイプはネガティブな視点を持っているので、**「この計画は、このままでうまくいくか？」と常にリスクに敏感。**敏感にリスクを察知したうえで、自立型らしく主導権を持って仕事を進めていくので、周囲からは「優秀」「完璧主義者」のようなイメージを持たれやすい。あいまいなものが苦手。目標は、数字で明確に決めたいタイプです。明確な目標を決めたら、それに向かって着実に進むことができるタイプなので、大企業のサラリーマンとして活躍しやすいです。

サラタメ：サラリーマンとして非常に優秀な人が多い一方、「冷たい人」という印象を持たれやすいタイプでもありますね。

④ネガティブ&依存型↓カウンセラータイプ

このタイプはネガティブ気質が強いので、物事のリスクや悪い部分から目をそらしません。

ポジティブな人たちは、いい意味でも悪い意味でも、リスクに鈍感。「まぁどうにかなるっしょ」と考えがちですが、このカウンセラータイプはそうではありません。

また、依存型の気質もあるので、人の気持ちに共感する力が強い。**人のネガティブな気持ちにも目をそらさず、しっかり向き合います。**

サラタメ：悩み事を相談するのに、ピッタリのタイプです。真逆の「ポジティブ&自立型」のリーダータイプに相談すると、「いいから、筋トレでもしようぜ」といった展開になってしまうので（笑）。

マモル：4つのタイプか～。これおもしろいですね！　ボクなんかまさしく「ポジティブ&依存型」のムードメーカータイプです。いつもムードメーカー的な役割をしている気がします。

サラタメ：実はですね、その考えは半分正解で、半分ハズレなんです！

マモル：えっ、何でですか!? 前にサラタメさんも、ボクのことを「ポジティブ&依存型っぽい」って言ってたじゃないですか!?

サラタメ：それは、あくまで山根係長といるときの話です。マモルさんは仕事もプライベートも、常に「ムードメーカータイプ」と言い切れますか？

マモル：むむ……たしかに、高校時代の部活の友達の前だと、けっこうリーダータイプかも。

サラタメ：そう！ **誰もが、4つのタイプの資質を持っているんです。だから、「4つのタイプ」というより「4つの仮面」のほうが、正しい表現かもしれません。**

全人類が４つの仮面を持っている

この人間関係のマトリックスを理解するうえで、非常に大事なのが「**ずっと同じタイプの人はいない**」ということです。各タイプの特徴を知ると、自分を一つのタイプに固定したくなりますが、そんな人はほとんどいません。「自分は常に〇〇タイプだ」と考える人ほど、人間関係に苦しみやすい傾向があるので要注意です。実際は、どんな人であろうと「周囲の環境」によって、４タイプをうろうろしているのです。

マモル：たしかに、コミュニケーション相手が会社の上司・同僚・学生時代の友達・母親・弟、誰かによって、自分のタイプって全然違うなぁ。

より具体的にいえば、「相手の対角になる」という傾向があります。

たとえば、P67の図で、もし相手が左上「ポジティブ&自立型」のリーダータイプ傾向が強い場合、あなたは自然とその対角線にある、右下の「ネガティブ&依存型」のカウンセラータイプに移動することになります。

相手が左下「ネガティブ&自立型」の管理職タイプだと、自然と自分は右上「ポ

ジティブ&依存型」のムードメーカータイプになりがち。これが人間関係の力学です。

マモル：じゃあ、サラタメさん。2人とも「リーダータイプ」の傾向が強い場合はどうなっちゃうんですか？

サラタメ：その場合も、より「リーダー」気質が強い人が「リーダー」に残ります。一方、比較的リーダー気質が弱い人は、対角線のカウンセラータイプに移動することになります。

マモル：へ～！　自分の性格タイプが、生まれ持っての資質だけじゃなくて、相手のタイプによって動かされるっていうのは、おもしろいっすね。発見です！

端っこに落ちるとゲームオーバー

マモル：で、サラタメさん！　ボクはどのタイプを目指せばいいんですか？

サラタメ：目指すべきタイプはありません。ただ、超ザックリいうと、**4つを行き来できる人が最強**です。そして、一つのタイプから抜け出せなくなった人は、**精神的に追い込まれる**ことになります。

「〇〇タイプが一番優れている」ということはありません。どのタイプにも長所と短所があり、横並びの存在。**結論、最悪なのはポジションが固定化され、マトリックスの端にいきすぎてしまうこと**なのです。

サラタメ：たとえば、マモルさんが山根係長の前で、ゴキゲンを取るためにムードメーカー役を演じ続けると、ポジションが固定化されて最悪な展開になりかねません。お互いのポジションが強化され、どんどんマトリックスの端っこにいってしまうんです……!!

最悪のケースとその対策

①ポジティブ&自立型↓リーダータイプ

最悪のケース

自分がまるで全知全能の神になったかのように思えてきて、反省点やリスクがまったく見えなくなる。

対　策

周囲の人たちに、**弱音を吐く**ようにしましょう。するとアドバイスをくれる人が出てくるので、それをよく聞き、失敗を恐れず自分の行動に反映すること。

②ポジティブ&依存型↓ムードメーカータイプ

最悪のケース

対角線の管理職タイプに指摘されすぎて、自分で考えることをやめる。ただヘラヘラとゴキゲンを取る思考停止人間になる。

対　策

ゴキゲンを取るより、**主導権を握る**ことを意識しましょう。

サラタメ：マモルさん、ここ要チェックです！　ややパワハラ感のある山根係長への対応に活かせると思うので。

最も効果的な対策は、相手を自分の土俵に引きずり込むこと。

たとえば、自分の仲間が多い場所に相手を連れ出したり、自分のほうが詳しい分野をテーマに、会話を進めたりするのです。

ただ、相手が上司だと、無理やり引きずり込むのは難しい。そんなときに、誰にでもできて、最もオススメなのは**「自分から話しかける」という戦法**です。とてもシンプルですが、自分から切り出したほうが、会話の主導権を握りやすくなります。

パワハラ上司の問いかけから会話が始まると、どうしても相手に主導権を握られてしまうのです。

また、突然の受け答えだと、十分な準備もできないため、防戦一方。頭が真っ白になる危険性も高まります。ですので、怒られる覚悟で、ガンガンこちらから話しかけるようにしましょう。挨拶でも、簡単な進捗報告でも、なんでもOK。「思考停止で白旗を上げているわけではないぞ」とアピールするだけでも一歩前進です。

サラタメ：ただ、この「自分から話しかける」戦法を試しても、まったく改善の兆しが見られないときは、あきらめて離れましょう。実体験を踏まえて言いますが、パワハラ対策は頑張りすぎると心が病みます……。

③ネガティブ＆自立型↓管理職タイプ

最悪のケース

他人のネガティブ面ばかりに目がいき、すべて自分の思いどおりに修正しないと気が済まないパワハラ人間になる。

対　策

意識的に「過程（プロセス）」に目を向けましょう。結果だけに着目すると、ミスだけが気になってしょうがありません。

一方、「過程（プロセス）」に目を向ければ、たとえミスがあっても、なにかしら相手の努力が見えてくるはず。結果だけでなく、**他人の隠れた試行錯誤に目を向ける**ことが脱出の糸口です。

④ネガティブ&依存型↓カウンセラータイプ

最悪のケース

ありとあらゆることが心配になる。自分にはまったく関係のないことにまで感情移入し、落ち込みの沼から抜け出せなくなる。

対　策

カウンセラータイプで苦しんでいる人には、前項にある「**課題の分離**」がオススメです。

「過去」「人の気持ち」というコントロールできないものに意識を集中しすぎると、精神的に追い込まれる一方です。感情を持つ人間ですから、落ち込んだり、反省するのは当然ですが、思い悩む対象を選別しましょう。「**自分の課題**」だけに意識を集中させることが、最善の対策です。

〈まとめ〉

- 人間のタイプは、4つに分けられる（①リーダー、②ムードメーカー、③管理職、④カウンセラー）
- 一つのタイプに固定化され、端っこにいきすぎたらNG
- 4つのタイプを身軽に行き来できる人が最強

STEP 1-1 リーマン力（仕事術）

お願いベタな人が陥る罠

魔法のコトバは「相手の頭」に

マモル：サラタメさん、お願いをうまくする方法ってないですか？　人に依頼するのが、前々から苦手なんですよね……。

サラタメ：わかります！　職場の人たちってみんな忙しそうに見えるから、お願いするのは申し訳ないって思っちゃいますよね。

マモル：そうなんです。ボクなんか、相手が後輩だったとしても、ビビりながらお願いして、さらに断られちゃいます……。結局、自分で抱え込んで仕事が回らなくなって、さらにまわりに迷惑かけちゃうのがいつものパターン……。何かいい対策ありませんか？

サラタメ：ありますあります！　頼みにくいお願いだろうと、笑顔で引き受けてもらえる

「コトバのつくり方」。

マモル：おー、いいですね！　ぜひ教えてください！

サラタメ：**結論、お願いするときは、①自分の頭で考えない、②チームを意識させる、この2つがめちゃくちゃ大事です！**

笑顔で引き受けてもらえる「コトバのつくり方」

①自分の頭で考えない

「自分の頭の中」だけで考えず、「相手の頭の中」を想像しながら、お願いするコトバをつくりましょう。

というのも、大前提として「お願いする自分」と「お願いを受ける相手」の頭の中は、まるっきり別モノだからです。たとえ同じ会社にいる上司や同僚だろうと、頭の中にある「欲望」や「不安」は、人それぞれ違います。

自分の「欲望」と「不安」からはいったん離れて、相手の「欲望」と「不安」に寄り添うことがファーストステップです。自分の頭に思いついたことを、そのまま口に出さないことから始めてみてください。そして次の具体例を参考にして、「相手が言ってほしそうなコトバ」に言い換えてみましょう。

〈例〉

上司に

× 「資料提出の締切日を延ばしてほしいです」

○ 「明日の午前までお時間いただけたら、もっとよくできそうなんですが」

上司が抱く「締切日をどこまで延ばすつもりなんだ?」という不安を、「明日の午前」という明確な期日で解消。資料のクオリティが上がることは、上司にとってもメリットなので、その期待感を持たせている。

他部署の人に

× 「プレゼン資料を作成してほしいです」

○ 「田中さんの資料だと得意先のウケが段違いなので、『市場動向』の部分をお任せしたいのですが？」

→「田中さんだからこそお願いしている」ことを強調し、人間誰しも持っている「承認欲求」を刺激。また「市場動向」の部分だけと、業務範囲を田中さんの得意分野に絞ってあげることで不安を解消。

サラタメ：答えは、常に相手の頭の中にあるんです。**自分の頭の中だけで悩むのではなく、相手のメリットや不安を想像してみましょう。具体的なお願いフレーズを考えるのは、その後です！**

②チームを意識させる

人は「仲間意識」を持つとお願いを断りにくくなり、快く引き受けてくれる確率

が高まります。大事なことは相手に、「自分から相手への一対一のお願い」ではなく、「チームの仕事を一緒に分担している」と認識してもらうことです。

サラタメ：キーワードは「**一緒に**」と「**おかげさまで**」の2つです！

一緒に

仲間意識を持たせる効果的なキーワード。お願いされた側は、自分だけやらされている印象を抱くと拒否反応を示します。そうならないように、「チームみんなで〝一緒に〟頑張っている。その一部をあなたにお願いしたい」というお願いフレーズをつくってみましょう。

〈例〉

「**○○部分は私が、△△部分は吉田係長にお願いしています。田中さん、□□部分を一緒に進めていただけませんか？**」

おかげさまで

チーム感を演出するには、相手がお願いを引き受けてくれた後も大事です。途中経過や最終結果を伝え、相手に関係者であることを持ってもらいましょう。これをしっかりやるだけで、今後も笑顔でお願いを引き受けてもらえる関係性が築けます。

〈例〉

「おかげさまで、大事なプレゼンを乗り切れました。田中さんに□□部分の資料をつくっていただいたおかげです」

マモル：なるほど〜。逆に「こんなお願いはダメ！」というポイントってありますか？

（やりがちだけど）絶対やってはいけないお願い

相手に「押しつけ感」を感じさせるお願いはNGです。断られたくないからといって、多くの人がやりがちな3つのお願いの仕方を挙げておきます。

①やたらと謝る

「申し訳ないし、こんなことあなたに頼みたくなかったけど、どうしてもお願いしたい」

②「借り」を思い出させる

「この前、資料づくりを遅くまでつき合ったよね？　ちょっとお願いしたいことがあって」

③「楽しさ」を強調する

「やってみたら楽しいと思うから、お願いできる？　私もやってみたけど楽しかったよ」

サラタメ：どれも断られにくい戦略的なお願いフレーズだとは思います。でも、あまりに戦略的すぎて押しつけ感が強く、チーム感が感じられない頼み方になっています。

〈まとめ〉

・お願いを笑顔で引き受けてもらえる方法は2つ

①自分の頭で考えない　②チームを意識させる

・逆に、絶対やってはいけないお願いの仕方は3つ

❶やたらと謝る　❷「借り」を思い出させる　❸「楽しさ」を強調する

STEP 1-1 リーマン力（仕事術）

思考法

悩みを○○に変換しよう

ストレスを消し去る3ステップ

マモル：サラタメさん、頭の中がグッチャグチャなんですが！

サラタメ：グッチャグチャ（笑）!?　なんでそんなことに!?

マモル：山根係長にめちゃくちゃ怒られて、「あぁ、最悪だ～」とモヤモヤしていたら、仕事がまったく手につかず、急ぎの仕事が終わらない。そんで、また山根係長に怒られる。最近、ずっとこれを繰り返していて……。

サラタメ：それはキツそうですね……。その悪循環を断ち切るには、**「悩みをTo Doに変**

換」してみるといいかもです！

マモル：To Doに変換？　どういうことですか？

サラタメ：To Doっていうのは、わかりやすくいうと、今後の行動予定のこと。たとえば「山根係長に怒られてツラい」という悩みだったら、**「次回、山根係長に話すときは○○を意識する」という行動予定に変換しよう**ってことです。

マモル：なるほど、わりと簡単そうですね！　でも、そんなことで悩みが消えるんですか？

サラタメ：はい、こうすることで、マモルさんのツラい悩みを、単なるTo Doの一つに変えてしまえるので、めっちゃストレス減ると思いますよ。

悩みを頭から消し去る3ステップ

サラタメ：悩みを消し去るのは、ザックリこの3ステップです！

①相談するように書き出す　↓　②対処法を調べる　↓　③To Doに変換する

①相談するように書き出す

まず、悩みやストレスが生まれたら、どこかに書き出すのは基本中の基本なので、真っ先にやりましょう。**「悩み」を見える化し、「自分は具体的に、何をどう悩んでいるのか」を明確にする作業**です。頭の中でモヤモヤさせずに、いったん頭の外に出せればいいので「人に話す」でもOKです。ただ、紙やスマホのメモに文章として書き出すのが、「見える化」の手段としては最も効果的です。

サラタメ：**〝まるで誰かに相談するかのように〟書くのが、とても大事なポイント**です！　自分の悩みを、より客観的に観察できるようになります。

〈相談するように書き出す例〉

・私は今日、山根係長にこっぴどく怒られました
・「お前の話は長いくせに、要点がまったく伝わってこない。伝え方が親切じゃない。そんな人間の話は聞きたくない」とのこと
・「親切じゃない」という言葉がショックでした
・次回、係長に確認するタイミングが、もう今から怖いです……
・私はどうすれば、「伝え方が親切な人間」になれるんでしょうか？

② 対処法を調べる

相談文ができたら、対処法を調べましょう。一番効率的な方法は、その内容をもとに、信頼できる人に相談してみること。最もスピーディに的確な解決策にたどり着けます。

ただ、そんな心強い人がそばにいるラッキーな人ばかりではないでしょう。**手軽な手段でいえば「ネット検索」、信憑《ぴょう》性の高い手段なら「書籍」を活用するのがオ**

ススメです。

サラタメ：例の悩み相談文を見ると、要は「伝え方」の悩みですよね。ビジネス現場で、要点を端的に伝える方法を、ネットや書籍を使って調べてみましょう。

マモル：（ふむふむ、いろいろ調べてみたら、「PREP法」っていう伝え方をすると、端的でわかりやすくなるらしいぞ）

（ちなみに「PREP法」はかなり使える伝え方のテクニックなので、P122で詳細に解説します）

③To Doに変換する

ネットや書籍を駆使すれば、膨大な情報を収集できるはず。大半の悩みは、すでに誰かが苦労して解決済だったりするので、いろいろな解決策が見つかるでしょう。ただ、その中から**To Do**（**行動予定**）**は3つ以内に絞ってください**。最終的には、悩みをTo Doに変換するだけでなく、実行することに価値があります。5つも6つもTo Doをつくっても実行できないようでは意味がありません。

マモル：よし！　じゃあ、さっそく明日、山根係長に商談内容を報告するときは、「ＰＲＥＰ法」に沿って伝えてみよう。

サラタメ：おー、とてもいい感じです！「山根係長に怒られた。しんどい」という悩みを、「明日は『ＰＲＥＰ法』で伝えてみる」というTo Doに変換できましたね！

〈まとめ〉

- 悩みを消し去るには、To Do（行動予定）に変換すること
- 変換するために必要なのは３ステップ

①相談するように書き出す　②対処法を調べる　③To Doに変換する

「デキる」脳みそをインストール

スマートに考える人とただ悩む人の違い

マモル：サラタメさん、なんか課長も係長もみんなボクに、「自分で考えなさい」とか言ってくるんですけど、何なんですかね!?　一応、ボクだってデキないなりに考えてるんですよ……。

サラタメ：もしかすると厳しい話、マモルさんは**考えているようで、ただ悩んでいるだけになっちゃっているか**もです。

マモル：な、なんてことを!?　あ、でも「考える」と「悩む」って違うもんなんですか……？

サラタメ：はい、こんな感じで違います！

デキる人とデキない人の違い

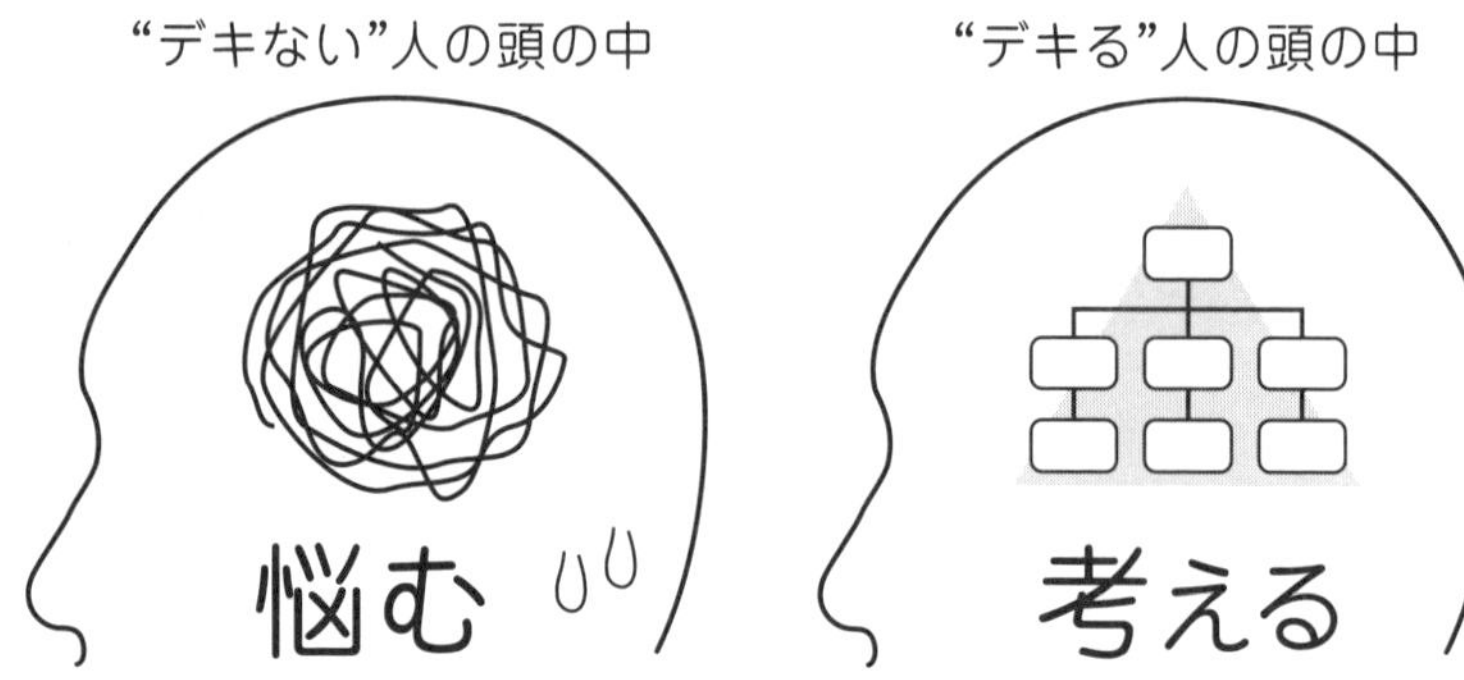

マモル：わわ！　まさにボクはいつも左側みたいな感じです……。というか、デキる人たちっていつも、こんなピラミッドみたいに考えてるんですか!?

サラタメ：そうなんです！　学校でも会社でも、教えてくれるわけじゃありませんが、デキるビジネスパーソンは呼吸するように、頭の中にピラミッドをつくってるんです！

デキる人とデキない人の違い

デキる人が考えごとをするときは、常にこのような**「思考のピラミッド」を頭の中に描いています。**

手順としては、**①結論を出す↓②結論を理由で支える↓③理由を根拠で支える**といった流れです。

デキる人は、そんな流れで下のような「思考のピラミッド」を組み立てて考えています。

サラタメ：身近な例でいえば、忘年会幹事のお店選びでも、このピラミッドは使えますよ。

マモル：え〜、デキる人って、こんな論理的に幹事やってるんですね（笑）。まぁこのピラミッドの形さえ覚えればボクにもできそうですけど、何か注意点とかあったりします？

サラタメ：慣れるまでは、頭の中だけでピラミッドをつくるのは難しいので、紙に書き出してやってみてください。あと、他にもいろいろ落とし穴があるので、詳しく見ていきましょう！

思考のピラミッド

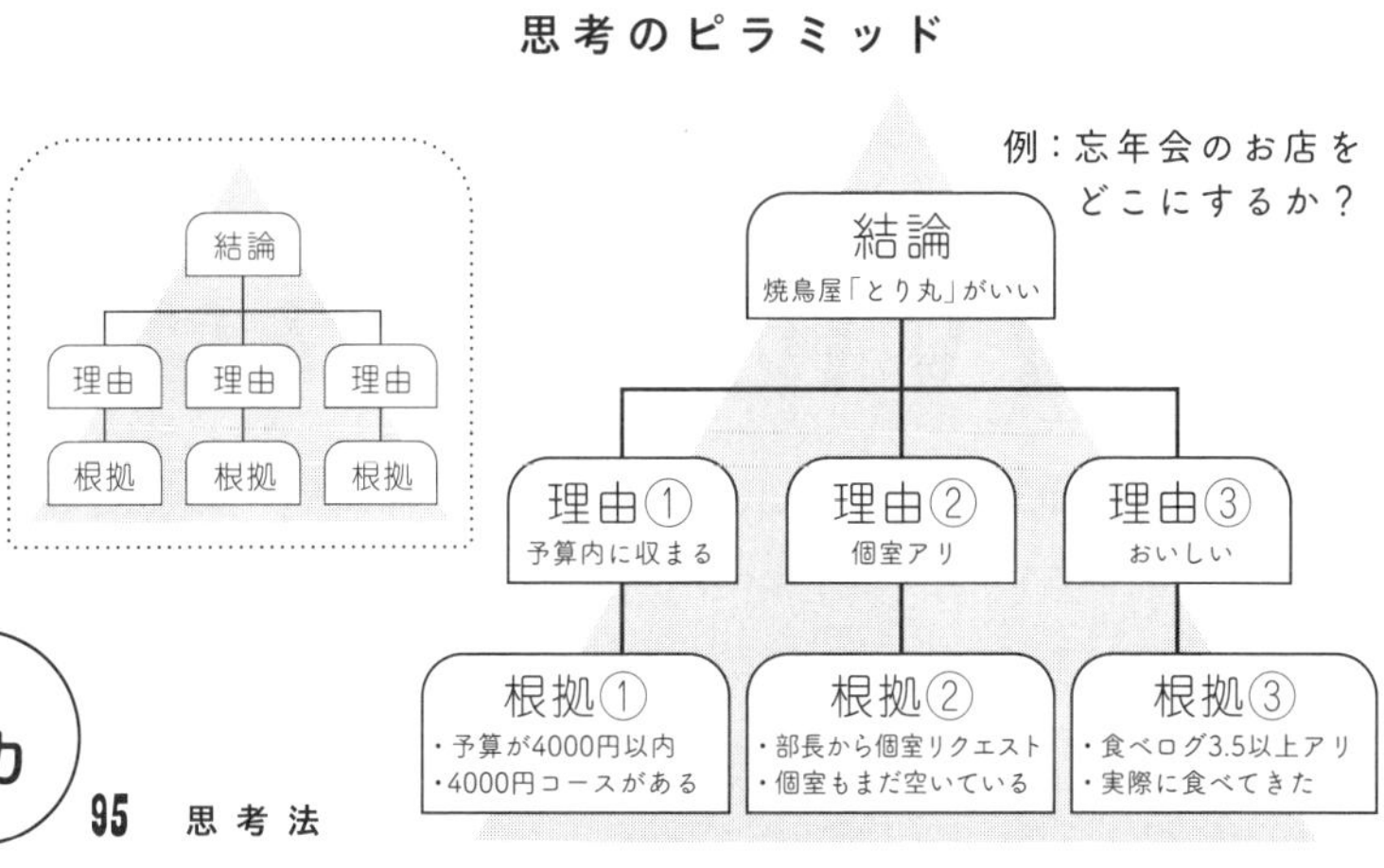

「思考のピラミッド」の注意点3つ

①1分で「結論」を出そう

最初から、大正解の結論を出す必要はありません。**「結論」とありますが、最初はただの「仮説」でOK。**直観で、スピーディに仮説を出してしまいましょう。その仮説が間違っていたら、結局は「理由」と「根拠」で支えるステップで、うまくいかなくなります。そこで間違いに気づき、方向転換すれば問題ありません。

逆に、最初から正解にたどり着こうとして、仮説なしのまま、細かい根拠探しを始めてしまう人がいますが、これはNGです。仮説なしでは根拠探しの目星がつけられないので、情報収集の時間が膨大になり、時間がいくらあっても足りません。

②「理由」は3つ＆MECE（ミーシー）

理由は、なるべく3つに絞りましょう。「マジックナンバー3」という言葉もありますが、**自分の考えを整理する、相手にわかりやすく伝える、どちらを踏まえても3つにまとめるのがベストです。**

MECEとは?

(**M**utually **E**xclusive **C**ollectively **E**xhaustive)

モレがなくダブりもない状態を指す。
ロジカルシンキングにおいて欠かせない概念

数が多くなってしまいそうなときは、重要度の低いものは潔《いさぎよ》く削ります。もしくは、「理由」に入れる言葉を、広い意味を持つものに変え、まとめていきましょう。

マモル：3つにする意味はわかりましたが、下にあるMECE（ミーシー）って何ですか？　アルファベット4つ並べちゃって、絶対難しい言葉ですよね!?

サラタメ：小難しい言葉ですが、要は「モレがない＆ダブりがない状態」のことです。簡単にいえば、理由の3つがMECEな状態というのは、「その3つの理由なら、この結論を出すのに十分だ」という意味です。

マモル：全然簡単じゃないです……（笑）。じゃあ、逆にMECEじゃないってどんな状態なんですか？

サラタメ：たとえばお店選び事例の「理由」でいえば、「予算」と「おいしさ」には全然触れず、「個室アリ」「トイレがきれい」「掘りごたつ」といった感じで、お店の設備のことばかりだとモレありで、MECEじゃない。「その理由で結論を

MECEの仕組み

（例）モレがある

「10代・20代・30代の意見を聞いて結論を出しました！」

→ 他の年代について聞けていないからモレがある

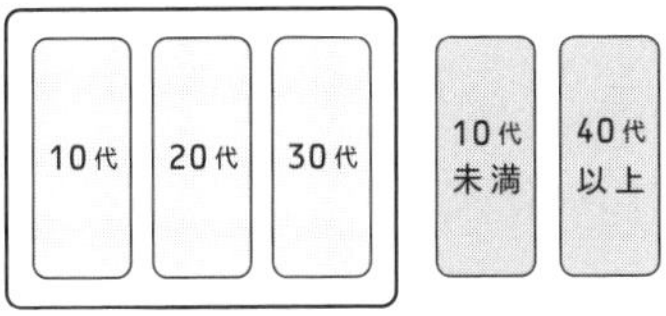

（例）ダブりがある

「大人・子ども・男性・女性に分けて、分析しました！」

→ 大人にも子どもにも、男性も女性もいるのでダブりがある

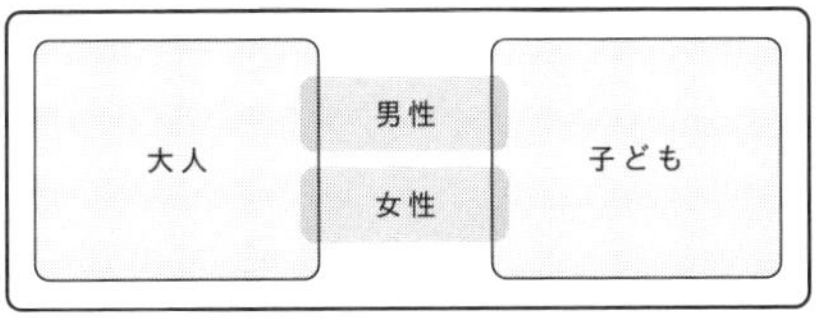

出すのは不十分だよね」ってことになっちゃうんです。

マモル：わかるような、わからないような……。

サラタメ：ちょっと難しいですよね（笑）。完全に把握しなくても、ぶっちゃけ日々の仕事に支障はありませんが、デキるビジネスマンは、けっこう普通に使っている言葉なので、なんとなく覚えておきましょう〜！

③「根拠」に体感というスパイス

理由を支える根拠は、基本的に客観的な数値が望ましい。たとえば、お店選びの事例で「4000円コースがある」「食べログ3・5以上」は数値的な根拠です。**数値で示される根拠は、誰が見ても変わらない事実なので、信頼性が高い。**ビジネス現場では、数値で根拠を表さないと「結論」も「理由」も台なしになってしまいます。

〈数値で根拠を表す事例〉

・売上が大きく増加した↓売上が前年比で40%増加した

・予算にたっぷり余裕がある↓予算に200万円の余裕がある

・すぐ実行できる↓3日以内には実行できる

このように数値で示すことは大前提ですが、**プラスαで「体感」をつけ加えてあげると、より説得力が高まります。**

お店選び事例の根拠でいえば、「実際に食べてきておいしかった」という根拠です。ビジネス現場では、客観的データをもとに判断するのがルールになっていますが、結局判断を下すのは人間。人間の判断は、感情やイメージに大きく左右されるので、臨場感たっぷりの「体感」を根拠につけ加えると（次のように）、相手のYESが引き出しやすくなります。

サラタメ：食べログ3・5以上という根拠だけで、相手に決めてもらえない場合には、「あと、あそこの出し巻き玉子は、**真夏の入道雲くらいフワフワトロトロ**でしたよ！」と、体感を補足してあげましょう。それで一撃です！

マモル：なるほど！　サラタメさんの食レポはかなり微妙ですが（笑）、「体感」でさらにひと押しするという意味は理解できました！

〈まとめ〉

・デキる人は「考える」⇕デキない人は「悩む」
・デキる人は頭の中に「思考のピラミッド」をつくっている
・手順は、①結論を出す↓　②結論を理由で支える↓　③理由を根拠で支える
・注意点は３つ
①１分で「結論」を出そう
②「理由」は３つ＆ＭＥＣＥ
③「根拠」に体感というスパイス

「イシュー」って知ってるよね？

「思考のピラミッド」の隠れた頂点

マモル：サラタメさん、P94で教えてもらった「思考のピラミッド」のおかげで、けっこう頭の中がスッキリしてきたんですが、次は上司から「でも、そもそも〝イシュー〟が違うんだよなぁ」とか言われてしまって……。あのドヤ顔が許せないんですが、どうすればいいですか!?

サラタメ：ドヤ顔はイラッとするかもですが（笑）、それはなかなかナイスな上司です。実は、その「イシュー」ってヤツはめちゃくちゃ大事でして、そこを間違えると、**「思考のピラミッド」全体が台なしになっちゃうんです。**

マモル：え、「イシュー」ってそんな大事なんですか！　初めて聞きましたけど、どういう意味ですか？

サラタメ：ザックリいうと「テーマとなる問い」です。「思考のピラミッド」をつくるとき、まず最初に「結論（答え）」を出したと思うんですが、その答えとセットになる問いがイシューなんです。

マモル：テーマとなる問い……。なにやら難しそうですね。

サラタメ：いえいえ、全然簡単ですよ！　たとえば、以前のお店選びの事例でいうと、下の図の頂点のことです！

マモル：これがイシューですか。え、でもこんなのわざわざ考える必要なくないですか!?

サラタメ：たしかにこれは事例が簡単すぎて、イシューを考えるまでもないですね（笑）。でもたとえば、マモルさんがレストランで働いていて、こんな指示を店長から受けたらどうしますか？

イシューとは「テーマとなる問い」

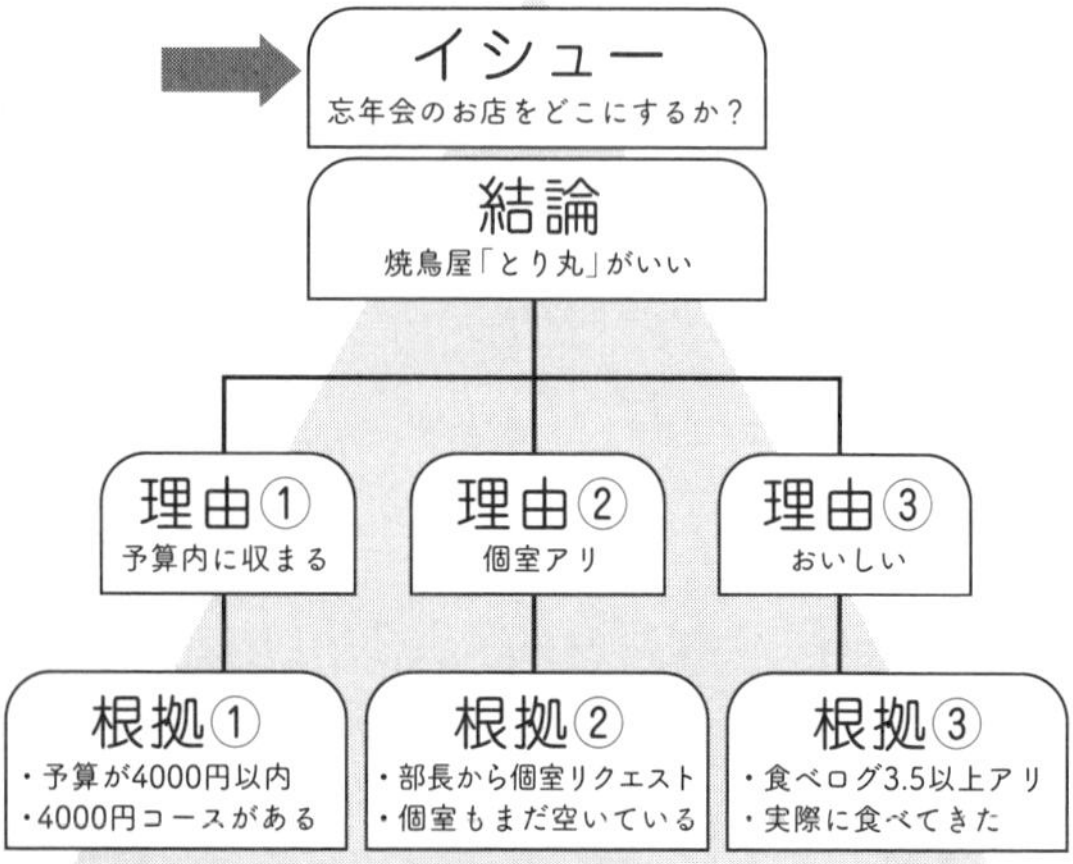

店長からの指示をもとに「イシュー」を考えてみよう！

・先週、うちのレストランがテレビに取り上げられた
・その日以来、お客さんがいつもの3倍になっている
・どうやら近くの大学から、お客さんが来るようになったらしい
・ただ、お店がうまく回っておらず、料理の提供が前より遅くなった
・実際、常連客の田中さんから「料理が遅い！」とクレームがあった

↓店長からの指示 **「何か対策を考えといてくれ」**

マモル：え、簡単じゃないですか！　ボクだったら、こんな感じのイシューと結論にしますね！

イシュー 「常連客の田中さんからクレームが出ないようにするには？」

結論 「スタッフ内で田中さんの顔を覚えて、なるべく早く料理を出す」

サラタメ：おぉ！　悪くないですけど、まぁ30点くらいですかね（笑）。

マモル：めちゃくちゃ悪いじゃないですか！　どこが微妙でしたか？

サラタメ：ちょっと視野が狭くなっちゃってますよね。常連の田中さんだけにとらわれず、「お店の売上」くらい、ちょっと大きなスケールのことまで気にかけてみるといいかもです。

よいイシューの特徴

よいイシューは「スケールがちょうどいい」です。多くの人が、目の前のトラブルをとにかく早く解決しようと、視野が狭くなりやすい。陥りがちな落とし穴です。ですから、**基本的にはパッと思いついたイシューより、ややスケール大きめのものを設定すると、よいイシューになります。**

レストランの事例でいえば「常連客の田中さん」だけにとらわれず、「お店の売上」まで考える、俯瞰《ふかん》した視点に切り替えてみましょう。きっと新たな事実に着目できるはずです。

たとえば、

・田中さんは昔からの常連ではあるけれど、実は月に1回くらいしか来店していない
・新規の大学生客は週2回くらい来てくれる

以上の事実がわかれば、お店の売上という観点で大事にすべきは、常連の田中さんより、新規の大学生かもしれません。その場合、こんなイシューと結論のセットが考えられます。

イシュー 「テレビの放映効果で3倍に増えたお客さんの数を、このまま継続するには？」

結論 「増えたお客さんがどんな人たちかを把握し、その属性に合わせたメニュー＆サービスを展開する」

もしアンケートを実施し、「増えたお客さんはほぼ大学生」とわかれば、「学割ランチメニューを新設する」「大学の授業スケジュールに合わせた営業時間にする」という対策が打てるかもしれません。今までにない新たな施策が生まれる、ちょうどいいイシューの設定です。

一方、「今後、このレストランはどうあるべきか？」というイシューは、スケー

ルが大きすぎます。
20~30年先を見すえる経営者レベルならそれでもいいですが、現場レベルのサラリーマンであれば、明日からの行動につながるスケールでイシューを設定しましょう。

サラタメ：もしかすると、店長は元々「田中さんのクレーム処理をしてほしい」という意図で指示を出したのかもしれません。でも、そう指示を受けながら、改めて自分の頭で状況を整理し、**違ったイシューを設定できる人**は、間違いなくデキる人です。

マモル：**まる投げされたような仕事は、改めて自分でイシューを整理してみないといけないんですね！**

サラタメ：まさにそうです！　それで、もし上司から与えられたイシューの変更がありそうなら、「思考のピラミッド」をつくり始める前に、「私なりに、こんなテーマで考えてみようと思っているんですが」と事前に相談してみましょう！（しょうもないことですが、上司や同僚との会話で「イシュー」という言葉をそのまま使うと、あからさまに意識高い系に見え、敬遠される可能性があります。無難に「テーマ」くらいに言

い換えておきましょう）

マモル：なるほど！　そこでイシューを共有しておけば、「結論」「理由」「根拠」全部揃ってから、「そもそもイシューが違う」とひっくり返されるようなことがなくなるわけですね。

〈まとめ〉

- イシューはめちゃくちゃ重要。「結論」より先に、入念に考えるべき
- イシューをミスると、「思考のピラミッド」すべてが台なしになる
- 目の前のトラブルにとらわれた、視野の狭いイシューになりがちなので注意
- とはいえ、スケールが大きければいいわけではない
- 明日からの行動につながるイシューが、ちょうどいいイシュー

STEP 1-1
リーマン力
（仕事術）

いつも変人が勝ち続ける理由

圧倒的成果は「バカなる思考」から生まれる

マモル：タイトルにある「バカなる思考」ってなんですか（笑）!?

サラタメ：圧倒的に勝つための思考法です！　「バカ」とかついちゃってますが、冗談抜きで**超大事な戦略的思考法**なんです。

マモル：ここまで教えてもらった「思考のピラミッド」「イシュー」みたいな話よりも大事なんですか？

サラタメ：それらは、基礎知識みたいなものです。再現性が高く、80点くらいの成果を残すための知識で、最初はそっちを重視したほうがいいです。ただ、**本当に革新的な「120点！」と評価される仕事をするには、「バカなる思考」の組み立て方も知っておいたほうがいいです。**

「バカなる思考」という賢者の盲点

「バカなる思考」とは、最初聞いたときは「そんな〝バカ〟な」と思うのですが、よくよく最後まで聞いてみると「〝なる〟ほど」とうなずける、そんなアイデアを繰り出す思考法です。

部分的には「非合理（バカ）」で全体像を踏まえると「合理的（賢い）」アイデアなので、下図右下の「賢者の盲点」を突くことができます。

マモル：むむ、まったく意味がわかりません（笑）。というか、部分的に見ても、全体的に見ても合理的な「普通の賢者」が、ベストなんじゃないですか？

合理的すぎる落とし穴

日頃仕事をしていて、非合理（バカ）なアイデアでホメられることなんてそうそうないので、多くの人が当然のごとく「普通の賢者」を目指します。

これは非常に正しい思考法のように思えますが、実は正しすぎるのです。

「バカなる思考」という賢者の盲点

部分 ＼ 全体	非合理（バカ）	合理的（賢い）
合理的（賢い）	合理的な愚か者	普通の賢者
非合理（バカ）	ただの愚か者	**賢者の盲点**

出所：楠木建著『ストーリーとしての競争戦略――優れた戦略の条件』（東洋経済新報社）をもとに一部改変

「正しすぎる思考法」は、言い換えると「誰もがマネしやすい思考法」にもなりえるということです。

どこからどう見ても合理的な考え方は、根拠となるデータも揃いやすく、すぐ資料がつくれます。上司にも説明が簡単で、社内の決裁もスルスル通っていくでしょう。

ただ、同じようなことが、他部署でも競合他社でも、起きている可能性が高いので要注意です。つまり、似たようなアイデアの商品・サービスが、遅かれ早かれ同じような経緯で生まれることになり、その先に待つのは熾烈《しれつ》な競争地獄《レッドオーシャン》。短期的には非常に進めやすい仕事ですが、「マネっこ競争」「価格競争」に飲み込まれることを踏まえると、長期的には負けが約束された仕事になってしまうのです。

サラタメ：合理的すぎる思考は、決まった答えがある仕事や、80点くらいの成果を目指す仕事のときには有効です。一方、ライバルと競争をして、圧倒的に差をつけて勝ちたい場合には不向きだったりするんです。

あえて「おバカな部分」を入れ込む

情報があふれる今の時代、唯一無二のアイデアなんてありません。「マネできない」という状況は、そうそう生み出せないのです。そこで私たちができることは、他の人が「マネしたくない」アイデアを生み出すこと。アイデアに、あえて「**おバカな部分**」を盛り込んで、ライバルに「マネしたくない」と思われることなのです。

サラタメ：「マネできない」ではなく、「マネしたくない」アイデア、これがまさしく「バカなる思考」です！

ここで勘違いしてはいけないのが、ただの非合理な戦略ではない、ということ。部分的にも、全体的にもおバカなアイデアは、P109の図にある「ただの愚か者」であり、なんの役にも立ちません。

たとえば商品開発でいうなら、商品単体ではまるでおバカなアイテムに見えるものの、開発する会社の歴史・理念・コンセプトなど全体を踏まえると、「賢い！」となるものを目指すのです。

サラタメ：とてもわかりやすい＆美しい「バカなる思考」の事例として、スターバックスコーヒーが日本に進出したときの快進撃をご紹介します。

「バカなる思考」の事例

スターバックス コーヒーの日本進出

スターバックス コーヒー ジャパンは、今では日本で独占的な地位を築いているので、非合理なイメージはまったくないと思いますが、日本市場に参入したときには、かなり非合理なことをしていて、各種メディアで「絶対失敗する」といわれていたそうです。その非合理とは「フランチャイズ※」ではなく、「直営店※」で出店したこと。

「フランチャイズ」で出店すれば、仮に失敗しても、第三者のオーナーがリスクを負ってくれることになるので安心。**「直営店」方式だとリスクが高く、チェーン店展開において超重要な「出店スピード」が落ちてしまう。そんななかで、スターバックスは直営店方式という非合理すぎる戦略を取ったのです。**

マモル：なんでそんな非合理な選択をしたんですか？

それは、会社全体として見ると、合理的な選択だったからです。

スターバックスは「安くおいしいコーヒーを売る」会社ではなく、家でも職場でもない、お客さんが心から安らげる空間「**サードプレイスを提供する**」

フランチャイズとは？

看板だけ貸して、売上の一部をもらう。セブン-イレブンやファミリーマートなどコンビニエンスストアがやっている出店方法。元々土地や店舗を持っているオーナーに任せられるので、出店スピードが速い。

直営店とは？

土地もオーナーもすべて、スターバックス側で用意するタイプの出店。社員が直接運営するため、管理しやすいものの、出店スピードはかなり遅くなる。

会社だったからです。

もし、スターバックスがスピード&売上重視のフランチャイズ展開をしてしまったら、お店のオーナーがこんなことをしていたかもしれません。

・狭いお店でも、ギュギュッとイスを配置する

・長居するお客さんには、出ていってもらう

・人件費をケチって、スタッフのサービスは最低限にする

これらは、一般的なビジネスでいえば、たしかに合理的な戦略。ただ、スターバックスのコンセプト「サードプレイスを提供する」ことを踏まえると、絶対避けなければいけないことだったのです。だから**スターバックスは、直営店方式で、直属の社員にオーナーをやらせ、立地・席配置・サービス、すべてを自分たちのコンセプトに合わせて展開することにこだわった**のです。

ドトールをはじめとした日本の国内コーヒーショップチェーンは、当初スターバックスの戦略をマネしようなんて思いませんでした。その間にスターバックスは、唯一無二のポジションを築き、根強いファンを集めるようになります。そのあまりの快進撃に、徐々にライバルたちも気づき始め、ついにはマネして同じコンセプト

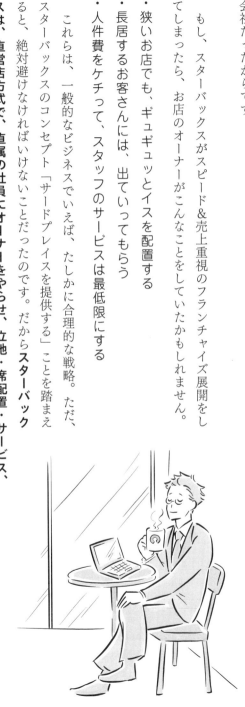

の店を出すようになりますが、そのときはすでに手遅れです。

部分的にスタバっぽさを取り入れることはできますが、「サードプレイスというコンセプト」「直営店方式での出店」「社員が直接管理するからこそのハイレベルな接客」、スターバックスが持つこれらのストーリー全体をマネすることはできなかったわけです。

サラタメ：「マネしたくない」と思われてる間に「マネできない」レベルにまで突き抜けたという、とても美しい「バカなる事例」です。

個人の戦略にも「バカなる思考」を

長期的に勝ち続ける企業は、多かれ少なかれ、部分的に非合理な部分を盛り込み、大きな成功を手にしています。

ただ、この「バカなる思考」は、イケてるグローバルカンパニーだけのものではなく、**いちサラリーマンの日々の仕事にも活かせるのです。**

ビジネス現場では、たしかに合理性を求められることが多いのですが、いつも合理性だけを追い求めていればいいわけではないと覚えておいてください。合理性だけでは、圧倒的成果にはつながらないですし、なにより仕事を骨の髄まで楽しむことはできないのです。

サラタメ：個人としては、こんな場面で「バカなる思考」を発揮してみましょう！

・ライバルに圧倒的な差をつけたいとき、アイデアにあえて非合理なポイントを盛り込む
・上司に対して、非合理に見える提案をするときは、全体を見れば合理的であることを入念に伝える
・相手の意見が非合理だからといって頭ごなしに否定しない。全体として合理的になってないか検討してみる

〈まとめ〉

・ライバルに圧倒的な差をつけたいときには「バカなる思考」
・「バカなる思考」とは、「バカな」から始まり「なるほど」で終わるアイデア
・部分的にも全体的にも合理的な思考は正しいが、簡単にマネされてしまう
・自分が提案するときも、提案を受けるときも、「バカなる思考」は有効

報連相

マジックワード「3分ください」

上司の「後にして」がゼロになる

マモル：上司がバタバタ忙しそうな中、時間もらって報連相※するの、苦手なんですよね〜。どうしても気が引けちゃうというか……。

※**報連相**（ホウレンソウ）

職場でのコミュニケーションである報告・連絡・相談の略称。

報告→すでに完了した仕事の結果・進捗などを伝える

連絡→現在進行中の仕事で起きたことを伝える

相談→アドバイスをもらって仕事の方向性をすり合わせる

マモル：どうにか勇気出して「今、いいですか？」と切り出しても、「後にして」とか言われちゃって、結局いつもいいタイミングを逃しちゃうパターンです……。

サラタメ：なるほど～。もしかすると、それは切り出し方に工夫が必要かもしれませんね。**結論、「3分、ご報告の時間もらえますか？」でいきましょう。**

上司の「後にして」はなぜ生まれるのか？

報連相のときに最悪なのが、すぐ報連相したほうがいい内容なのに、上司に「後にして」と言われてしまい、タイミングが遅れ、業務に支障が出るパターンです。急ぎの内容なのに、忙しいからといって「後にして」と突き放してしまった上司の責任のようにも思えますが、その前に報連相する身のこちらとしても、切り出し方に最低限の工夫をしないといけません。

上司が「後にして」と言いたくなるのは、おもに次の2つが要因です。

・今すぐ聞くべき急ぎの案件なのか判断できない
・忙しいのに、その報連相にどれだけ時間がかかるかわからない

「後にして」をゼロにする切り出し方

サラタメ：これはまったく難しくありません！
「所要時間」「テーマ」「報告 or 連絡 or 相談」を伝えてあげればいいだけです。

〈例〉
「3分いただけますか？　明日の会議資料の進捗を、ご連絡させてください」

所要時間：3分
テーマ：明日の会議資料の進捗
報／連／相：連絡

「今日午前中のどこかで10分、商品Aの不具合についてご相談させていただけますか？」

所要時間：10分
テ ー マ：商品Aの不具合
報／連／相：相談

報連相の中で、最も時間のかかる「相談」でもなるべく10分以内に収めましょう。そのために重要なのは、上司が返答するのに時間がかからないよう、事前準備することです。

具体的には、上司が「YES or NO」や「三者択一」で返答できるような準備をしましょう。

上司との相談時間を短くするため、自分だけでできる事前準備には、しっかり時間をかけるべきです。

なるべく短い時間で終えられる準備を整え、「○分ください」と所要時間も伝えているのに、それでも「後にして」と言われてしまう場合には、「**では、いつだとご都合よろしいでしょうか？**」と、その場で予定だけ取りつけます。

どんなに忙しい上司であろうと、一日の中で数分すら確保できないことはないはずです。「後にして」の「後」とはいつのことか、明確な日程を確認しましょう。

サラタメ：それと、当然ですが、事前に伝えた所要時間は、なるべく守れるよう心がけてくださいね！

完全に守ることができなくても、守ろうと努力する姿勢を見せることが大事です。その点がおろそかになってしまうと、上司に「コイツの3分は、3分で終わらないからなぁ」と思われ、所要時間を伝えているのに「後にして」と言われるようになってしまいます。

〈まとめ〉

- 上司の「後にして」は、トラブルのもと
- こちらの切り出し方で対策可能
- 「所要時間」「テーマ」「報告 or 連絡 or 相談」を端的に伝える
- それでも「後にして」と言われたら、その「後」はいつなのか明確にする

STEP 1-1 リーマン力（仕事術）

デキる人の呼吸「PREP法」

結論ファーストの報連相

マモル：サラタメさん、上司に「3分ください」って切り出したいんですけど、報告したいことが3分にまとまらないです……。

サラタメ：そういうことなら「PREP法※」をやれば一撃ですよ！

マモル：一撃！　なんですか、「PREP法」って？

サラタメ：**要は、報連相のときに「結論↓理由↓具体例↓まとめ」という順番に話すだけです。**明日からでも実践できる簡単な方法ですよ。

「PREP法」とは？

相手にわかりやすく情報を伝えるときに有効な方法（話す順番）。「Point（結論）」「Reason（理由）」「Example（具体例）」「Point（まとめ・結論）」の頭文字を取って「**PREP法**」と呼ばれる。

相手が最も知りたい「結論」を最初に持ってくることで、相手のストレスを軽減。また、「理由」「具体例」を述べた後、さらに強調するために「まとめとしての結論」を伝えるので、相手の記憶にも残りやすい。

「PREP法」の正しい使い方

マモル：「結論」「理由」とかって、P94に出てきた「思考のピラミッド」となんかカブりますね。

サラタメ：おぉ！　マモルさん、それはめちゃくちゃいい着眼点です。**まさにこの「PREP法」は「思考のピラミッド」を駆使して伝える方法**なんです。つまり、準備段階を踏まえると、全体の手順はこうなります。

① 「思考のピラミッド」で考えを整理する

② カンニングペーパーをつくる

③ 「結論↓理由↓具体例↓まとめ」の順番で伝える

「PREP法」の仕組み

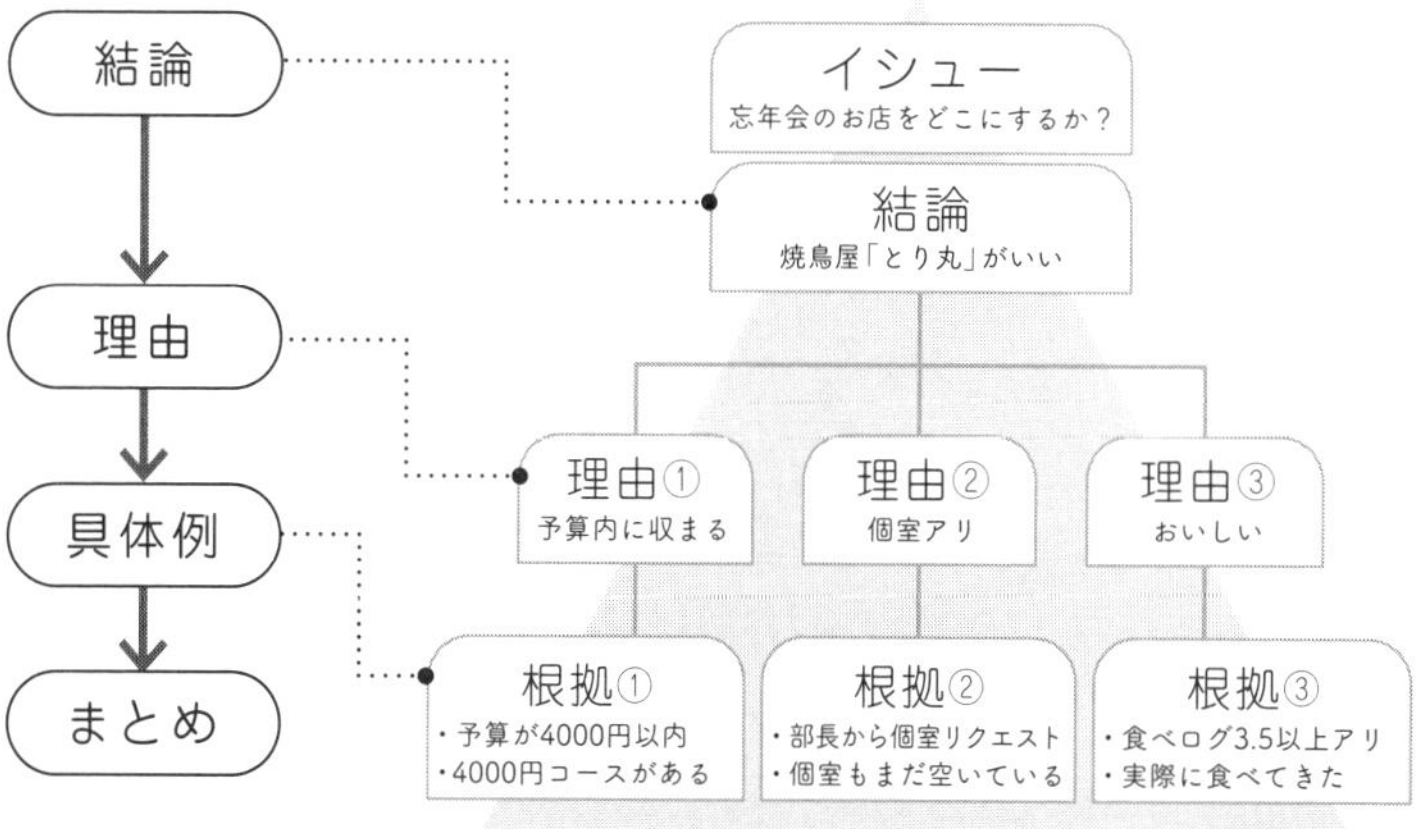

マモル：なるほど。「思考のピラミッド」をつくるのに慣れていたら、「PREP法」を使いこなすのも簡単なんですね。

サラタメ：そうです！　たとえば、P95でつくった「忘年会のお店選び」事例の「思考のピラミッド」で試してみましょう。

「PREP法」の実践——

上司に「忘年会のお店選び」を相談する場合

①「思考のピラミッド」で考えを整理する

まずは、❶結論を出す→❷結論を理由で支える→❸理由を根拠で支えるという流れで、「思考のピラミッド」をつくりましょう。

結論を支える理由が多すぎると、話が複雑化して、相手に伝わりにくくなります。「**マジックナンバー3**」を意識し、結論との関係性が強い3つに絞り込むのがオススメです。

②カンニングペーパーをつくる

慣れてくれば、頭の中にある「思考のピラミッド」を頼りに、自然と会話できるようになりますが、最初のうちはカンニングペーパーを準備したほうがスムーズです。裏紙やふせんに走り書きする程度の簡単なものでいいので、「思考のピラミッド」の要点だけ抜粋し、手持ちのメモとしましょう。

P95の「思考のピラミッド」の要点をメモとしてまとめると、次のとおりです。

結論
・忘年会のお店は焼鳥屋「とり丸」がいい

理由と根拠
・予算内に収まる（4000円コースがある）
・個室アリ（部長からリクエストあり&個室がまだ空いている）
・おいしい（食べログ3・5以上&実際に食べてきた）

③結論↓理由↓具体例（根拠）↓まとめという流れで伝える

サラタメ：実際にやってみると、こんな感じになると思います！

「所要時間」「テーマ」「報告or連絡or相談」を明確にして切り出す

山根係長、先日ご指示いただいた「忘年会のお店選び」の件で、5分ほど、ご相談の時間をいただけますでしょうか？

結論（Point）

結論としまして、焼鳥屋「とり丸」がいいと思いました。

理由（Reason）

理由は「予算内に収まる」「個室がある」「料理がおいしい」という3つです。

具体例・根拠（Example）

飲み放題込で4000円コースがあるので、予算内に収まりますし、部長からリクエストいただいていた個室もあります。あと、料理の味に関しても、食べログで3・5以上あり、実際に食べてきましたが、本当においしかったです。

まとめ・結論（Point）

ということで、焼鳥屋「とり丸」がいいと思いましたが、いかがでしょうか？

マモル：なるほど〜。ややめんどくさそうですけど、デキる人はこんな感じで、事前に頭を整理してるから、報連相がスムーズなんですね〜。

サラタメ：そうです！　最低限「結論」「理由」だけでも紙に書いて整理してから、上司に報連相しましょう。話してるうちに頭がこんがらがってしまうような事態は、かなり防げるようになると思います。

〈まとめ〉

・報連相の基本は「PREP法」

・「結論→理由→具体例→まとめ」の順番で伝える

・「思考のピラミッド」がそのまま使える

「事実」と「意見」をキッパリ分ける「空・雨・傘」

報連相しているのに、上司にキレられる理由

マモル：サラタメさん、聞いてくださいよ！　昨日、山根係長に聞かれたから、仕事の進捗を報告したのに「お前の意見は聞いてない！」と怒られたんです。これおかしくないですか？　聞かれたから答えたのに、「聞いてない」って!?

サラタメ：それは大変でしたね（笑）。ただ、もしかすると**マモルさんの「意見」じゃなくて、単に「事実」だけを知りたかった**のかもしれないですね。

マモル：山根係長は「事実」を聞いたのに、ボクが「意見」を言ったから怒られたってことですか？

サラタメ：まぁ、だとしても言い方がありますよね（笑）。報連相のときに、「事実」と「意見」がゴチャ混ぜになるミスはよくあるので、一緒に確認していきましょう！

「事実」と「意見」の違いとは？

わかりやすい表現として「空・雨・傘」というものが使われます。

空：「空が曇っている」（事実）
雨：「雨が降りそうだ」（意見）
傘：「傘を持っていこう」（行動）

この場合、事実は「空が曇っている」で、意見が「雨が降りそうだ」です。ビジネスシーンの報連相では、この線引きがあいまいになってしまうと、トラブルの原因になります。

「事実」と「意見」があいまいな報告と明確な報告の違い

「空・雨・傘」とは？

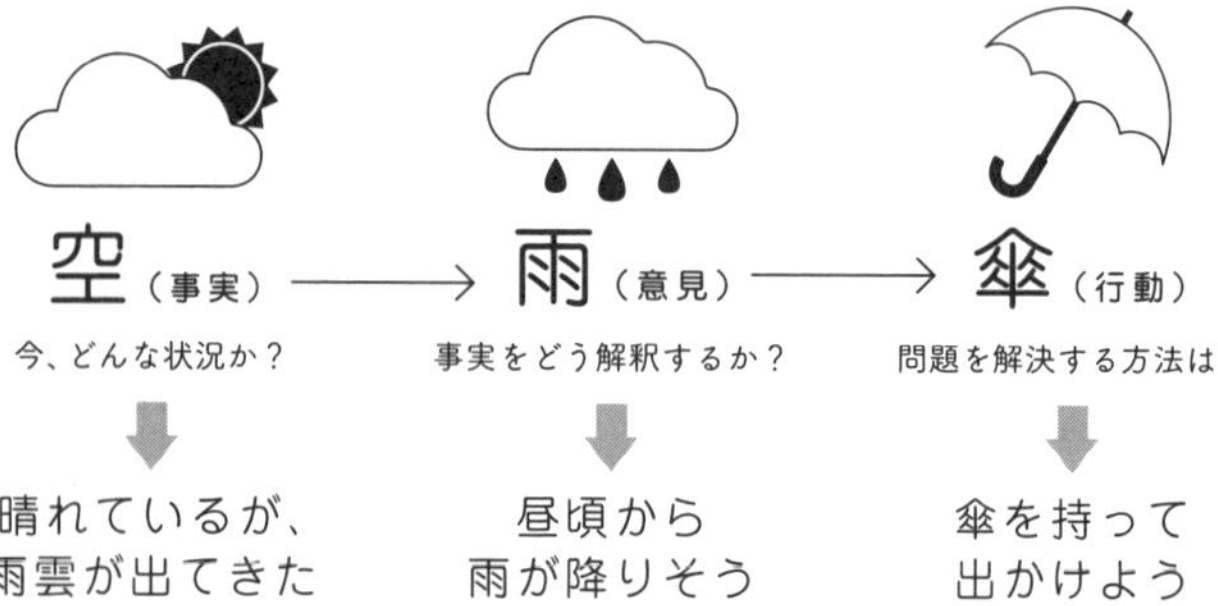

「先週、A社に営業提案行ってたよな。どうだった？　状況教えて」

×「事実」と「意見」があいまいな報告

「提案は、まぁうまくいったと思うので、おそらく受注できます。年内に納品できるよう準備を進めます」

これは極端な事例ですが、「うまくいったと思う」「おそらく受注できる」と、大事な部分に客観的「事実」がなく、妄想に近い「意見」になっています。

サラタメ：私も営業時代によくやっちゃっていたので、気持ちはわかります。上司に怒られたくないからと、なるべくポジティブに聞こえるよう、自分の希望的観測で報告してしまうんですよねぇ……。

◯「事実」と「意見」が明確な報告

「先方担当者の山田さんからは、ＯＫをもらいました。ただ、決裁者である木村課長からは、まだＯＫをもらえていません。木村課長からは、今月中の納品を絶対条件として提示されています」

この報告であれば、**事実がメイン**になっています。具体的に山田さんからＯＫをもらったと伝えていますし、懸念点となる木村課長の意向も盛り込まれています。上司からすれば、どうフォローしてあげればいいか、対策を考えやすいでしょう。

マモル：でもサラタメさん、「事実」だけ伝えて、まったく自分の「意見」を言わないっていうのも微妙じゃないですか？

サラタメ：まさにそのとおりです。**ベストは「事実」を言った後、「ここから先は事実ではない」と注釈を入れながら、自分なりの「意見」と「行動」を伝えてあげる**ことです。

注釈したうえで、さらに「意見」と「行動」を伝える

意見

「先方担当者の山田さんは、木村課長に続くNo.2のポジション。強い権限を持っています。ここからは私の推測ですが、その山田さんがOKを出しているので、ここからこの案件がNGになる可能性は低いと思います」

行動

「今月中の納品に間に合わせられるかが商談成立のカギになると思います。明日群馬工場の主任に、納期について確認の電話を入れてみます」

サラタメ：このように、「事実」と「意見」を明確に分けながら、最後に「空・雨・傘」の「傘（行動）」の部分まで伝えられるとベストです。上司からの信頼がグングン上がっていくでしょう。

〈まとめ〉

- 報連相で「事実」と「意見」は別モノ。「事実」が土台となる
- よく見せようとすると、「意見」が多くなるので注意
- まず「事実」を伝える。「意見」を伝えるときは、注釈を入れてから
- 最後に、「事実」と「意見」をもとにした「行動」まで伝えられるとベスト

仕事を振られたら即座に「ゴール」と「ルール」

脊髄反射で動く前に

マモル：サラタメさん、「内容もよくわかってないのに、仕事を引き受けちゃうクセ」を直したいです……。

サラタメ：それはけっこう〝サラリーマンあるある〟ですよね。「わかりました！」と勢いよく引き受けたものの、いざ着手してみると、どうしたらいいかわからないパターン。

マモル：まさにそれです！　上司から仕事を振られた瞬間は、けっこうわかった気になってるんですけどね……。

サラタメ：この改善策は、**仕事を振られた瞬間に「ゴール」と「ルール」を確認す**る。これさえ覚えておけばＯＫです！

確認すべきは「ゴール」と「ルール」だけ

上司に「ちょっとさ、A社向けの提案資料つくっといてよ。よろしく！」と指示された瞬間に必要事項を確認しておかないと、次のようなことになりかねません。

・この提案資料はA社の誰が見るんだ？　担当者？　決裁権のあるお偉いさん？
・そもそもこの資料って、最終的に誰をどう行動させれば正解？　とにかく受注すればOK？
・いや、でも受注するにしても、どこまで値下げしていいの？
・あー！　なにもわからん！　上司にもう一回聞いてみよう！
・え！　上司は3日間出張だって⁉　オワタ……。

こんな事態にならないために、確認すべきは「ゴール」と「ルール」の2つ。

サラタメ：仕事をまる投げしてくるような上司でも、さすがに「ゴール」くらいは教えてくれると思うので、特に注意が必要なのは「**ルール**」のほうです。

ゴールの確認

「ゴール」とは、振られた仕事で目指すべき目的のこと。

先の事例では「資料を誰に見せ、誰がどう行動を起こすと成功なのか」がゴールです。

このゴールが「現場担当者に新商品の案内さえできればＯＫ」なのか、「決裁権のあるお偉いさんに購入の決定をしてもらう」なのかでは、つくる資料の内容が大きく変わってきます。

確認方法

「この資料ですが、Ａ社現場担当者さんに、新商品の詳細を理解してもらうためのもの、という認識で合っていますか？」

ルールの確認

「ルール」は、「制約条件」といったほうがわかりやすいかもしれません。

どんな仕事にも、必ず制約条件があります。ヒト・モノ・カネ・時間・情報などのリソース（資源）を、いくらでも自由に使っていい仕事はないからです。これらのリソースをどれだけ使えるかで、仕事の難易度が決まりますので、必ず確認すべきポイントです。

使えるリソースがあまりにも少なく、自分の手に負えない場合には「リソースを増やしてもらう」「部分的に引き受ける」「断る」という返答が求められます。

確認方法

ヒト

「市場動向の資料をつくるにあたって、誰か頼っていい人はいますか？」

モノ

「提案予定の、この商品の在庫が少なくなっていましたが、A社分として何個用意しますか？」

カネ

「A社に対して、いくらまでなら値引きOKですか？」

時間

「商談本番はいつですか？　また、下書き段階の資料はいつまでにご確認いただけばいいですか？」

情報

「資料をつくる前に、この情報は見ておいたほうがいいというものはありますか？」

マモル：なるほど〜。「ルール（制約条件）」のところが多くて、ちょっと面倒ですが、この確認をサボると、さらに面倒なことになりそうなので、暗記&徹底します！

サラタメ：はい、ぜひです！　逆に、この「ゴール」と「ルール」以外のポイントは、後からどうにでもなる些細なことだったりします。些細なポイントについて、しつこく聞くと「勘の悪いヤツだ」と上司にウザがられるかもです。ご注意を。

〈まとめ〉

- 仕事を振られたときには、即座に必要事項を確認すべし
- 必要事項とは「ゴール」と「ルール（制約条件）」
- 「ゴール」は、その仕事で達成すべき目的
- 「ルール」は、使っていいリソース（ヒト・モノ・カネ・時間・情報）

ベストは「2↓5↓8割」確認

上司の信頼を最も落とす行為とは？

マモル：報連相のやり方はだいぶわかってきたんですが、どのくらいの頻度でしたらいいものですか？

サラタメ：ベストは、仕事の達成度が2割↓5割↓8割の段階で報連相するくらいですかね。

マモル：けっこう多いですね。

サラタメ：だからこそ、今までの報連相テクを総動員して、短時間で終わらせないと、マモルさんも上司も仕事が回らなくなっちゃいます。

マモル：そういうことですね。でも、まだ2割段階なのに進捗を連絡したら、仕事が未完成なので、上司にチクチク指摘されそうな予感です……。

サラタメ：残念ながら、その可能性が高いです。ただ、それでいいんです！　その段階で指摘されたほうが、結局は得なんです。逆に、8割完成してから「全然違う！」と言われたら、全部台なしになっちゃうので。

マモル：**間違えて引き返すなら、早めのほうが得**ってことですね。

サラタメ：そうです！　確認が遅くなると、**指摘をもらったのに「締切が近いから、資料をもう直せない。間に合わない」という状況に追い込まれます。**それが一番、上司からの信頼を落としますので、要注意です。

マモル：たしかに。「修正できないなら、なんで確認してきたんだよ!?」ってめっちゃ怒られそうですね。想像しただけでも、怖い……。

2↓5↓8割確認の進め方

2割確認

この段階では、「ゴール」と「ルール」（P135）を確認できればOK。業務内容が複雑で「思考のピラミッド」をつくる必要があれば、「イシュー」（P101）だけでも確認しておきましょう。上司から仕事を振られたその場で、「2割確認」まで到達できるのがベストです。

サラタメ：仕事を振られて、即座に資料づくりに着手するのはスピーディなようで、逆に遠回りになります。実際に手を動かすのは、「ゴール」「ルール」「イシュー」といった大前提を確認してからにしましょう。

5割確認

この段階では、資料の見せ方は関係なく、「考え方の方向性が合っているか」確

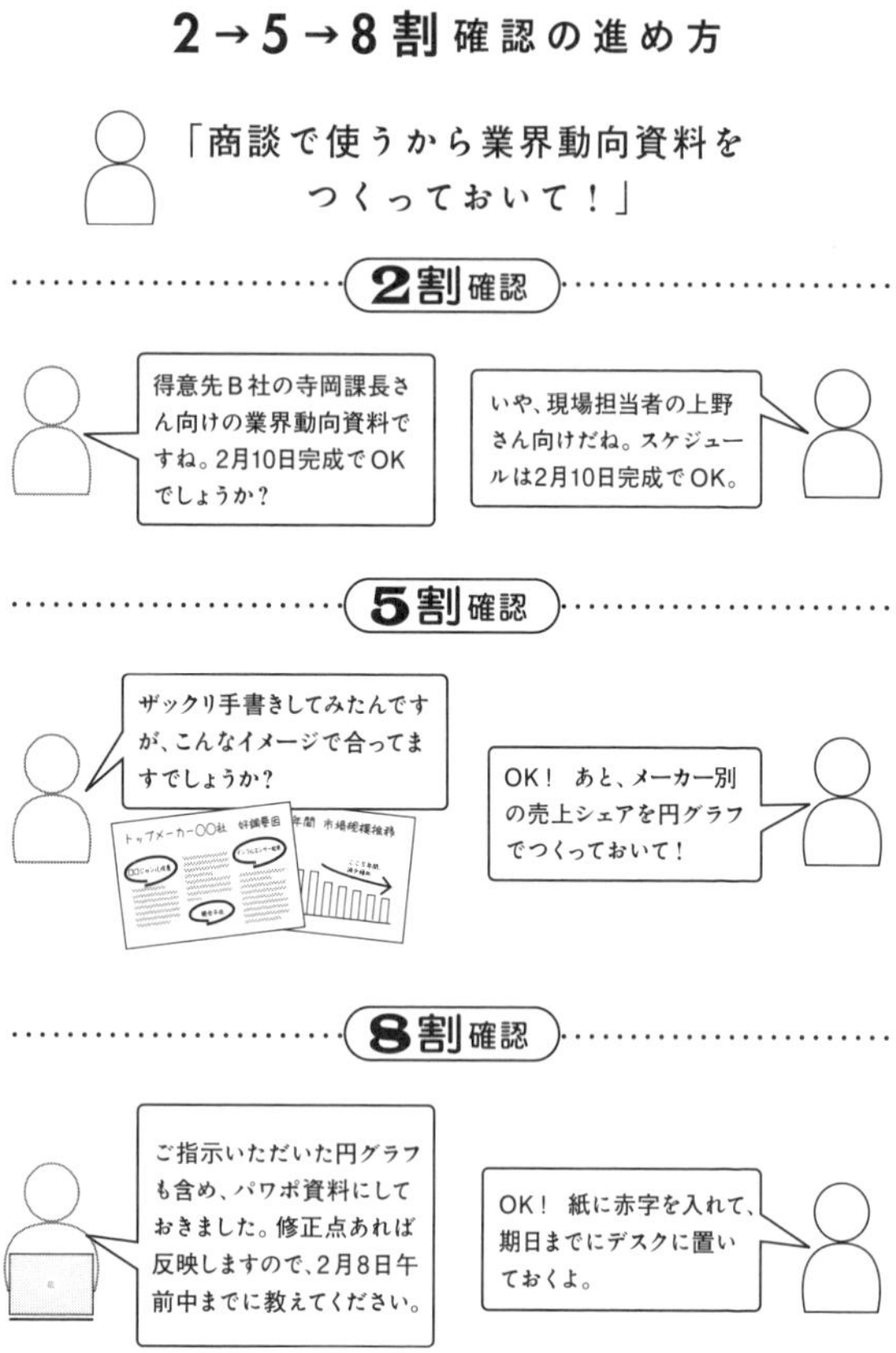
2→5→8割確認の進め方
「商談で使うから業界動向資料をつくっておいて！」
2割確認
得意先B社の寺岡課長さん向けの業界動向資料ですね。2月10日完成でOKでしょうか？
いや、現場担当者の上野さん向けだね。スケジュールは2月10日完成でOK。
5割確認
ザックリ手書きしてみたんですが、こんなイメージで合ってますでしょうか？
OK！ あと、メーカー別の売上シェアを円グラフでつくっておいて！
8割確認
ご指示いただいた円グラフも含め、パワポ資料にしておきました。修正点あれば反映しますので、2月8日午前中までに教えてください。
OK！ 紙に赤字を入れて、期日までにデスクに置いておくよ。

認しましょう。パワーポイント（以下、パワポ）などのデザイン性が含まれる資料をつくるのは、まだ早いです。箇条書きの簡素な資料で、あくまで「方向性」だけ確認を取ります。

　もし箇条書きで表現しきれない図表を確認したいときは、「手書き」のメモですり合わせます。手書きなら明らかに「下書き段階」だとわかるので、細かい体裁を指摘されずに、こちらの「考え方」だけを確認してもらいやすいです。

8割確認

「8割確認」は、ほぼ完成形で最終確認をもらいます。大事なのは「2割」「5割」段階で、入念に確認を取ること。それが済んでいたら、ここは微修正しか入らないはずです。注意点はスケジュールだけ。ほぼ完成形とはいえ、上司からの微修正を反映できるスケジュールで、確認をしてもらいましょう。

〈まとめ〉

- 仕事の確認タイミングは「2→5→8割段階」がベスト
- 間違えたらすぐ引き返すために「2割」「5割」が特に大事
- 「上司に確認したものの、修正が間に合わない」は最も信頼を落とす行為なので要注意

STEP 1-1 リーマン力（仕事術）

営業・交渉術

「足で稼ぐ」は半分正解だった！

恋愛でも使える心理テク「ザイオンス効果」

マモル：サラタメさん、ヤバいです！　営業部の先輩が異動になって、めちゃくちゃ大手の得意先をボクが引き継ぐことになっちゃいました……。

サラタメ：おー、大抜擢じゃないですか！

マモル：大抜擢はうれしいんですが、先輩がその得意先と、ほぼ親戚レベルの良好な関係を築いていたみたいなんで、ボクにも同じようにできるか不安です……。

サラタメ：最初は、**「ザイオンス効果」を活用して、足で稼ぐのがベスト**だと思いますよ！

マモル：ザイオンス？　なんのゲームのラスボスですか!?

サラタメ：ラスボスじゃないです（笑）。要は、関係良好な先輩のいるうちに、初対面を済ませてしまい、そこから何度も訪問すればいいってことです。

足で稼ぐ「ザイオンス効果」

「ザイオンス効果」とは、ザックリいえば「何度も会うと好きになっちゃう」心理効果のこと。

「ザイオンス効果」とは？

心理学者ロバート・ザイオンス（１９２３～２００８）が提唱したもの。「単純接触効果」とも呼ばれ、相手に何度も接触していると、好感度や評価などが高まっていく心理効果。接触回数が増えれば増えるほど、警戒心が弱まり、親近感を持つ。

マモル：そんな心理効果があるんですか!? じゃあとにかく365日、顔だけ見せまくればいいってことですね！

サラタメ：365日は行きすぎです(笑)。いくつか注意点があるので、そこだけ気をつけながら実践してみてください。

「ザイオンス効果」の注意点

悪い印象を残した後は、逆効果になる

相手に悪い印象を持たれてしまった場合、その後に何度会っても、悪い印象が強化されてしまう可能性が高い。

「短期間に細かく」が効果的

テレビCMを1週間に何度か見ると、その商品が気になるように、短期間で集中的に接触するほうが好意を持たれやすい。ただ、あまりにも相手の時間を奪うと、いい印象を持たれないので、嫌がられない頻度と、短い時間での訪問がオススメ。

上限は10回

「ザイオンス効果」が強化されるのは、10回までといわれている。とにかく回数多く接触したほうがいい、というのは間違い。

マモル：なるほど。接触回数だけ稼ごうとしても、一度悪い印象を持たれたら、逆効果になってしまうんですね。

サラタメ：そうです！　毎回なにかお土産になる有益情報を持っていき、こちらのボロが出る前にさっさと切り上げる。これを10回続ければ、ある程度の良好な関係は築けるはずです。

〈まとめ〉

・初対面の相手の印象をよくするには「ザイオンス効果」を活用すべし
・「ザイオンス効果」とは、何度も会うと好きになる心理効果
・やたら数だけ稼ごうとすると逆効果。一回一回相手のメリットを意識

「承認欲求」を刺激する会話力

全人類共通の〝性感帯〟を刺激せよ

マモル：サラタメさん、「ザイオンス効果」（P146）を意識して、得意先を何度も訪問してるんですけど、何を話せば好印象になるか、さっぱりわからないです……。

サラタメ：有益な業界情報とか、その得意先だけの限定値引き提案などを持っていけたらベストですけど、それが難しかったら全身全霊で「承認欲求」をなでまわすしかないですね！

マモル：承認欲求をなでまわす!?（笑）

サラタメ：そうです。ビジネスの関係性は、基本的にギブ・アンド・テイク。商品を買ってもらいたいなら、下準備として相手に何か与えてあげないといけません。その一環として、**全人類共通の〝性感帯〟である「承認欲求」を刺激し、気持ちよ**

くなっていただくわけです。

マモル：なんか生々しい（笑）。誰もが持っている「認められたい」という気持ちを刺激するんですね。たしかに、有益情報や値引きより、自分の心がけ次第でなんとかなりそうかも。ボクにもできますかね？

サラタメ：もちろんです！　結論、**①名前を呼ぶ、②違いをホメる、③会話のバトンを渡す、この3つをやれば完璧**です。

「承認欲求」を刺激する方法3選

①名前を呼ぶ

人はただ名前を呼ばれるだけでも、「認知してもらっている」と承認欲求が刺激されます。初歩中の初歩テクニックとして、相手の名前を積極的に呼びましょう。

やり手の営業マンや「人たらし」といわれる人の会話を、注意深く聞いてみてください。普通の人より、明らかに相手の名前を呼ぶ回数が多いことに気づくでしょう。

②違いをホメる

承認欲求を刺激する方法として、「ホメる」は効果抜群の直接攻撃。ですが、相手のホメるポイントを見つけるのは、なかなか難しいもの。得意先がみんな、文句なしのスゴい人だったら、いくらでもホメられると思いますが、そんな人ばかりではないからです。

だからこそ「違い」をホメましょう。具体的には、「**自分との違い**」「**過去との違い**」の2点をホメます。

「自分との違い」をホメる

よく聞く営業トークのノウハウに、「共通点」を探そうというものがあります。

もちろん正しいのですが、「共通点」なんてあるほうが珍しいので、ぶっちゃけ再現性が低い。「違い」にこそ着目してホメるべきなんです。

〈例〉

「釣りがお好きなんですね！　大人の趣味って感じですよね。私一度もやったことないんですけど、**どういうところが楽しい**んですか？　教えてください」

「過去との違い」をホメる

もう一つが「**過去との違い」をホメる**作戦です。

現時点の成果を切り取った場合、誰もが圧倒される成果を残している人なんて、そうはいません。ですので、過去からのよい変化に着目します。

〈例〉

「社長と初めてお会いした2年前と比べて、かなり売上増えたんじゃないですか？　スゴいですよね。**どうやって、そんなに**伸ばされたんですか？」

③会話のバトンを渡す

人は誰かに話を聞いてもらうだけでも、承認欲求が満たされます。自身の流暢なトーク術を披露するより、相手に存分に話してもらうことのほうが、よっぽど大事なのです。自分の話は早めに切り上げ、積極的に会話のバトンを相手に渡しましょう。

サラタメ：「違いをホメる」の事例でも、最後は質問してますよね。そのように「ホメる」と「バトンを渡す」を組み合わせると最強。相手の承認欲求をゴリゴリに刺激できます！

〈まとめ〉

・会話で好印象を持ってもらうには「承認欲求」を刺激する
・具体的実践法は３つ
①名前を呼ぶ　②違いをホメる　③会話のバトンを渡す

目指すべきは〝グレー〟な交渉

白黒つけるのは素人の仕事

マモル：得意先と徐々にいい関係性を築けてきたんですけど、肝心の商品を売り込めないんですよね……。

サラタメ：あら、そうなんですね。なぜですか？

マモル：得意先のバイヤーさんは安く買いたいのに、ボクは営業マンなので少しでも高く売りたい。利害が一致していないから、敵対関係のようになってしまって。どうにも話が進まないんですよ……。

サラタメ：なるほど。でしたら、そもそも**「お客さんと敵対している」という考え方は、完全にリセットしたほうがいいですね。**互いに必要な情報をしっかり出し合えば、仲間関係に持ち込めるはずです。

マモル：売り手と買い手なんですから、仲間関係はさすがに無理じゃないですか？

サラタメ：いえ、いけます。バイヤーさんの「安く買いたい」をもっと深掘りすべきです。そうすれば、**白黒つける敵対的交渉ではなくて、一緒にグレーゾーンを探す協同作業**になるはずです。

交渉とは敵を論破することではない

「うまい交渉」というと、こんなものをイメージするのではないでしょうか。

・なめらかな口調でプレゼン
・相手の反論を全部つぶして論破
・自分の思いどおりの結果に持ち込む

勘違いされがちですが、こういった交渉は決していいものではありません。

いわゆる「ハード型の交渉」といわれるもので、長期的な関係性が築けない「ヘタな交渉」の一つです。

長く続く良好な関係は、Win-Winだからこそ成り立つもの。**圧倒的なトーク術で、無理やり厳しい条件を呑ませても、意味がありません。**相手が本心で納得していなければ、どこかで必ずしっぺ返しを食らいます。

かといって、相手のいいなりになる「ソフト型の交渉」もNGです。

争いごとが苦手な人や、経験が浅い若手に多いのですが、こちらは交渉相手がタチの悪い「ハード型」だった場合、非常に大きな損失を食らうことになります。

サラタメ：**やたら強気の「ハード型」も、全部鵜呑みにする「ソフト型」もダメです。**交渉は、本質的には「駆け引き」ではありません。目指すべきは、「**グレーゾーンを一緒に探す交渉**」なんです！

交渉のグレーゾーンとは？

「グレーゾーンを一緒に探す交渉」とは、ザックリいうと、**交渉相手とWin-Winになれるポイントを丁寧に洗い出し、すり合わ**

せるような交渉を意味します。

わかりやすい事例を紹介しましょう。

たとえば一つのミカンを、AさんとBさんが奪い合い、交渉するとします。

ハード型の交渉

Bさんを論破し、ミカンをまるごと奪う。ただ、Bさんに恨まれる。

ソフト型の交渉

Bさんの言うとおりにしているうちに、いつのまにかBさんにミカンをまるごと奪われてしまった。

グレーゾーンを探す交渉

よく話し合い、互いに本当に求める条件を確認したところ、

- **Aさんの要望**「ミカンの中身を食べたい」
- **Bさんの要望**「ミカンの皮でジャムをつくりたい」

とわかり、中身と皮を仲よく分け合うことで、交渉成立。

この事例はできすぎたものですが、「グレーゾーンを探す」とは、ミカンの皮と中身を分け合うようなポイントを探すことなのです。

実際にグレーゾーンを探す3ステップ

サラタメ：グレーゾーンを探す具体的な方法は、**①相手にとことん話してもらう、②お互いの要望を語り尽くす、③グレーゾーンを一緒に探す、**この3ステップです。

①相手にとことん話してもらう

セールスマンが最初から要望ばかり伝えて、得意先が聞き入れてくれるなんてことは、そうそうありません。まずは、「アピール」より「傾聴」に徹するべきです。「承認欲求」を刺激する会話力（P151）を参考に、まず相手の話したいことを全部吐き出してもらいましょう。

②お互いの要望を語り尽くす

ある程度、腹を割って話せる関係性を築けたら、互いの要望をすべて語り尽くします。**大事なことは、「安く買いたい」「高く売って売上を上げたい」といったうわべの話で終わらせないこと。**そして「ソフト型」に成り下がらないよう、たとえ営業する側であっても遠慮せず、**自分の要望をなるべく具体的に**伝えることです。

〈うわべでなく腹を割って話せているOK例〉

買う側 「安く買いたい」というか、10月はうちのお店の30周年記念祭があるから、そのタイミングだけめちゃくちゃ安くしてくれればいい。記念祭のときだけでも、御社から安く買って利益が出せれば、ぶっちゃけ、私の社内での評価が上がりそうなんだよね。

売る側 「高く売ってこい」って上司に言われてはいるんですけど、年に1回くらいなら特別値引きができるかもしれません。期間限定で値引きした後に、定価に戻して引き続き取引していただけるなら、こちらとしてもいい話です。

サラタメ：生々しい話、私も含め多くのサラリーマンは、純粋に「会社のため」に動いているわけではありません。**「出世のため」「ボーナスのため」「上司に怒られたくない」といった本音が、心の奥底に隠されているはず。その本音をどれだけ相手から引き出せるかの勝負です。**

③グレーゾーンを一緒に探す

ステップ②で、お互いの要望を語り尽くすことができれば、あとは簡単。それぞれの要望が最も叶うポイントを一緒に探していくだけです。

この事例なら、「10月限定で大きく値引きする代わりに、その後も定価で商品を導入してもらう」という着地になるでしょう。

サラタメ：もちろん毎回、両者がキレイに得するグレーゾーンが見つかるわけではありません。ただ、**商談相手はWin-Winのポイントを一緒に探す「仲間」**という認識を持つだけで、あなたの交渉にポジティブな影響があるはずです。

〈まとめ〉

・交渉は単なる駆け引きではない
・やたら強気の「ハード型」も、いいなりの「ソフト型」もダメ
・グレーゾーン（Win-Winのポイント）を一緒に探すのが正しい交渉
・実践法は3ステップ

①相手にとことん話してもらう
②お互いの要望を語り尽くす
③グレーゾーンを一緒に探す

脳をあやつる交渉術7選

悪用厳禁の心理テクニック

マモル：サラタメさん、おかげさまで得意先と良好な関係性が築けてきました！　もうすぐ大きな取引が決まりそうなんですが、最後のひと押しで注意すべきことはありますか？

サラタメ：いくつかあります!!　P158で触れたように、「お互いがWin－Winになれるポイントを探すこと」が大前提になりますが、その後に使える交渉テクニックをお伝えしますね。

マモル：どんなテクニックなんですか!?

サラタメ：心理学に基づいた交渉テクニックです。かなり効果的ではあるのですが、その分、くれぐれも使い方に注意してください。**悪用厳禁**です！

交渉の場面で使える心理法則7選

①一貫性の原理　小さなYESを引き出そう

「自分の言動を一貫したものにしたい」という心理。一度YESと言うと、自分から覆《くつがえ》しにくくなります。たとえば禁煙するにしても、誰かに宣言したほうが成功しやすいのは、この心理が働くため。

活用法

・相手の反応をよく確かめ、明確なNOにつながる質問をしない
・序盤は、ハードルの低い要求をする
・コツコツとYESだけを積み上げてから本題に入る

②アンカリング効果　相手の頭に基準をつくろう

最初に提示された条件が頭に刷り込まれ、その後に提示された条件も、最初の基

準に合わせて意思決定してしまう心理効果。相手が十分な情報を持っていないとき、より強力に効果を発揮します。語源は「アンカー（anchor、船の錨《いかり》）」。相手に与える印象の錨をおろすようなイメージ。

「この商品が30万円以上したら、さすがに買わないですよね？　実際は12万円です」

このように、前後関係につながりや根拠がなくても、「30万円」という基準が頭にインプットされてしまう効果があります。そのため、使う場合も使われる場合も、細心の注意が必要です。

活用法

「普通なら納品に10日かかるのですが、今回は3日で納品できるようにします」

「通常は5万円で販売している商品なのですが、初回限定で2万円にします」

サラタメ：アンカリング効果だけを狙い、まったく根拠のない数字を使うと「景表法（景品表示法、正式名称：不当景品類及び不当表示防止法）」に反するケースがあります。くれぐれも悪用されぬよう。

③ 返報性の原理　損して得とれ

なにかしらの贈り物を受けた場合、「お返しをしなければ」とギブ・アンド・テイクを意識してしまう心理現象。たとえば大事な交渉の前に、相手に「貸し」をつくっておくのも活用法の一つです。

活用法

・商品を無料サンプルとして渡す
・有益な業界情報を提供する
・関心を寄せ、好意を伝え、「あなたは重要な人物である」と表現する

④ 両面提示　デメリットは自分から

メリットだけでなく、デメリットまで提示されると誠実さを感じ、デメリットについて深く追及しなくなる心理法則。

「この商品は、欠点のつけようがない素晴らしい商品です」とメリットのみを提示

すると、相手は「きっとどこか欠点があるはず」と粗探しを始めてしまいます。デメリットは相手に指摘される前に、自ら提示するようにしましょう。

活用法

「この商品の『機能』には自信があります。一方、『価格』に関しては、正直、他社のほうが安いです。価格だけで選ぶなら、他社がいいと思います。ただ、機能にこだわる御社であれば、弊社商品のほうが合うと思いますが、いかがでしょうか？」

⑤ 決定回避の法則

選択肢は3つに

人は選択肢が多すぎると、逆に選べなくなってしまう心理法則。多くの選択肢から、優先順位に沿って一つの答えを選び抜く行為は、脳に大きな負荷がかかるため、自然と避けたくなります。

相手にスピーディな決断を促したいときには、選択肢をわかりやすくしたり、絞ったりして、脳の負荷を軽減してあげましょう。

選択肢を3つに絞った比較表

	価格	機能	操作性
商品A	◎	○	○
商品B	△	○	○
商品C	○	△	○

活用法

・特徴的な3択に絞って提案する（差があいまいだと迷う要因になるので注意）
・相手の評価軸に沿って、右下のように比較表をつくる

⑥ 損失回避の法則

「損したくない」を刺激しよう

「得」するより「損」するほうを重大にとらえ、それを避けたいと強く思う心理現象。つまり、「損しない」をアピールしたほうが、相手が決断しやすくなります。「**プロスペクト理論**」とも呼ばれる。

活用法

・自社商品を買わない場合に想定される「損失」を強調して提案
・期間限定キャンペーンで「今買わないと損する」印象を与える

⑦ バンドワゴン効果

行列を見せつけよう

多くの人がすでにやっている、もしくはみんなに人気があるというだけで、自分の好みにかかわらず、よい選択だと思い込んでしまうこと。「行列ができているレストランだから、きっとおいしい」と思ってしまうのは、「バンドワゴン効果」の一例。

活用法

「Amazon総合ランキングで第1位を取った商品です」
「毎回100名の会場が満員になるセミナーです。ぜひお越しください」

サラタメ：心理法則を用いた交渉術は効果的ですが、あくまで小手先のテクニックでしかありません。なによりもまず、「**お互いのWin-Winのポイントを探る**」という原則が最優先です。**もし逆に、このような小手先のテクニックだけで交渉を仕掛けてくる人がいたら、要注意**です。

マモル：なるほど。怪しいセールストークにダマされないためにも、この7つの心理テクニックは覚えておいたほうがよさそうですね。

〈まとめ〉

・心理法則に基づいた交渉テクニック7選

①一貫性の原理　②アンカリング効果　③返報性の原理　④両面提示

⑤決定回避の法則　⑥損失回避の法則　⑦バンドワゴン効果

【注意】あくまで小手先のテクニック。「お互いのＷｉｎ－Ｗｉｎのポイントを探る」ことが大前提

定時退社術

STEP 1-1 リーマン力（仕事術）

仕事は「やらない」が一番早い

8割の仕事はムダ!?

マモル：サラタメさん、毎日遅くまで残業してるのに、まったく仕事が終わりません……。仕事をスピードアップさせるコツってないですか？

サラタメ：仕事をスピードアップする最短ルートは、**「エッセンシャル思考」を身につけて、「やらない仕事」をおもいきって捨ててしまうことですね。**

マモル：仕事を捨てたほうが、速くなる……？　どういうことですか？

サラタメ：人間の作業スピードなんて、ぶっちゃけそんなに大差ありません。デキる先輩でも、マモルさんより「得意先への訪問」「タイピング」「プレゼン資料づくり」のスピードが3倍なんてことはないはずです。

マモル：成果でいえば、3倍以上違う感じしますけど……、たしかに作業スピード自体はそこまで変わらないかもしれないですね。

サラタメ：そうなんです。実は、仕事の**取捨選択**が上手なだけだったりします。デキる人は「**より少なく、しかし、よりよく**」という「**エッセンシャル思考**」で、**2割の重要な仕事に全精力**を注ぎ込んでいるだけなんですよ。

「エッセンシャル思考」とは？

「エッセンシャル思考」とは、ザックリいうと「**より少なく、しかし、よりよく**」という考え方。「やらない仕事」を決め、やると決めた仕事だけに集中する思考法です。

マモル：え、下の表っておかしくないですか？　なんで「エッセンシャル思考」は労力が少ないのに充実感があって、大きな成果が残せるんですか？

サラタメ：ちょっとショッキングな言い方をすると、8割の仕事がムダだからです。真の成果に直結する重要な仕事は、全体の2割といわれています。なので、その2割に集中する「エッセンシャル思考」の人のほうが、成果を上げやすいんです。

8割の仕事がムダ⁉

「エッセンシャル思考」で2割の仕事に集中すべき理由は**「パレートの法則」**にあります。

「パレートの法則」とは？

「エッセンシャル思考」と「非エッセンシャル思考」の違い

エッセンシャル思考		非エッセンシャル思考
より少なく、しかし、よりよく	仕事に対する考え方	より多く。忙しくて質が悪くなっても、しょうがない
まず依頼された仕事が、自分のやるべきものか仕分ける。捨てる仕事は必ず生まれる前提	依頼されたら？	頼まれた仕事はすべてやり遂げないといけない。持ち込まれる全仕事が重要
なるべくタスクを絞り、一点に集中。重要性が高いものに時間を割く	進め方は？	なるべく多くのタスクをこなす。期限の近いものから着手する
量は少ないが、納得して質の高い仕事ができるので、充実感が残る	結果は？	日々疲れきっていて、大半の仕事が中途半端に終わり、無力感が残る

「物事の結果のうち8割は、2割の要素によってもたらされる」という法則。イタリアの経済学者ヴィルフレド・パレート（1848〜1923）によって提唱されたもの。

　きっちり2割と8割に分かれるわけではないですが、不思議とこの割合に落ち着くようになっているのです。

　日々の仕事をこなしていると、目の前にあるタスクすべてが重要で緊急のように見えますが、「パレートの法則」に照らし合わせて一度再検討してみてください。

　営業部の成果を「売上を増やすこと」、商品企画部の成果を「売れる商品を生み出すこと」としたとき、はたして全タスクが成果に直結すると言い切れるでしょうか。

サラタメ：さすがに「8割ムダ」というのは言いすぎかもしれませんが、半分くらいは「やらなくても、意外にどうにかなる仕事」だったりしませんか？

マモル：言われてみれば……。「やらないより、まぁやっておいたほうがいいよね」くらいの仕事で残業している気がします。まさに「非エッセン

パレートの法則

20%の商品が全体の売上の**80%**を占めている

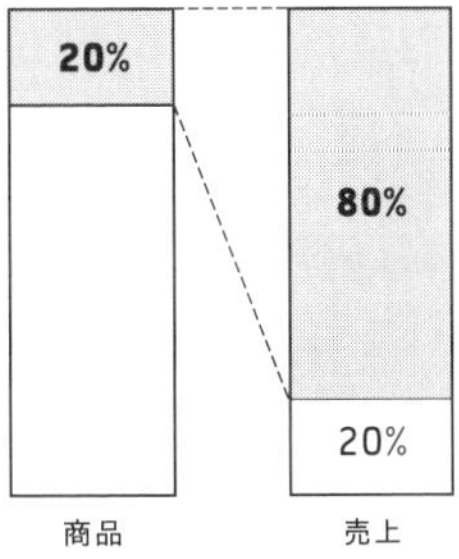

（例）
- 企業の売上の**8割**は、全社員のうち上位**2割**の社員が生み出している
- 仕事の成果の**8割**は、業務時間全体の**2割**の時間で生み出されている
- 全体の売上の**8割**は、全商品のうち上位**2割**の商品が生み出している
- 製品の故障の**8割**は、全部品のうち**2割**の部品に原因がある
- 苦情の**8割**は、**2割**の顧客から出ている

シャル思考」に陥ってしまっていたかもです。

サラタメ：明日からすぐ上司に「このタスクはやりません！」とキッパリ言うのは難しいと思うので、まずは「全力を注ぐ仕事」と「ギリギリ合格ラインでOKな仕事」を仕分けることから始めてみましょう。

マモル：まずは、集中すべき2割を把握するってことですね。

サラタメ：2割を把握し、力の入れ具合を調整できるようになったら、次は上司に「〇〇に注力したいので、××はいったんあと回しにしてもいいでしょうか？」とアプローチ。「あえてやらない仕事」を徐々に増やし、マモルさんの力を大事な2割に、どんどん集中させていきましょう！

〈まとめ〉

- 仕事が速い人でも遅い人でも、作業スピード自体に大差はない
- デキる人は「エッセンシャル思考」で取捨選択できているだけ

・「より少なく、しかし、よりよく」という考え方で、ムダを省いている
・「パレートの法則」をもとに、集中すべき2割を把握
・完璧なタスク管理より、ムダなタスクを省くほうがスピードアップにつながる

STEP 1-1 リーマン力（仕事術）

「後で考えよう」を撲滅せよ

抜け漏れゼロの即仕分け

マモル：サラタメさん、最近少しずつ任せてもらえる仕事量が増えてきました。信頼されてるようでうれしいんですけど、タスクが多すぎて、対応が漏れちゃいそうです。今なんて、そもそも漏れているかどうかも、よくわかっていない状況で……。

サラタメ：もしかして「後で考えよう」と、タスクを放置してませんか？

マモル：してます……。最近は「後で考えればいいや」だらけになってきました。それでもはや、何を「後で考えよう」としてたのかすら、思い出せなくなってる状況です。

サラタメ：あら、そうですか〜。じゃあまず、「後で考えよう」は完全にゼロにしましょう！　どこにも痕跡が残らず、抜け漏れの原因になるので。

マモル：えっ！　でも、タスク爆盛りでめっちゃ忙しくなったら、全部すぐ対応なんて無理ですよ！

サラタメ：もちろんです！　対応はできなくても、いったん仕分けだけしましょう。**①断る、②即打ち返す、③To Doリストに入れる。**この3択のどこかに、まず仕分けるんです。

すべてのタスクを3択に仕分ける

タスクを痕跡なく放置すると、抜け漏れにつながります。たとえ即対応できなくても、せめて仕分けだけはしておきましょう。

具体的には、①断る、②即打ち返す、③To Doリストに入れる、という3択です。

上司からの指示・メール・電話対応など、全タスクにこの仕分けを行います。

①断る

「エッセンシャル思考」（P173）で触れたとおり、「①断る」ができればベスト。どんなに早く作業するより、ムダなタスク自体が生じなければ、最も効率的です。

②即打ち返す

なにかしらタスクが生じても、その場で打ち返せば、大幅に時間短縮できます。**タスク処理において、意外に時間を奪われるのが、「タスク内容を思い出す」ことだからです。**

「思い出すこと」自体に、何か生産性があるわけではありません。にもかかわらず、そこに時間が奪われてしまうのは、非常にもったいないこと。

メールについても同様で、可能な限り即レスすべきです。放置すると、返信する際、またメール内容を確認し、経緯を思い出さないといけません。「思い出す」行為に割く時間は、徹底的に削減しましょう。

③To Doリストに入れる

その場で断れず、打ち返せなかったタスクだけを「**To Doリスト**」に入れます。今の時代、多くのツール・アプリがありますが、「**Google ToDo リスト**」が無料で使いやすいのでオススメです。

サラタメ：To Doリストに入れる際は、即行動できるよう、なるべく具体的なタスクに分解してから入力しましょう。あいまいな表現で入力すると、何から手をつけていいかわからず、To Doリストにタスクが残ったままになりやすいです。

〈例〉

× あいまいで行動に移しにくいタスク

□商談の準備をする（2月15日まで）

○ 具体的ですぐ行動に移せるタスク

□【アポ】商談日程をA社佐藤さんと調整（2月5日まで）
□【サンプル】製品サンプルを工場に依頼する（2月7日まで）
□【資料】業界動向の資料をマーケティング部・高橋さんに依頼する（2月10日まで）
□【見積り】B社に提出した内容を流用してつくる（2月18日まで）

紙よりWeb（クラウド上）

紙のふせんでTo Do管理する人もいますが、オススメしません。紛失したり、スマホで入力・確認できなかったりと不便です。
スマホやパソコンで入力できる環境になく、いったんメモとして紙に書くならOKですが、その後、忘れずに「Google ToDo リスト」のようなクラウド上で管理できるリストに内容を入力しておきましょう。

即レスできないメールにはマークを

メールで即レスできず、後で返信すべきものにはマークをつけておきます。

メールソフトにより、星や色など仕様が違いますが、マークをつけたメールだけを並べる機能はたいていあります。

メールを見直す際は、そのマーク付きのメールだけ確認しましょう。

対応不要のメールを何度も確認するのは、時間のムダです。

重要な2割に、意識を集中させていきましょう！


〈まとめ〉

- 「後で考えよう」と放置すると、抜け漏れの原因に
- ①**断る**、②**即打ち返す**、③**To Doリストに入れる**、いずれかに仕分ける
- To Doリストに入れず、即打ち返すのがベスト
- To Doリストに入れる際は、なるべく具体的に（日付はマスト）

残業しない人のモーニングルーティン

迷わない時間割のつくり方

マモル：定時でスパッと仕事を終わらせられたらいいんですけど、こびりついた残業体質が直らないんです……。何かいい方法はありませんか？

サラタメ：結論、こんな感じで**毎朝時間割をみっちりつくること**です！　これで不思議なくらい残業が減りますよ。

マモル：こんなみっちり時間割つくるんですか……。でも、これって別に作業スピードが変わるわけでもないのに、ホントに残業減るんですか？

サラタメ：はい、断言します。めっきり減ります！　必ず実践してください！　ここまで

迷わない時間割

時刻	9月13日（月）
9:00	スケジュール調整　9:00〜9:30
	企画書作成 9:30〜10:30
10:00	
	見積り作成３件 10:30〜11:30
11:00	
	メール対応 11:30〜12:30
12:00	
	ランチ 12:30〜13:30
13:00	
	商談アポ連絡３件 13:30〜14:30
14:00	
	田中さんとZoom 14:30〜15:30
15:00	
	議事録作成　15:30〜16:00
16:00	移動時間 16:00〜17:00
17:00	商談 17:00〜18:00
18:00	

の解説で、To Doリストを日付で管理することは習慣になってきていると思うので、今日やるべきタスクを時間割に落とし込めばOKです。

朝の時間割が効果バツグンの理由

毎朝、時間割をつくるだけで残業が激減する理由は、次の4つです。

①順番を間違えない
②目の前の作業に集中できる
③「パーキンソンの法則」を防げる
④残業すべきか明確になる

①順番を間違えない

作業を効率的に進めるには、「スピード」より「**順番**」が大事です。

たとえば、次のように**順番のミスをすると作業時間が平気で2〜3倍**になってしまいます。

・先にデータ収集の依頼をしてから、資料作成を進めればよかった
・橋本さんに教えてもらいながら作業しようと思っていたが、外出でいなくなってしまった

これらのミスは、作業スピードでは取り返せないレベルのタイムロスにつながります。

そんな致命的なミスを防ぐため、**毎朝、頭が一番フレッシュなタイミングで、効率的な「順番」を決める**べきなのです。

②目の前の作業に集中できる

人間の脳は、２つの作業を同時にこなせません。同時にこなしているように見える人でも、高速で頭を切り替えているだけ。集中力が分散してしまっています。時間割をつけ、「この時間は、この作業以外やらない」と、集中すべきタスクを一つに絞ってこそ、最高の集中力が発揮できるのです。

③「パーキンソンの法則」を防げる

「パーキンソンの法則※」とは、仕事の量は与えられた時間とともに膨張するという法則です。要は、**仕事の締切に余裕があると、それに合わせてダラダラ作業を進めてしまう**ということ。

上司や得意先から与えられた締切だけを基準にしていると、まさに「パーキンソンの法則」にハマります。指定されたスケジュールに余裕がある場合、「まだ時間はあるから」と必要のない追加作業を始めてしまったりするのです。

15〜30分単位の細かい時間割をつくることで、自分の作業スピードに応じた締切を設定する習慣を身につけましょう。その習慣が「パーキンソンの法則」を防ぐ有効な対策となります。

「パーキンソンの法則」とは？

イギリスの歴史・政治学者シリル・ノースコート・パーキンソン（1909〜1993）によって提唱された法則。当時のイギリスにおける行政の組織・運営の分析から生み出されたもの。

④残業すべきか明確になる

残業体質の人の多くは、そもそも自分が残業しなければならないのかを把握できていません。たとえば、次のとおり。

・今日やるべきタスクが、業務時間内に収まるかを把握していない
・定時をすぎているが、今日やるべきタスクが終わったのか判断する基準がない

今日中に終わらせるべきタスクを洗い出し、それらを時間割に当てはめていけば、このような事態にはならないはずです。
また、詳細な時間割をつくっていれば、自分の忙しさを一目で把握できるので、突発的にタスクを依頼されたとしても、適切な返答ができます。どうしても依頼を断らざるをえないときにも、時間割を見せながら説明できるため、周囲からの理解を得やすいでしょう。

サラタメ：**朝に時間割をつくっておけば、タスクがこなしきれないリスクにも早めに気づけます。**そんなときは、タスクが爆発する前に助けを求めましょう。早め早めに

〝タスク爆発リスク〟に気づけるのも、朝、時間割を組む大きなメリットです。

時間割の実践法

サラタメ：何も難しいことはありません。たったの3ステップです。

①今日中のタスクを洗い出す
②なるべく細かい時間割を入力する
③タイマーで区切りを意識する

①今日中のタスクを洗い出す

今日やるべきタスクを明らかにしましょう。To Doリストを日付で管理していれば、そのリストを確認するだけでOKです。

サラタメ：私の場合は、「To Doリストを紙に印刷し、「今日中に〝必ず〟やらないといけないタスク」に下線を引きます。その下線から優先して、時間割に配置していくんです。

②なるべく細かい時間割を入力する

30分単位を目安に、各タスクを入力していきましょう。クリックやドラッグだけで、簡単に移動&調整可能なので、紙よりWebでの管理がオススメ。To Do管理と同様、無料で使いやすいので「Googleカレンダー」がいいと思います。

大事なポイントは、**頭がフレッシュな午前中に、思考が必要なタスクを入れ込むこと。**新企画のアイデア検討、綿密な議論が必要な打合せなどは、午前中に入れます。

一方、データ入力やメール返信などは、午後遅めの時間でもOK。午前と午後でメリハリをつけて、タスクを配置しましょう。

③タイマーで区切りを意識する

仕上げとして、タイマーで進捗を管理しましょう。

たとえば、30分後に見積書を1件つくろうとしている場合、30分後にタイマーを設定し、時間どおりに終えられたか、自己点検するのです。

マモル：1日に何回もそんなことやるの、さすがにめんどくさくないですか？

サラタメ：めんどくさければ、タイマーまでやらず、時計で時間管理でもOKですが、大事なのは**締切時間を意識**することです。そうしないと、「パーキンソンの法則」に陥り、ダラダラ仕事になってしまいます。

マモル：なるほど～。ちなみに、時間割の設定は、絶対朝にやったほうがいいですか？

サラタメ：戦略的&効率的な順番で時間割を組もうとしたら、ある程度の集中力が必要なので、やっぱり朝がオススメです。でも、余裕が出てきたら、退勤前に次の日の時間割を組むのもアリです。

マモル：前日ですか。今は残業まみれだから、そんな余裕全然ないですけど、次の日の行動予定が前日からきっちり決まってたら、気分もすがすがしそうですね。

サラタメ：ですよね！　さらに上級者になると、金曜日に次の週5日分の時間割まで、みっちりつくっちゃう人もいます。私も目指してますが、そこまではできてませんん（笑）。

〈まとめ〉

・残業しないために「毎朝、綿密な時間割をつくろう」
・朝の時間割が効果的な理由は4つ
①順番を間違えない　②目の前の作業に集中できる
③「パーキンソンの法則」を防げる　④残業すべきか明確になる
・集中力が必要な仕事は、頭がフレッシュな午前中に

STEP 1-1 リーマン力（仕事術）

クソ長い会議を短くできるのは若手だけ！

8年を会議に捧げる前に

マモル：サラタメさ〜ん、うちの会社は会議がめちゃくちゃ長いので、結局残業がなくなりません……。

サラタメ：そうですか。サラリーマン人生で約3万時間、1日の活動時間が10時間として、約8年分も会議している※といわれてますからね。

マモル：どうにかしたいんですけど、会議を仕切るのは上司だし、ボクにはどうしようもないんですよね……。

サラタメ：マモルさん、それは勘違いかもです。**実は、会議って若手だからこそ、変えられるものなんです！**

マモル：ムリムリ！　ボクなんて会議中にひと言話すだけで、脇汗びっしょりですよ。

サラタメ：たとえびっしょりでも、若手が変えるべきなんです！　まずは、会議の最後に「**決まったことを確認**」するところから始めましょう。

※出所：榊巻亮著『世界で一番やさしい会議の教科書』（日経ＢＰ）

クソ会議の特徴３選

サラタメ：まずは前提として、絶対やっちゃいけない「クソ会議」の特徴から押さえていきましょう。結論、この３つです！

①そもそも集まるべきではない会議
②どうなったら終わりかわからない会議
③決まったことを確認していない会議

①そもそも集まるべきではない会議

面と向かっての会議が必要なのは、複雑な議論と合意が必要な場合だけ。ただ情報共有するだけの会議、資料を読み上げるだけの会議は、メールで済ませるべきです。こう仕分けたら、集まるべき会議は2〜3割に絞れると思います。

仮に、報告が主目的の会議で集まるとしても、資料の読み上げは禁止します。事前にメールで資料を送って読んでおいてもらう。必要な部分だけ議論する。こうするだけで、かなりの時短につながります。

マモル：「メールで送るので読んでおいてください」なんて、なかなか言えないですよ！

サラタメ：じゃあ、せめて当日5分ほど、各自が資料に目を通す時間を取りましょう。ただ読み上げるだけの時間は、マジでムダすぎるので！

②どうなったら終わりかわからない会議

どんな状態になったら「会議終了！」といえるのかが決まってない会議です。終了条件があいまいな会議は、みんなどこに向かえばいいかわからないので、とことん長引きます。

〈例〉

× 終了条件があいまい

「得意先A社からのクレームについて、話し合いましょう」

○ 終了条件が明確

「A社からのクレームの原因を特定し、その対策が決まったら、この会議は終わりにしましょう」

サラタメ：さらに「原因の特定は20分、対策は30分で決めましょう」と時間配分まで決められると、会議の進捗状況がチェックできてGOODです！

③決まったことを確認していない会議

最後の5～10分は、まとめの時間を確保。会議で決まったことを最終確認します。

〈例〉

× 決まったことがあいまい

「あ！　藤田部長、午後2時から別の会議でしたよね。……じゃあ解散で！」

○ 決まったことが明確

「今回の会議で○○が決まったので、次回までに営業部の田中さんが△△する、こんな認識でよろしいでしょうか。はい、では会議を終了します」

マモル：なるほど～。NGな会議の特徴は、理解できました！　でもだからといって、ボクが会議を改善できる気はまったくしないんですが……。

サラタメ：なんでオレが！　と思うかもしれませんが（笑）、若手から発信していかないと、会議ってなかなか変わらないものなんですよ。

若手が会議を変えないといけない理由

結論、クソ長い会議も、お偉いさんにとってはそんなに悪いものじゃない。なんなら、けっこう楽しめるエンタメだからです。

マモル：お偉いさんにとってのエンタメ!?

サラタメ：会議の進行中って、お偉いさんは好き勝手発言できますよね。さらに、その言動を部下が注意深く聞き、動き回ってくれるわけで、上司からすればなかなか気持ちいいもんなんですよ。

若手ビジネスパーソンはよく「部長が会議のやり方を、ちょっと変えてくれたら」と考えていますが、一向に変わりません。なにせ、部長にとっては変革するメリットがそこまでないからです。無意識のうちに、気持ちよさを優先してしまう。だからこそ、若手が変えるしかありません。しかも、**上司の気持ちよさをなるべく損なわないように、さりげなく**です。

さりげなく会議を改革する方法

サラタメ：結論、この3ステップです！　一つ目のステップをマスターするだけでもけっこう時間がかかるので、一気にやろうとしないで大丈夫ですよ。

①終盤に「決まったこと」を確認する
②最初に「終了条件」を確認する
③ホワイトボードで「議事録」を取る

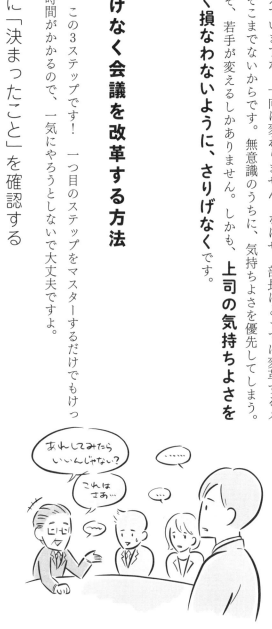

①終盤に「決まったこと」を確認する

これがファーストステップとして最適です。

いつもの会議の最後に、勇気を出して次のセリフを言ってみてください。

「あの、すみません。ちょっと途中追いつけないところがあったので、確認させてください。

今の会議で決まったことは○○で、実際にやらないといけないことは××。この認識で合ってますでしょうか？」

このセリフで、さりげなく「決まったこと」を確認しましょう。

こうすることで、「いや、そうじゃない。決まったことは□□だよ」「やらなきゃいけないい××って、誰がやるんだよ」というヤジが先輩から入ると思います。それで、ヒヤッとするかもしれません。ただ、ヤジが入ったらこっちのもの。ヤジが入るということは、あなたのひと言をきっかけに、その部署の確認が綿密になっているということだからです。

②最初に「終了条件」を確認する

ファーストステップと比べて、こちらはかなり難易度が高くなります。

というのも、「決まったことの確認」は会議の最後でしたが、これは**会議の最初にぶち込む**からです。

一般的に会議の最初は、主催者や偉い人たちが話し始めるものなので、そこに割り込んでいくのは、実際問題なかなか難しい。なので、ファーストステップを完全マスターしてからにしましょう。

こんなセリフで「**終了条件**」を確認してみてください。

「あの、すみません。一つ確認してもいいですか。今回の会議ってどうなったら、『終わり！』ってなりますかね。ちょっと議事録に書いておきたいと思いまして」

③ホワイトボードで「議事録」を取る

ホワイトボードは偉大です。ホワイトボードを駆使すると、「ただ議事録を取っているだけです。ぺーぺーの雑用なんです」という空気感を演出しながら、さりげなく会議を支配できるからです。

ただ、何の実績もない人が、急にホワイトボードを使い出しても、「意識高いアピールしやがって」とまわりに思われるだけ。

なので、ファーストステップとセカンドステップで、周囲に対してあなたが「会議に積極的キャラ」ということを植えつける必要があります。

そして、会議冒頭でこう言ってみてください。

「ちょっと、ホワイトボードで議事録取ってみてもいいですか。もしうまくまとまっていなかったら、ぜひ指摘してください」

自然にホワイトボードの前に立てれば、こっちのもの。

会議をさりげなく支配するために、次のことを書いていきましょう。

・会議の冒頭で確認した会議の「**終了条件**」
・話すテーマが複数ある場合には「**時間配分**」
・会議で決まった「**タスク**（締切、担当者）」

このポイントを押さえれば、ホワイトボードが会議の羅針盤になり、あなたが会議の「隠れた支配者」になれます。

サラタメ：ホワイトボードに、一言一句漏らさず書こうとしたら絶対間に合いません。細かい内容は省きまくって、決定事項を中心に重要なことだけ、メモするようにしましょう！

・クソ会議の特徴は3つ

①そもそも集まるべきではない会議

②どうなったら終わりかわからない会議

③決まったことを確認していない会議

・クソ長い会議はお偉いさんにとってエンタメ

・会議は、若手が〝さりげなく〟改善するしかない

・若手が改革する3ステップ

①終盤に「決まったこと」を確認する

②最初に「終了条件」を確認する

③ホワイトボードで「議事録」を取る

【番外編】サラタメ式 時短読書術

ビジネス書はゲームの攻略本だ

サラタメ：時短スキルの番外編として、読書術についても解説しますね！

マモル：え〜、別にいいですよ！ それこそ忙しくて、あんま本とか読めないので（笑）。

サラタメ：まぁ、たしかにめんどくさいですよね。でも私は逆に、読書をしたからこそ読書時間がひねり出せた気がするんですよ。

マモル：「忙しい」と言い訳して、読書で知識を仕入れないと、忙しいままになっちゃうってことですか。でも、数百ページとかあって、一冊読むだけでも、めちゃくちゃ時間かかるじゃないですか〜。

サラタメ：いや、私は一冊2〜3時間しか読まないですよ。**ビジネス書は、ゲームの攻略**

本みたいなもんです。全部読まなくてOK。自分がクリアしたい場面だけ読めば、それでいいんです。

マモル：え、全部読まなくていいんですか？　でも、なんかそれはそれで、もったいない気がしちゃうんですよね（笑）。

サラタメ：そこは、ゴリッと意識を変えたほうがいいです！　一冊まるごと読破することに意味はないので。大事なのは、マモルさんの行動が、一つでも変わること。そうすれば、十分、書籍代の元は取れてることになりますよ。

全部読まない！　サラタメ式　時短読書術

サラタメ：結論、次の3ステップです。小説やエッセイではなく、ビジネス書に特化した読書術です。そこだけご注意ください。

①悩みに合わせて本を選ぶ

②攻略したい部分だけ読む
③実際に試してみる

①悩みに合わせて本を選ぶ

まず大前提として、読むべき本とは、あなたの「悩みを解決してくれる本」です。当然、読むべき本は人それぞれ。次のような理由で本を買っても、あまり意味がありません。

・なんか話題作らしいから読んでみよう
・上司に「これ読んで勉強しろ」と言われた
・意識高い系の友人に「この本を知らないのは恥ずかしい」と言われた

自分の悩みに合った本でなければ、読み進める気が起きない。行動に変化が起こらないのも当たり前です。

自分の悩みを一番よくわかっているのは自分なので、自分の感覚を大事に本を選ぶようにしましょう。

- 書店のいろいろな棚を眺めながら、うろついてみる
- 自分の悩みをキーワードとして、ネット検索してみる
- 自分の悩みを具体的に理解できる読書好きに聞いてみる

サラタメ：変にカッコつけて、分厚い専門書を選ばないようにしてください。最初は「入門書」「マンガでわかるシリーズ」など読みやすいのがオススメです。

②攻略したい部分だけ読む

悩みを解決し、行動を変えるために本を読むわけですから、自分の悩みに関係する部分だけ読めばOK。一字一字みっちり読む必要はありません。

まずは、「著者プロフィール」「はじめに」「おわりに」を読みましょう。

そこだけ読めば、著者がどんな人で、この本はどんな考えで書かれたものかわかります。

実際に本を買う前に、書店店頭でそのあたりを押さえておきましょう。

この段階で興味が持てなければ、買うべきではありません。

もし興味を持てたら、「もくじ」をチェック。**もくじから、自分の悩み解決に直結する部分だけ**読んでみます。

ゲームの攻略本でも、自分の攻略したい場面しか見ませんよね。それと一緒です。300ページくらいの本でも、今の自分に深く関わる部分は多くて15ページくらいです。それで全然OKなのです。

サラタメ：「1時間に300ページ読めます！」という速読自慢に意味はありません。集中して読むべき（悩みに直結する）箇所を、的確に特定できるほうが、よっぽど大事です！

③実際に試してみる

結局は、このステップが一番大事です。

「ビジネス書の活用」では、本を手に取って読んでいるときより、その知識を現場で試すことにこそ価値があります。読書に1時間かけたら、実践に3時間以上かけ

大事なところは一部分だけ！

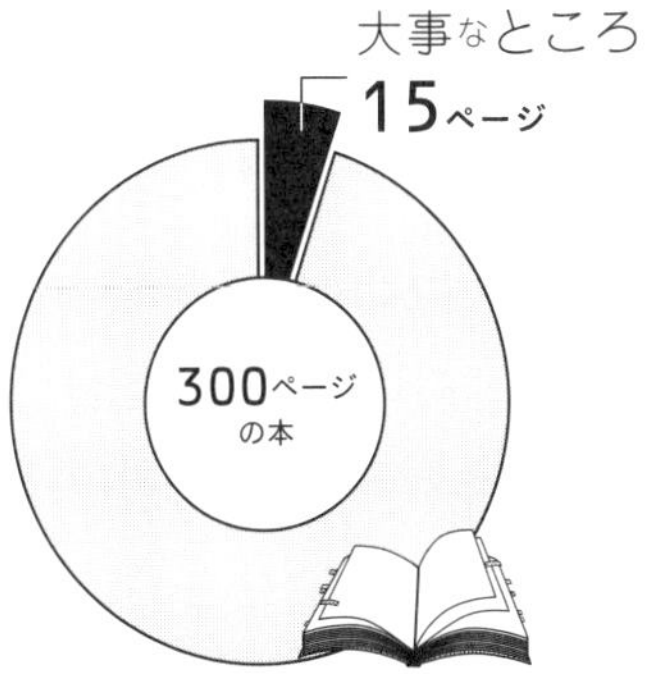

ないともったいない。**目安は、インプット（読書）3：アウトプット（実践）7のイメージ**です。

〈例〉

『エッセンシャル思考』から得た知識

「パレートの法則」によれば、本当に重要な仕事は2割ほどになる。8割を捨て、2割に注力することで、仕事のパフォーマンスが上がる。

現場での実践

自分の仕事の中で「ムダかもしれないもの」はどれか？　試しに仕分けしてみよう。

仕分けをしたうえで、今日から1か月、重要な2割の仕事に意識的に注力してみよう。

右の例を見ていただければわかると思いますが、職場で実際に試せる知識はそう多くありません。

いろいろ同時に試しすぎても、混乱するだけです。「元を取ろう」と、書籍から欲張って吸収しすぎないよう気をつけてください。

サラタメ：現場で実践できる知識をピンポイントで得られれば、その本の役割は十二分に果たされたことになります。本のすべての文字を読み切ることに、なんら意味はありません！

・本の文字をすべて読み切ることに意味はない
・実際の行動が変わることにこそ、読書の価値がある
・「インプット(読書)3：アウトプット(実践)7」が目安
・サラタメ式　時短読書術
①悩みに合わせて本を選ぶ
②攻略したい部分だけ読む
③実際に試してみる

STEP 1-2
リーマン力
（転職術）

「全員転職」時代の新常識

〝転職童貞〟は守るだけ損

マモル：転職ですか〜。どうにか頑張って、今の会社の仕事に慣れてきたのに転職しちゃうなんて、なんかもったいない気がするんですけど……。

サラタメ：ですよね（笑）。マモルさんの気持ち、よくわかります。ぶっちゃけ転職したほうがいいかは、人それぞれだと思いますし。

マモル：そうなんですか!?　タイトルが「全員転職」時代になってますけど!?（笑）

サラタメ：正確にいうと、「全員転職〝**活動**〟」時代ですね。**実際に転職するかは、人それぞれの判断ですが、転職〝活動〟は全サラリーマンが必ずやったほうがいいと思います。**

転職〝活動〟は全員がすべき

「転職〝活動〟」と「転職」は大きく異なります。
「転職〝活動〟」は、今いる会社よりよい条件で雇ってくれる会社を探す行為。
結果的に別の会社から内定をもらい、実際に勤務先を変えるのが「転職」です。

サラタメ：「転職〝活動〟」は、「キャリアの健康診断」のようなもの。たとえ今の職場に大きな不満がなくても、定期的に（3～4年に1回）は検討してみるべきです。転職サイトを眺めるくらいでもいいので。

「転職〝活動〟」したからといって、今の会社を辞めないといけないわけではありません。

かかる費用も交通費程度です。多少の手間と時間をかけて転職活動し、「自分のスキル・経験は、他社でも評価されるのか？」「自分が受けている待遇は適正か？」という診断ができる。これだけでも、チャレンジする価値は大きいです。

間違いなく、今後の働き方・キャリアプランを考えるうえで役立ちます。つまり、実際に転職せず、今の会社に留まる人にとっても役に立つ、ということです。

マモル：**「今の会社も悪くない」と思ってたけど、他社と比較してみないと、本当に悪くないのかわからないですもんね……。**

サラタメ：転職活動してみて、今の会社の素晴らしさに気づければ、それはそれでGOODです！　一方、もし他社を見て、今より環境を改善できそうなら、これからの時代、積極的に転職しちゃったほうがいいと思います。

P25で触れたとおり、これからは、会社の寿命より、私たちビジネスパーソンの寿命が長くなり、転職が当たり前の時代が来ます（というか、すでに来ています）。だからこそ、転職は一種のビジネス経験として、早めに慣れておくべきなんです。

サラタメ：同エリアで同職種を続けている、**いわゆる〝転職童貞〟な人は、市場価値が徐々に目減りしていきます……。**

たとえば、営業職で8年続けて成果を出してきた2人がいるとします。

Aさん：食品の法人営業ひとすじ8年目

Bさん：食品の法人営業を4年経験し転職。広告の法人営業4年目この2人を比較したとき、営業マンとしての実力が同じくらいだったとしても、転職市場ではBさんが有利です。

食品という有形商材と広告という無形商材、両方経験して成果を出しているBさんのほうが「営業スキルの再現性が高い」と判断されるからです。

同職種のスキルを伸ばすにしても、多くの業界で成果を残してきた人のほうが、圧倒的に食いっぱぐれる可能性は低くなります。

「転職の軸」と「業界選び」が超重要

マモル：いざ転職活動を始めるとすれば、何から手をつければいいですか？

サラタメ：まずは「**転職の軸**※」を決めることですね！

マモル：どんな企業を選んで応募したほうがいいですか？

サラタメ：「企業選び」の前に「**業界選び**」が超重要です！　年収・ワークライフバラ

「転職の軸」とは？

「今回の転職で実現したい最優先事項」のこと（詳細P220）。

ンス・安定感すべてが「業界選び」で決まるといっても過言ではありません。
その点は、P251以降で詳しく解説します！

内定は「ハイスコア」より「マッチング」で決まる

マモル：これといって特別なスキルもないので、とても内定までこぎつけられる気がしないんですが……。

サラタメ：大丈夫です！　あくまで大事なのは「マッチング」。資格試験のように「ハイスコアを取ってやる」と意気込んで転職活動する人がいますが、逆に沈没しかねません……。

転職活動は、企業が採用したい人物像に、どれだけマッチするかの勝負。ただひたすらハイスコアを競うゲームではありません。たとえハイスペック人材でなくても、内定が取れるノウハウをこれから解説していきます（詳細P304より）。

〈まとめ〉

・転職〝活動〟は全サラリーマンがすべき
・〝転職童貞〟は市場価値が目減りしていく
・まずは「転職の軸」を検討すべし
・「業界選び」は転職の成否を大きく左右する

STEP 1-2
リーマン力
（転職術）

準備

真っ先に「転職の軸」を決めよう

「年収アップ」に取り憑《つ》かれる前に

マモル：サラタメさん、「転職の軸」って何ですか!?

サラタメ：ザックリいえば、「**転職で実現したい最優先事項**」ですね。

マモル：最優先事項……。それがそんなに大事なんですか？

サラタメ：めちゃくちゃ重要です！ 「転職の軸」なしに転職が成功する確率は「０％」と断言できます。

「転職の軸」は最初&最重要

転職の成否は「転職の軸」を明確にできるかどうかで決まります。

なぜなら、**転職の成功とは「転職の軸に沿って判断すべきもの」**だからです。

サラタメ：「年収が上がった」「大企業に入れた」という結果だけで転職の成功と勘違いする人が多いのですが、断じて違います。自分の決めた「転職の軸」に沿っているかどうかで判断すべきです。

マモル：たしかに、年収以外を軸にしてたはずの人が、転職で年収上げても意味ないですもんね……。ちなみに、サラタメさんが転職したときの軸は何だったんですか？

サラタメ：私の場合は、**「副業に注力できるワークライフバランスを確保したい」**です。「年収」や「会社の知名度」は、あまり気にしていませんでした。

「転職の軸」次第で、狙うべき業界・企業はまったく変わります。自己PRや志望動機で話す内容も同様です。転職サイトで検索を始める前に、応募書類を書く前に、真っ先に「転職の軸」を固めるべきです。

マモル：じゃあ具体的に、どうやって「転職の軸」を固めればいいのか、教えてください！

サラタメ：OKです！**「転職の軸」を固める3ステップ**を解説していきましょう。

「転職の軸」を固める3ステップ

サラタメ：ザックリいえば、次の3ステップです！

①理想の未来をイメージしてみる
②理想の未来とのギャップを書き出す

③ギャップを埋めるための最優先事項を選ぶ

①理想の未来をイメージしてみる

「**10年後、どんな自分になっていたいか？**」をイメージしてみましょう。ここで大事なことは、世間一般でいわれている理想の姿ではなく、あなた自身が理想的と思える姿をクッキリ思い浮かべることです。

サラタメ：「とにかくお金持ちになりたい」でもOK！　逆に「お金なんて、そんなになくてもストレスが少なければ、それが最高」でも、なんでもOKです！

このステップでは、自由に発想することが大事なので、「今の自分はこうだから」と制限になることはいったん忘れて、目指すべきゴールを設定しましょう。

とはいえ、「10年後こうなりたい！」と明確にイメージできない人も多いと思います。そういう人は逆に、「こんな10年後は絶対イヤだ！」と、避けたい未来をもとにゴール設定してみるのもアリです。

「転職の軸」を固める3ステップ

ステップ①　理想の未来をイメージしてみる

ステップ②　理想の未来とのギャップを書き出す

ステップ③　ギャップを埋めるための最優先事項を選ぶ

②理想の未来とのギャップを書き出す

今の職場で働き続けることにより、ステップ①でイメージした未来にたどり着けそうでしょうか。

もし「たどり着けそう」という人は、ぶっちゃけ転職する必要ありません。今の仕事に注力すべきです。ただ、あなたがイメージした10年後の理想像と、今の職場の環境・仕事内容を照らし合わせたとき、ギャップを感じるなら、具体的な内容を書き出してみましょう。

〈例〉

・老後に備えてあと3000万円貯金しておきたいが、今の給料では絶対無理

・副業を始めたいけど、休日出勤も多いから、時間を割けない

・子どもとなるべく一緒にすごしたいが、50歳くらいまで単身赴任が続きそう

③ギャップを埋めるための最優先事項を選ぶ

サラタメ：ステップ①②で、自分が目指したい理想の姿と、今の自分とのギャップがわかったと思います。ステップ③では、具体的にどのポイントを改善すれば、自分の理想の姿に近づけるのか考えてみましょう。

転職で改善できるポイントは、多くあります。

転職で改善できるポイント

- **年収**を上げる
- **知名度**のある大企業で働く
- フレックスタイムなど**時間の融通**がきく
- **やりがい**のある仕事をする
- **勤務地**のエリアを選ぶ
- 規模が大きく**チャレンジングな仕事**をする
- **ワークライフバランス**が整っている

・特定の**職種**を選ぶ
・**管理職**を経験する
・**スキル**を身につける
・**職場の雰囲気**が穏やか

これらの中から、最優先で改善したいポイントを選びましょう。

そのポイントこそが、あなたの「**転職の軸**」になります。

注意点は、最優先のポイントを選ぶと同時に「**何を捨てるのか**」も明確にすることです。

どんな立派な会社も一長一短あり、無敵の会社は存在しないからです。

年収・やりがい・社風・ワークライフバランスなど、すべての要素が完璧に満たされる会社は残念ながら存在しません。

「これも優先したい」「あれも優先したい」ばかりで、「何を捨てられるか」を決めきれないと幻想を追い続けることになり、次なるステップ「業界・企業選び」に進むことができないのです。

〈まとめ〉

・「転職の軸」とは「転職における最優先事項」

・「転職の軸」を固める3ステップ

①理想の未来をイメージしてみる

②理想の未来とのギャップを書き出す

③ギャップを埋めるための最優先事項を選ぶ

・「叶えたいこと」だけでなく、「捨てられること」まで決めることが重要

STEP 1-2 リーマンカ（転職術）

転職の軸は「ワークライフバランス」一択

世界一意識低い転職戦略

マモル：「ワークライフバランス」一択!?　ついさっき、「転職の軸は人それぞれ」って言ってたじゃないですか!?

サラタメ：すみません（笑）！　もちろん人それぞれなのですが、本書で目指す**「シン・サラリーマン」としてあるべき姿を踏まえると、やっぱり「ワークライフバランス」ってめちゃくちゃ重要**なんですよ！

「シン・サラリーマン」に欠かせない「ワークライフバランス」

「シン・サラリーマン」のキーワードは、**「出世」より「3つの武器」**。これを具体的に表現すると、「収入アップは、**会社での出世ではなく副業で実現**する」ということ。

そのためには、**「年収アップ」より、副業にコミットできる「ワークライフバランス（自分の時間）」を優先する必要がある**のです。

そんななか、多くのサラリーマンが目指してしまいがちな「転職の軸」は「年収アップ」です。具体的には「夢の年収1000万円」を目指しがちです。

サラタメ：高年収はうれしいっちゃうれしいんですが、そこには**罠**も隠されています……。

「年収1000万円」は、一般的にかなりの高年収といえます。もらえればうれしいですが、一般水準より高い給料をもらう場合、当然、一般水準以上のスキルとコミットを求められます。

それが、副業にコミットする際の足かせになる可能性があります。

サラタメが実際にやった「転職の軸」の固め方

サラタメ：前項で説明した「転職の軸」を固める3ステップを、私が実際の転職活動で、どうやって進めたのか紹介しましょう。「シン・サラリーマン」を目指す方は、ぜひ参考にしてみてください。

①理想の未来をイメージしてみる

・人生100年時代の勝ち筋は、「出世」じゃなさそう
・「リーマン力」と「副業力」を同時に鍛え、楽しく働き続ける人こそハッピーになれるに違いない
・10年後は、副業のスモールビジネスで本業に近いくらい稼げるようになりたい

②理想の未来とのギャップを書き出す

・今いる大企業の給料は、一般的にいえば高水準だ
・でも、出世のために「ハードワーク」を求められる社風がある
・その社風を愛している人も多いから、今後変わる見込はなさそう
・このままでは副業を始めることすらできない

③ギャップを埋めるための最優先事項を選ぶ

・改善すべきは、副業にコミットできる「ワークライフバランス」だ
・副業だけでなく、「リーマン力」も同時に伸ばしたいから、「業務内容」も大事だ
・ただ、大したスキルも経験もないから、自分のすべての要望を満たすのは無理
・「何を得られれば、何を捨てられるか」優先順位を明確にしよう

実際に設定した優先順位

絶対叶えたい。転職の成功基準

1位（軸）：副業にコミットできるワークライフバランス

2位：食いっぱぐれない「リーマン力」を鍛えられる業務内容

できれば叶えたい。でもあきらめられる

3位：今までやってきた＆好きなマーケターという職種

4位：出世最優先ではない穏やかな社風

5位：生活レベルを落とさない程度の年収

こだわらない。もし叶えられたらラッキー

スキルアップ・勤務地・会社の規模＆知名度・役職

こうやって優先順位を明確にしておくと、転職エージェント（詳細P276）に相談するときにも有効。的外れな提案をされにくくなります。

また、内定を複数もらい、どの企業を選択するか迷った際も、優先順位が明確になっていると、自分なりに後悔しない判断ができます。

サラタメ：意識低い考えのようでお恥ずかしいですが、ワークライフバランスはホントに大事。人生100年時代において、その価値は爆上がりしていると思います。鼻息荒く「年収アップ」を狙うのもアリですが、自分の人生プランに沿って判断してくださいね～！

〈まとめ〉

- オススメの転職の軸は「ワークライフバランス」
- 「シン・サラリーマン」には、副業にコミットする時間が必要だから
- 「高年収」は罠。会社から求められる水準も、自然と高くなる

STEP 1-2
リーマン力
（転職術）

教えて！　転職のザックリ全体像

結論、8ステップで6か月かかります

マモル：サラタメさん、転職活動ってどのくらいかかるものなんですか？

サラタメ：**ザックリ6か月見込んでおけばOK**です。どんなに早くても3か月はかかりますね。

マモル：けっこうかかるものなんですね……。ザックリどんなステップがあるんですか？

サラタメ：超ザックリ、こんな感じです！

転職活動のザックリスケジュール

事前準備（2か月）→応募する（2か月）→内定&退職手続き（2か月）

6か月見込んで、余裕を持ったスケジュールを

転職活動において、大枠のスケジュール感を把握しておくのはとても重要です。
新卒の就職活動のときとは違い、

・募集時期が分散しやすい
・面接日程の調整が難航する
・内定の保留が難しい
・退職手続き、業務の引継ぎが必要

などスケジュール管理を難しくする要因があるので、転職活動を始める前に、

・大枠でどのくらいの期間がかかるのか？
・どんなステップがあるのか？
・それぞれどのくらい時間がかかるのか？

などを把握しておきましょう。あとは、自分の希望退職日を設定して逆算すれば、今何をすべきかが見えてきます。

サラタメ：では、各段階をもう少し細かいステップに分けて、それぞれ触れていきます。重要なポイントは、この後の項目でじっくり解説しますのでご安心ください！

転職活動の8ステップ

ザックリ次の8ステップです。

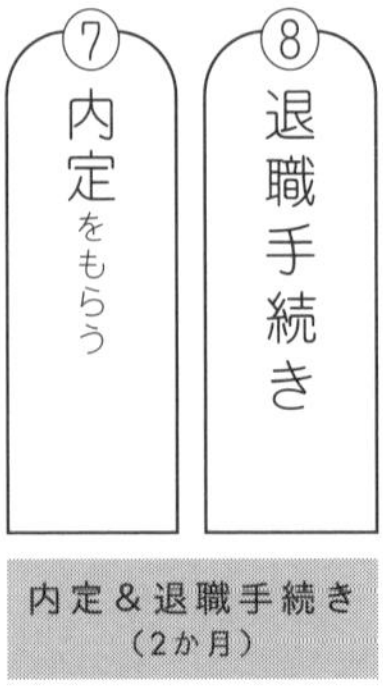

事前準備（2か月）

①《ステップ》**「転職の軸」**を明確にする

②《ステップ》**スケジュール**を立てる

③《ステップ》**自己分析**をする

④《ステップ》**情報収集**をする

応募（2か月）

⑤《ステップ》**応募書類**を作成する

⑥《ステップ》**面接**を受ける

内定&退職手続き（2か月）

⑦《ステップ》**内定**をもらう

⑧《ステップ》**退職手続き**

転職活動の8ステップ

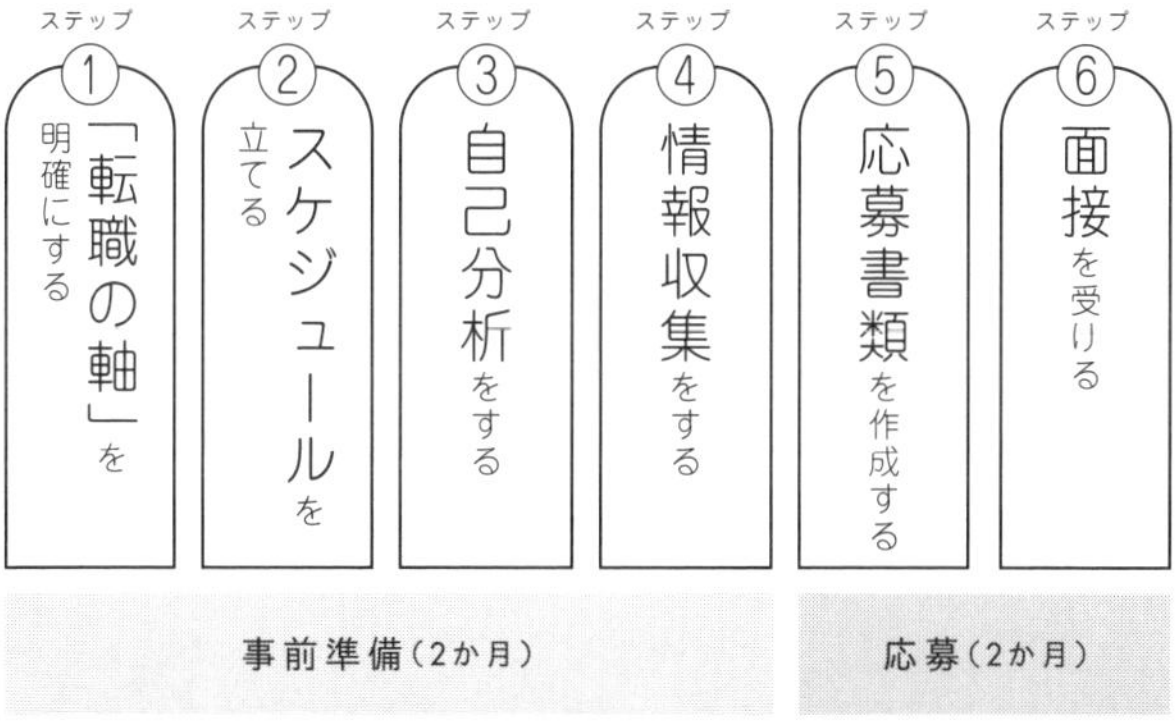

事前準備（2か月）

ステップ① 「転職の軸」を明確にする

P220で触れましたが、なによりもまず、「転職の軸」を固めましょう。

サラタメ：あなたが今回の転職で実現したい最優先事項は何ですか？それを実現するためなら、最悪、何を捨てられますか？

ステップ② スケジュールを立てる

転職活動は半年ほどかかります。
大手転職メディアで平均3か月とあったりしますが、それは短すぎる印象です。

サラタメ：転職支援サービスは、転職者の内定＝成約というビジネスモデルですので、早めに内定を決めてもらったほうが商売としてプラスです。その思惑が反映されているのでは……？　と勘ぐっています。

もちろん書類審査・面接など、短期集中で済ませられれば、それに越したことはないですが、業界・企業選びに多くの時間を割くべきだと思います（よく1～2週間といわれていたりしますが、私としては2か月ほどかけて吟味することをオススメします）。

ステップ③ 自己分析をする

自己分析には「can（何ができるか）」と「want（何がしたいか）」という2軸があります。**注力すべきは「can」の分析。**「自分は今までどんな業務をやってきて、どんなことができるのか？」を深掘りしましょう（「自己分析」の詳細はP246）。

ステップ④ 情報収集をする

自分が志望する業界・企業について情報収集をしましょう。

業界情報については、「儲かる業界構造になっているか？」「市場規模

が急激に縮小していないか?」、この2点を必ずチェックしてください。

この2つが満たされてない業界への転職は避けるべきです。

個別の企業情報については、「**業界内でのポジショニング**」「**仕事内容**」「**待遇**」「**労働環境**」などをチェックしましょう。

特に「**業界内でのポジショニング**」は大事です。

業界で№1なのか、2番手から№1を狙っているのか。その立ち位置によって求められる人物像や、面接で表現する内容が変わってきます。

情報収集は、信頼できる相談相手がいれば、まずリアルな口コミを頼りましょう（リアルな口コミの重要性についてはP290）。

あとは各企業の公式サイト、転職エージェントサイト、転職サイト、口コミサイト、『就職四季報』（東洋経済新報社）などが使えます（転職エージェントサイト、転職サイトの活用法はP275、口コミサイト、『就職四季報』の活用法はP268）。

応募（2か月）

ステップ⑤ 応募書類を作成する

応募企業が決まったら、「履歴書」「職務経歴書」を作成し、応募を進めます（企業によっては、追加して指定様式のエントリーシート提出を求められる場合も）。「履歴書」と「職務経歴書」では見られるポイントがまったく違うので、その点に注意して作成しましょう（詳細P321）。

書類作成は、特殊なエントリーシートの提出を求められない限り、ステップ④までに自分の業務内容の棚卸しや企業研究が終わっていると思うので、あまり時間はかからないはずです。

サラタメ：志望企業の募集条件に合わせ、多少のカスタマイズは必要となりますが、土日をフルに使えば終えられるくらいの作業量です。

ステップ⑥ 面接を受ける

書類審査を晴れて通過したら、面接に進みます。

書類作成時点で「自己PR」や「志望理由」をつくり込んでいれば、面接に向けてその内容をつくり直す必要はありません。

逆に、「提出書類」と「面接での回答内容」の一貫性は、見られるポイントの一つなので、むやみに変えないようにしましょう。

軸となる内容は提出書類と同じでOKですが、文章で表現するのと、いざ面接会場で話すのでは勝手が違います。自宅で本番さながらに、声を出して練習することを怠らないでください（誰かに面接官役をやってもらえればベスト）。

面接回数は平均2～3回。それをだいたい10日間隔で繰り返すので、最終面接を終えるまでに、1か月ほどかかります。平日に面接がある会社も多いので、働きながら転職活動を進めている人の場合、休暇を取って日程調整する必要があります。

サラタメ：急に休暇を取ると、けっこう怪しまれます（笑）。オススメは「歯医者」を理由に休暇を取ること。歯医者を理由にしておけば、定期的に何度か休んでも怪しまれにくいです。

内定＆退職手続き（2か月）

サラタメ：面接突破、おめでとうございます！　ここからは、内定獲得後の動きについて解説します。まだ油断は禁物。円満に退職し、新会社で快く受け入れてもらうため、万全の準備をしましょう。

ステップ⑦ 内定をもらう

内定通知を受け取ったら、改めて「**自分の転職の軸に合っているか？**」を確認しましょう。

いざ書類や面接での審査が始まると、内定を取ることが目的化してしまいがちです。

しかし、最も大事なのは「**自分の転職の軸に合った転職ができるか**」という点。

詳細な労働条件を人事担当者に確認後、改めて「転職の軸」に合致していることを確認してから、内定承諾の返事をしましょう（内定承諾前のチェックポイントについてはP357）。

ステップ⑧　退職手続き

内定承諾の意思が固まり、新しい勤務先が求める勤務開始日も確認できたら、最後に退職手続きを進めましょう。

転職先となる会社は「なるべく早く来てほしい」、今いる会社は「なるべく長くいてほしい」と言ってくるケースが大半ですので、調整は難航するはず。これからつき合いが長くなる次の会社の事情を優先しつつ、なるべく全関係者が納得する形を目指しましょう。

サラタメ：なるべく退職日の1～2か月前には、退職の旨を伝えるようにしましょう。最悪、2週間前に「退職届」を提出すれば法的に問題ありませんが、退職の意向が固まっているのであれば、早めに伝えてあげたほうがいいですね。

〈まとめ〉

・転職活動には8つのステップがあり、約6か月かかる

事前準備

①「転職の軸」を明確にする　②スケジュールを立てる

③自己分析をする　④情報収集をする

応募

⑤応募書類を作成する　⑥面接を受ける

内定＆退職手続き

⑦内定をもらう　⑧退職手続き

・「ステップ④　情報収集」はしっかり時間をかける

・ブラック企業に応募してしまったら、努力がすべてムダになる

・じっくり自分のペースで取り組む

「自己分析」は最低限でOK

ストップ！ 終わりなき「自分探し」

マモル：就活時代もやりましたけど、「自己分析」から始めてみます！ まずボクが幼少時代に好きだったことは……。

サラタメ：すみません、マモルさん！ 幼少時代の思い出とかは大丈夫です！（笑）**結論、自己分析は最低限で問題なしです。**

マモル：え！ そうなんですか!?

サラタメ：「自己分析」はあくまでも、書類作成や面接の素材集めでしかありません。たまに、自己分析そのものが目的化してしまって、終わらない「自分探し」を続けている人がいますが、ぶっちゃけ時間がもったいないです。

自己分析は「can（何ができるか）」だけでOK

自己分析では、「can（何ができるか）」「want（何がしたいか）」の2点を深掘りしようといわれますが、**結論、「can」だけでOK**です。

というのも、「転職の軸」を固める際、「want」について必ず考えるからです。

それ以上考え込んでも、書類作成や面接にプラスの影響は出ませんので不要です。

「can」の「実務経験」に絞って棚卸しする

「can（何ができるか）」の中にも、知識・資格・人脈・実務経験・特技・人間性など数多くの切り口がありますが、ズバリ**「実務経験」に絞る**のが効率的です。

ザックリいえば、**「今までどんな仕事をしてきたか？」というポイントを振り返り、すべて書き出すくらいの気持ちで棚卸ししましょう。**

知識や資格については、特殊な職種（技術職、経理、エンジニアなど）を志望している人であれば詳細に聞かれることもありますが、一般的にそこまで深掘りされませ

ん。最も深掘りされるのは、間違いなく「**実務経験**」です。

自己分析で目指すべきゴールは「〇〇力」

「実務経験」は深掘りされる可能性が高いですし、自分でも意外と忘れていることが多いので、思いつく限り出し切ってみましょう。その中で、次の条件に該当するものは、書類や面接で使えるネタになるので要チェックです。

ネタになる使える実務経験

- 志望企業の募集条件に沿ったもの
- 自ら課題を設定&行動したもの
- 客観的に伝えられる成果が出たもの

(なぜこれらの実務経験が重要になるかは、P299以降「応募」編で詳細に解説します)

サラタメ：最終的には、これらの条件に当てはまる実務経験をもとに、「自分の強みは〇〇力です」とアピールできればOKです。「〝〇〇力〟が思いつかない！」という方は、次の例を参考にしてみてください。

〈「○○力」の例〉

問題解決力系

課題発見力、論理的思考力、計画実行力、計画策定力、トラブル対応力、継続力、情報収集力、情報分析力など

コミュニケーション力系

交渉力、プレゼン力、営業力、提案力、傾聴力、新規開拓力、関係構築力、読解力など

チームワーク系

リーダーシップ、フォロワーシップ、協調性、共感力、主体性、チームマネジメント力など

その他

創造性、デザインセンス、成長意欲、企画提案力、タフさ、異文化理解力、人材育成力、指導力、人的ネットワーク（人脈）、マーケティング力など

〈まとめ〉

- 自己分析には時間をかけすぎない
- 「can」と「want」のうち「can」に集中
- 「can」の中でも「実務経験」に絞ってOK
- 「実務経験」から自分の強みを見つけ出そう

STEP 1-2 リーマンカ（転職術）

知っておくべき「業界選び」の残酷な真実

年収は「能力」より「業界」で決まる

マモル：ボクもサラタメさんみたいに、ワークライフバランスが整った会社に転職してみたいですけど、何に一番気をつければいいですか？

サラタメ：結論、「**業界選び**」ですね。整ったワークライフバランスも高い年収も、ひとまとめにすれば「待遇がいい」ってことですよね。そんな**「待遇のいい」会社を狙うなら、「儲かっている業界」を狙うのが勝ち筋なんです。**

マモル：儲かってる業界……？　ワークライフバランスは「社風」で、年収はボクの「能力」次第で決まるのかと思ってましたが、違うんですか？

サラタメ：もちろん、多少は関係あります。ただ、ダントツで重要なのは、マモルさんの転職先の会社が所属する〝業界が儲かるかどうか〟です。儲かっていないカツカツの業界だと、だいたい待遇悪めです……。ワークライフバランスも年収も期待できません。

あなたの待遇を左右するのは「業界が儲かっているか」

社員の待遇を決定づける最も大きな要因は、「能力」ではなく「業界」です。

高い給料も、整ったワークライフバランスも、充実した福利厚生や研修も、要するに「会社が社員一人当たりに大きなお金を投資できている状態」ということです。

この状態が実現できるのは、利益率が高い会社。つまり、待遇がいい会社の正体は「儲かっている会社」なのです。

そして残酷な話、会社が儲かるかどうかを左右する大きな要因は、素晴らしい企業理念や、各社員の涙ぐましい頑張りではありません。**業界の利益構造**です。

儲かる業界で、儲かるポジションに居座っている会社は、利益がたっぷり出ます。そのたっぷり出た利益を社員に配分することで、「高待遇」が生まれているという仕組みです。

たとえば、儲からない業界代表の「外食業界」と、儲かる業界代表の「商社業界」では待遇がまったく違います。

「外食業界」であれば、たとえ大手企業でシャカリキに頑張ったとしても、30代のうちに年収1000万円に到達するのは、かなり難しいです。

一方、「商社業界」の大手に勤務していれば、まったく残業せずに毎日定時退社しても、30代のうちに年収1000万円に到達するでしょう。

サラタメ：「外食業界」でシャカリキに働く人より、「商社業界」でぬくぬく働き続ける人のほうがビジネススキルが高い。だから、給料が高いのでしょうか。いえ、そこにある一番大きな違いは「**業界の利益構造**」です。

マモル：ってことはサラタメさん！　ワークライフバランスを整えようと思ったら、儲かっている業界を選ばないといけないわけですね！　でも、どこ!?　ボクはどの業界を狙えばいいんですか!?

サラタメ：そこですよね（笑）！　次の項目で、どんな業界を狙うべきかを具体的に解説していきます！

〈まとめ〉

・「年収」「ワークライフバランス」「福利厚生」などの待遇は「業界」で決まる
・「個人の能力」より「所属する業界が儲かっているか」が重要
・儲かって得た潤沢な利益が社員に分配され、社員の「高待遇」につながる
・転職で「待遇」を改善したい場合は、「業界選び」が生命線

転職するなら○○業界！

ブラック業界・ホワイト業界まるわかりマップ

マモル：では、サラタメさん！　ワークライフバランスを整えたいボクが転職すべき業界をズバリ教えてください！

サラタメ：**結論、次ページにある「ブラック業界・ホワイト業界まるわかりマップ」を見て、左側（定時退社側）にある業界を狙ってください！**

マモル：おー、これは具体的ですね!!

サラタメ：ただ、マモルさん！　このマップは、あくまで目安程度に使っていただければと思います。私がアンケート調査含めて200名以上の方々に聞いてきた情報をもとにしていますが、最終的には私の感覚でゴリッとまとめあげているマップなので。

ブラック業界・ホワイト業界まるわかりマップ

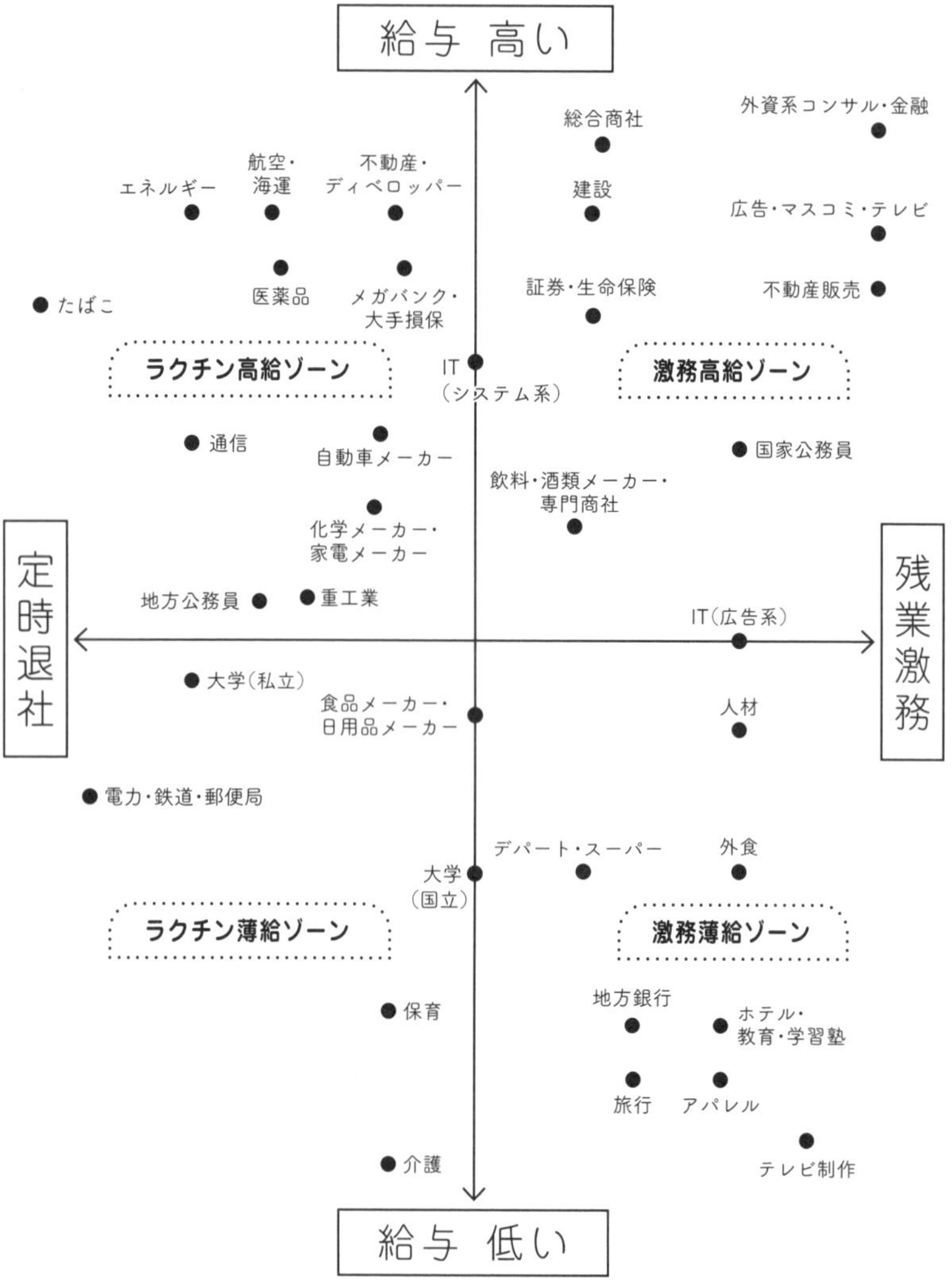

出所：鈴木康弘著『転職の赤本』（エンターブレイン）をもとに一部改変

マモル：えー、じゃあ例外的なケースも全然あるってことですか!?

サラタメ：そうです……!!　ですので、マップを目安にしながらも、その前提条件となる**ホワイト業界とブラック業界の特徴**も、頭に入れておいてほしいんです！

オススメしないブラック業界の特徴

結論、この3つです。

①労働集約型、②競争が激しい、③個人への接客が必要

この3条件に当てはまる業界は、構造的に儲かりにくいので、結果的に社員の待遇が悪化している場合が多いです。

①労働集約型

「人間の労働力」を軸に稼ぐビジネスをしている業界です。**人間がシャカリキに働かないと回らないので、どうしても労働環境が悪化しやすいです。**

代表的な例は、現場で準備作業や接客が必要な「ホテル業界」「飲食業界」です。

サラタメ：逆にホワイト業界は、人間のシャカリキな努力というより、大規模な工場・最新の機械・高度な知識※などを軸に稼ぐビジネスモデルであるケースが多いです。

※マーケティング、IT、法務、財務会計、医療に関する知識を指す。高年収企業ランキング上位によく登場する「コンサルティング企業」や「M&A関連企業」などが、知識集約型ビジネスとして代表的な事例。

②競争が激しい

競争が激しい業界では、日々「どの会社が一番安くできるか」という熾烈なコスト競争が繰り広げられます。

しかしながら、対外的な価格が明確に決まっている部品・食材で値下げ競争するには限界があるので、いつしかそのコストダウンは、社内で調整可能な人件費に及びます。**熾烈なコスト競争は、遅かれ早かれ、社員の待遇悪化を引き起こすのです。**

店舗が乱立する「コンビニ業界」「スーパーマーケット業界」などが、代表的な事例です。

③個人への接客が必要

個人のお客さんに対する接客なしで成立しない業界は、要注意です。

まず、「経費」としてお金を使う「法人」より、「個人」のほうがお金に対してシビアなため、利益がたっぷり取れる高額商品を販売しにくいです。労力はかかるものの、利益は薄いという「薄利多売」のビジネスに陥りがち。儲かりにくいです。

さらに、接客がビジネスの根幹になってしまっている場合は、「①労働集約型」にもつながります。**会社として売上を増やそうとすればするほど、社員の労働量も増やさないといけなくなるため、社員の労働環境は悪化しやすいです。**

代表的な例として、「アパレル業界」「旅行代理店業界」などが挙げられます。

サラタメ：コミュニケーションが難しいモンスタークレーマーも、会社の看板を背負った法人担当者より、個人のほうが確率として多いですからね……。待遇が悪化しがちなだけでなく、日々の業務におけるストレスも尽きない業界が多いです。

逆にオススメできるホワイト業界の特徴

結論、ブラック業界の真逆です。

①労働集約型でない、②競争が激しくない、③法人を相手にしている、これら3点。

ひと言でいうと、「参入障壁が高い」業界です。

サラタメ：つまり、今からビジネスを始めようという後発企業が簡単に参入できない業界です。そんな業界は熾烈な競争が起こらないので儲かりやすいです。

マモル：競争が起こりにくい業界なんてあるんですか？

サラタメ：もちろん、完全に競争ゼロってわけではないですが、「国に守られている業界」「大規模な設備が必要な業界」は、熾烈な価格競争にはなりにくいですね。

国に守られている業界

国の許認可をもらうという高いハードルを越える必要があるため参入困難

〈例〉電力、ガス、石油、鉄道、航空、通信、たばこ、メガバンク、大学など

大規模な設備が必要な業界

大工場や最新機械、莫大な資金などを用意しないといけないため参入が難しい

〈例〉医薬品、自動車、化学、食品、総合商社など

サラタメ：冒頭でも触れましたが、業界としてくくれない例外的な会社はたくさんあります。たとえば、同じ業界内でも「最大手」なのか「後発」なのかでも、待遇っ

て大きく変わりますからね。

マモル：なるほど。つまり、**ブラック業界に隠れたホワイト企業があったり、その逆のパターンもあったりするってことですね。**

サラタメ：そうですそうです！　なので、それらの例外に対応するためにも、ブラック化しがちな業界の特徴を押さえつつ、マップを活用していただきたいです！

〈まとめ〉

・ホワイト業界を目指すなら、「ブラック業界・ホワイト業界まるわかりマップ」を参考にすべし
・マップに当てはまらない例外もある
・ブラック業界とホワイト業界の特徴を知っておくべし
・ブラック業界の特徴は3つ

①労働集約型　②競争が激しい　③個人への接客が必要

・ホワイト業界は、参入障壁が高い

ブラック企業を特定する方法

求人情報・『就職四季報』・面接で見抜けます

マモル：せっかく苦労して転職活動したのに、ブラック企業に入っちゃったら、ホント地獄ですよね……。想像しただけでも恐ろしい。

サラタメ：おっしゃるとおりです！　それだけは絶対避けましょう。

マモル：そのためには、業界の大まかな傾向だけで判断するんじゃ、ちょっと審査が甘い気がするんですけど……？

サラタメ：まさにおっしゃるとおり！　**個々の会社に関する情報もしっかり調べて、吟味する必要があります。**

マモル：やっぱりですか！　じゃあその調べ方と吟味の仕方を教えてください。

サラタメ：わかりました！　誰もがアクセスできる「求人情報」『就職四季報』「面接」の3つの切り口で解説させていただきます。

ブラック企業に見られる特徴

「求人情報」でわかるブラック企業の特徴

サラタメ：結論、①やたら情熱的、②ずっと募集している、③不気味に給料が高い。これら3つです！

①やたら情熱的

ブラック企業の求人情報には、「夢」「やりがい」「絆《きずな》」など美辞麗句が並びます。なぜそうなるかというと、「平均残業時間」「有休取得日数」「報酬体系」など、アピールできる具体的数値や事実がないからです。客観的に誇れるデータがないので、キレイゴトを並べ、勢いであおりたててくるわけです。

②ずっと募集している

ブラック企業は、年間を通じてずっと求人募集しているケースが多いです。理由はシンプル。社員が定着しないからです。ブラック企業の中には、社員を定着させる気もなく、常に募集し続け、「罠にかかって入社した人を使えるまで使い倒す」というやり口のところも多いので注意しましょう。

③不気味に給料が高い

ブラック企業は、企業の規模・成長性と比較して異様に給料が高いケースがあります。

マモル：給料が高いなら、ホワイト企業じゃないですか⁉

サラタメ：いや、そんなことないんです……。「固定残業代」「裁量労働制」など、次のキーワードには、絶対注意してください。

求人票で気をつけるべきワード

「固定残業代」

決まった時間分の残業代をあらかじめ組み込んでおき、基本給を高く見せる形で悪用されるケースがあります。

「裁量（みなし）労働制」

裁量労働制とは、実際の労働時間を基準とせず、働いても働かなくても一定時間働いたとみなす制度。

たとえば、みなし労働時間が一日8時間なら、6時間しか働かなくても、8時間分の給料をもらえます。

ブラック企業においては、みなし労働時間では収まらない業務量を社員に課す形で、悪用されるケースがあります。

「週休2日制」

「週休2日制」は、毎週2日、休みがあることを約束するものではありません。

その場合は、応募要項に「〝**完全**〟週休2日制」と書かれています。

また、休みが土日なのか、平日なのかも、きちんと確認する必要があります。

「幹部候補生」「リーダー候補生」

ブラック企業では、これらの役職を与えられ、入社早々、管理職にされてしまうことがあります。

前職の経験などから、元々管理職にふさわしい方なら問題ありませんが、管理職であることを悪用され、残業代が支払われないケースもあります。

『就職四季報※』でわかるブラック企業の特徴

サラタメ：結論、①3年後離職率、②採用実績の2つは、最低限見ておきましょう！

『就職四季報』とは？

- 東洋経済新報社（1895年創立）が発行している企業データ集
- 募集企業の広告ではなく、記者の取材をもとにした情報で信憑性が高い
- 採用側に面と向かって聞きにくい情報（採用実績・有休取得状況・残業時間等）が掲載されている
- 「総合版」「女子版」「優良・中堅企業版」などのバリエーションがある

①3年後離職率が40%以上

「3年後離職率」とは、3年前の新卒社員が退職した割合です。ブラック企業ほど、この数値が高くなります。

サラタメ：厚生労働省の「新規学卒就職者の離職状況（平成29年3月卒業者の状況）」（2020年10月）によると、平均値は30%程度ですので、40%を超える企業は要注意です。

また、基本的に同じ業界なら、同程度の数値に落ち着く傾向にあるので、もし同じ業界の平均値が軒並み低いのに、その会社だけ突出している場合は20〜30%程度であっても注意が必要です。

②採用実績で新卒採用の割合が30%以上

ブラック企業の採用実績を見ると、「全社員数に対して、新入社員を採用する数が多い」という特徴が見受けられます。なぜなら社員が定着せず、大量の新入社員を〝補給〟しながら自転車操業しているからです。

一般企業は、全社員数に対し採用人数が5～10％くらいですが、ブラック企業は、20～30％を上回っていたりします。

残業時間も一応確認

「残業時間」は一応確認したほうがいいですが、優先度低めです。目安程度にご確認ください。参考程度にしかならない理由は次の2点です。

- 様々な職種の残業時間が混在しているため、最も知りたい総合職の数値がわからない
- ガチのブラック企業が申請していない「サービス残業の時間」はカウントされない

同業界の会社と比較し、異常値ではないかだけ確認しておきましょう。

「面接」でわかるブラック企業の特徴

サラタメ：結論、①面接官が横柄、②やたら簡単に通過する、この2つです！

①面接官が横柄

サラタメ：本来、「募集する企業」と私たち「応募する人間」の立場は対等です。にもかかわらず、明らかに横柄な態度を取ってきたら、ブラック企業フラグびんびんです……。

とはいえ、ブラック企業も人材を逃したくないので、あなたが入社を決めるまでは、外面よく対応してくるかもしれません。細かい動作や発言にまで注視しましょう。自分に向けられる言葉だけでなく、面接官同士のやり取りも要チェックです。

②やたら簡単に通過する

「横柄でも威圧的でもなかった……これで安心！」というわけにもいきません。ブラック企業は人が定着しないため、新しい人材（カモ）を求め、常に飢えています。必要に応じて、やさしい笑顔や気遣いのある発言も見せてくれるでしょう。

サラタメ：着目すべきは、本当に「**自分のビジネススキルを測る面接**」がされているか？ という点です。

なかには、威圧的なパターンとは真逆の厄介なパターンがあります。面接といいながら、雑談のような世間話だけ。うわべだけの空回りしたホメ言葉を浴びせられ、自分のビジネススキルをアピールすることなく終了。なのに、内定！ というパターン。これも危険です。人材が不足しているブラック企業の面接はただの儀式でしかなく、ほぼ全員通過だったりします。あまりに簡単すぎる選考プロセスは、ブラック企業の特徴の一つです。注意しましょう。

〈メモ〉口コミサイトも役立つ

企業の口コミサイトも使えます。口コミサイトとは、在籍中の社員や退職した社員が、内部事情を暴露する掲示板のようなサイトです。

サラタメ：実際、私も転職する際に「OpenWork」(https://www.vorkers.com/) というサイトをめっちゃ見てました！

「求人情報」『就職四季報』に比べ、生々しい情報が書かれています。

職場の雰囲気、残業代の扱い、評価制度など、公式サイトでは触れられていない情報もたくさんあります。

注意点は、退職者が書いているケースが多いので、「ネガティブな面が多く書かれがち」なことです。

サラタメ：全情報を鵜呑みにせず、ネガティブな意見が集まりやすい傾向を念頭に置きながら、ぜひ活用してみてください！

〈まとめ〉

・ブラック企業を特定するには、業界情報だけでは甘い
・「求人情報」『就職四季報』「面接」で得られる情報で見破ろう
・「口コミサイト」も役立つ

転職サイトと転職エージェントの違い

知っておくべき使い分け方

マモル：「情報収集には転職サイトや転職エージェントを使ったほうがいい」という話を聞いたことがあるんですが、何が違うんですか？

サラタメ：簡単にいうと、「転職サイト」は求人情報を検索できるサイトで、「転職エージェント」は登録したら、担当者が求人情報をオススメしてくれるサービスです。どちらも基本的には無料です。

マモル：求人をオススメする担当者がいるかどうかの違いってことですね。どっちがオススメなんですか？

サラタメ：まず、**転職サイトは必須**ですね。転職者で登録しない人は、ほぼいないでしょう。**転職エージェントに関しては、人それぞれ**です。とはいえ無料ですし、使いこなし方さえ理解できれば、使って損はないサービスだと思います。

転職サイトと転職エージェントはどう違うのか？

転職サイトとは？

多くの求人情報が掲載されているサイト。自分のタイミングで、検索・閲覧・応募ができます。

〈例〉「リクナビNEXT」
「マイナビ転職」
「エン転職」など

転職エージェントとは？

エージェントの担当者※が求人情報をオススメしてくれるサービス。エージェント会社のサイトに自身の情報を登録すると、面談が設定される。そこで伝えた希望をもとに、求人情報を紹介してもらえる。さらにリクエストすれば、応募書類作成や面接準備のサポートも受けられる。企業から報酬を得るビジネスモデルなので、求職者は無料で利用可能。

※「キャリアアドバイザー」「キャリアコーディネーター」などと呼ばれることもある。

〈例〉「リクルートエージェント」
「doda」「パソナキャリア」
「JACリクルートメント」など

マモル：転職エージェントって無料で面接対策までやってくれるなら、絶対登録したほうがいいじゃないですか！

サラタメ：たしかにそうなんですが、**メリット・デメリットを踏まえて使いこなさないと、逆に振り回されちゃう可能性もあるんです……。**ということで、次の項目では「転職エージェントの使いこなし方」について、より詳細に解説します！

「転職サイト」と「転職エージェント」で、どちらが優れているということはありません。

それぞれにメリットとデメリットがあるので、自分の状況に応じて活用しましょう。

転職サイトと転職エージェントの比較

転職サイト		どちらが優れているか？		転職エージェント
空き時間に自由に使えるので手軽	○	手軽さ	×	担当者と連携しないといけない手間がかかる
自分で検索して、自由に応募できるので、選択肢が多い	○	選択肢	×	担当者に紹介してもらった求人から選ぶ形で進めるので、選択肢が限られる
サイト内に掲載されている転職ノウハウを自分で学ぶ	×	対策	○	担当者が、書類や面接準備のサポートをしてくれる
交渉は自分で行う	×	企業との交渉	○	年収や勤務開始日の交渉をエージェント担当者に任せることも可能

とても簡単にまとめれば、**ゆっくり自分のペースで進めたい人は「転職サイト」で、人の手を借りてでもすぐに転職したい人は「転職エージェント」という使い分け**でいいと思います。

〈まとめ〉

- 転職サイトと転職エージェントは似ているが、まったく別のサービス
- 転職サイトは、求人を検索できるサイト
- 転職エージェントは、担当者が求人情報をオススメしてくれるサービス
- 転職サイトは登録必須
- 転職エージェントは、面談やサポートを希望するなら登録

STEP 1-2 リーマン力（転職術）

転職エージェントの使いこなし方

「ビジネスパートナー」の距離感

マモル：転職エージェントって、無料で面接対策とかまでしてくれるんですよね。サービスよすぎませんか!?

サラタメ：たしかにそうですね。ただ、使い方には注意が必要です。**彼らも、ただの「親切」でやっているわけではなく、あくまで「ビジネス」としてやっているので。**

マモル：ビジネス!?　ってことは、お金のためってこと?

サラタメ：どストレートにいえば、そうです（笑）。私たち転職希望者は無料で使えますが、転職エージェントは企業側からたっぷりお金をもらっています。一般的に、採用決定者の年収の30％くらいを報酬で受け取るといわれています。

マモル：30％！　ってことは年収600万円だったら180万円ですか。けっこういい商売ですね……!!

サラタメ：まぁだからこそ、手厚いサポートをしてくれるんですよね。で、私が声を大にしてお伝えしておきたいのは、転職エージェントにとっての「お客様」は、私たち転職希望者ではなく、**採用する企業側**なんだ、という点です。

マモル：そっか〜。じゃあ「身内」とか「仲間」というより、あくまで「ビジネスパートナー」のような関係なんですね。

サラタメ：まさにそうです！　**生々しい話、自分は「商品の一つ」として見られていると認識したほうがいいと思います。うまいこと使われてしまうのではなく、主導権を握って使いこなす意識が求められます。**

転職エージェントの仕組み

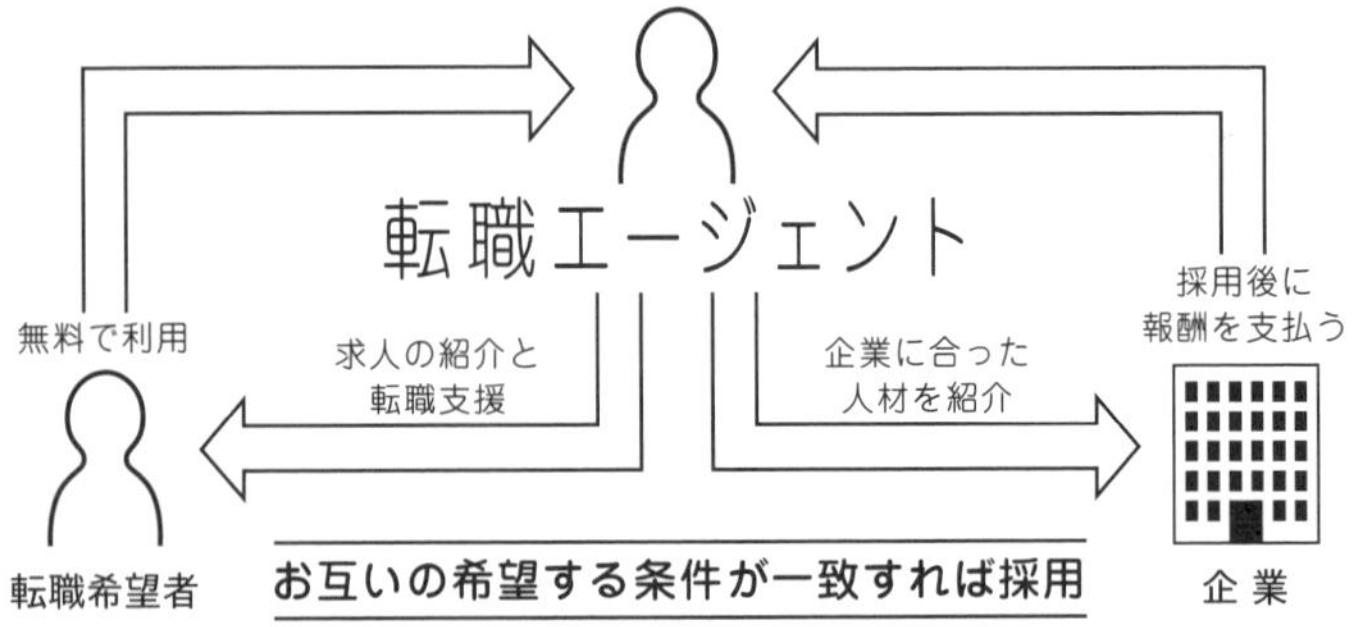

転職エージェントの選び方

サラタメ：結論、①**大手を使う**、②**複数のエージェント**で比較する、という2つを意識してください。

①大手を使う

まったく名前も聞いたことのない転職エージェントを使う必要はありません。転職エージェントのよし悪しは、次の2つで決まります。

①どれだけ豊富に求人情報を抱えているか
②どれだけ人材と募集企業をマッチさせてきた実績があるか

珍しいエージェントを利用するなら、最低限、**従業員数と創業年**を確認してください。

・従業員数が少なく、ほぼ個人営業
・創業2、3年しか経っていない

こういうところは、基本NGです。

大手でも持っていない特殊な人脈があるなら別ですが、そんなケースはそうはありません。

サラタメ：私のブログで最新オススメ情報を掲載（https://salatame.co.jp/tenshoku/osusume-tenshoku-service/）していますが、基本的に「リクルートエージェント」と「doda」の大手2社に登録しておけば問題ないと思います。

高い報酬目当てで、ブラック企業だろうと関係なく、転職希望者を押し込むブラック転職エージェントもあります。

そんなリスクを避けるためにも、まず大手で試しましょう。

大手エージェントは、非公開案件も含め、多くの求人情報を持っています。一度登録すれば、豊富なデータベースを使って自分で検索できるのも、中小エージェントにはない魅力です。

②複数のエージェントで比較する

大手エージェントに複数登録し、**担当者の動きを比較**しましょう。

1社だけでは比較できないのでNGです（特に初めての転職の方）。

最低2社登録し、エージェント側にも「複数社使っている」ことを伝え、競争意識を芽生えさせます。

転職エージェント側からすれば、自社一本に絞ってもらったほうがラクですが、転職者側からすれば、競争意識を持って、自分にマッチする企業を一所懸命探してもらったほうがいいです。**必ず複数登録**して比較検討しましょう。

サラタメ：**各転職エージェントで「20代に強い」「IT業界に強い」などいろいろアピールしていますが、ぶっちゃけそこまで大差ないかなと。それより断然、担当者の質のほうが気になります。**かなりピンキリなので……。

イケてる転職エージェント担当者の特徴

マモル：複数の担当者を比較するといっても、そもそも「どんな担当者を選ぶべきか」の判断基準がわからないんですが……！

サラタメ：では、お伝えします。結論、この4つです！

イケてる転職エージェント担当者の特徴

①志望業界のトレンドを理解している
②マッチングを最優先にしてくれる
③粘り強く求人を探し続けてくれる
④企業側と交渉してくれる

サラタメ：ただ、一つ注意です。イケてる担当者を選り好みする前に、まずはこちらもし

っかり準備しておかないといけません。具体的には、「**転職の軸**」と「**職務経歴**」だけでも自分なりに整理してから、最初の面談に臨みましょう！

①志望業界のトレンドを理解している

志望する業界の知識やトレンドを、せめて自分と同じくらい知っているか確認しましょう。自分より知識がない人にサポートしてもらっても意味がありません。

②マッチングを最優先にしてくれる

悪質な担当者だと、転職者の求める条件とは関係ない「案件単体としてのよさ」ばかりアピールしてきます。たとえば「マーケターという職種にこだわりたい」と依頼しているのに、「とにかく給料がいい」「大企業だから安定している」という条件で求人を紹介してきます。

③粘り強く求人を探し続けてくれる

悪質な担当者は、効率よく報酬を手にするために、「入りやすそうな会社」ばかり提案してきます。提案された求人が、こちらのリクエストに合っていないことを伝えても改善してくれない場合には、担当者を替えてもらいましょう。こちらのリクエストに合わせ、粘り強く求人を探し続けてくれる担当者と組むべきです。

④企業側と交渉してくれる

「給料」や「勤務開始日」について、交渉してくれるかどうかも判断基準の一つです。

エージェントにとって「真のお客様」である企業側と、ハードに交渉するのは通常やりたくないこと。にもかかわらず、あなたの要望を通すために、粘り強く交渉してくれる担当者であれば、かなり心強いです。

転職エージェントはこんな人にオススメ

相談相手がほしい人

転職の相談は、相手を見つけるのが非常に難しいです。同僚や友人、家族に相談しても、転職経験がないとあまり参考になりません。

一方、転職エージェントの担当者は、数多くの転職サポート経験があるため、相談相手にピッタリです。仮にエージェント経由で転職しなくても、一相談相手として活用するだけで十分価値があります。

サラタメ：逆に「面談やサポートなんて無料だろうとめんどくさい」といった、自力でゴリゴリ進めたい方にはオススメしません。転職サイトを使って、自分で求人情報を探しましょう！

早く内定を取りたい人

転職エージェントは、私たち転職希望者が内定を獲得して初めて報酬が生まれるビジネスモデルなので、内定にコミットしてくれるのが心強いです。

自分のスキル・実務経験に応じた、内定確率の高い求人を紹介してくれます。

サラタメ：最近では、ＡＩによるレコメンド機能の活用も進み、マッチング精度がさらに高まっています。スピーディに内定を取りたい人にはオススメです。

ただ、「確率の高い勝負をさせてもらえる」というメリットは、裏返せば「大きなチャレンジはしにくい」というデメリットにもつながります。

よくも悪くも、転職エージェントは「内定が取れそうな会社」を提案してきて、一般的には無理と思えるチャレンジングな転職は提案してきません。時にはチャレンジを止められることもあるので、その点には注意が必要です。

〈まとめ〉

・転職エージェントの使い方には要注意
・転職エージェントは、企業側からお金をもらうビジネスモデル
・そのため、転職希望者より企業側に動く傾向アリ
・担当者は優秀な人から微妙な人までピンキリ
・複数の大手エージェントに登録し、担当者を比較しよう

STEP 1-2 リーマン力（転職術）

最も信頼できる情報は○○

ネット情報は利害関係まみれ

マモル：サラタメさん！　ネット検索で出てきた情報と、転職エージェント担当者の言ってることが全然違うから、何を信じていいのかわからなくなってきました……。

サラタメ：今の時代は、情報がありすぎて逆に混乱しますよね。そんなときに**頼りにしてほしいのは、リアルな口コミです！**

マモル：リアルな口コミ？　具体的にどういうことですか!?

サラタメ：たとえば、大学時代の友達などです。私がハイパーホワイト企業に転職できたときも、最初に情報を得たのは友達との飲み会でした（笑）。

リアルな口コミが重要な理由

なぜ、リアルな口コミが重要なのか？

「利害関係がない」からです。

もしあなたの友人が「うちの会社は業績好調で、めっちゃホワイト企業だぜ！」と言ってきた場合、それは純粋な自慢です。別に金銭的メリットや妙な思惑があるわけではなく、信憑性が高い。

一方、企業が公式サイトで「うちの会社は絶好調&働きやすい」とアピールしていたら、意味合いが変わってきます。

企業には「入社希望者を増やしたい」「一人当たり数十万円かかる採用コストを減らしたい」という思惑があるので、その情報は鵜呑みにしていいものではありません。

マモル：公式サイト以外にも、転職サイト、エージェント担当者、ブロガー、YouTuberなどなど情報源はたくさんありますけど……!?

サラタメ：私自身、YouTubeもブログもやっているので言いにくいですが、それらも鵜呑みにしないほうがいいです。それぞれボランティアでやっているわけではなく、利害関係や生々しい狙いがあるからです。

マモル：じゃあ、サラタメさんが転職したときは、山奥にこもってネットにはまったく触れなかったんですか？

サラタメ：いや、転職サイトもブログもYouTubeもたくさん見ました！（笑） ただ、なるべくリアルな口コミも一緒に集めるようにしてましたね。

マモル：口コミで、どうやってホワイト企業の情報にたどり着いたんですか？

サラタメ：私の場合は、プライベートが充実している友人に片っ端からSNS経由で連絡しました。さらに、その友人の友人を紹介してもらったりして、ホワイト企業を突き止めていきました。

マモル：なんか、もはや取材みたいですね……（笑）。

サラタメ：そうです、取材です。利害関係のないリアルな口コミのおかげで、ネット上にまぎれたウソ情報や、エージェント担当者のポジショントークも見抜けるようになりました。めんどくさいかもしれませんが、人生の一大事なので、ぜひ身近な人に取材してみてください。

〈まとめ〉

- 利害関係のないリアルな口コミは、信頼できる情報源
- 転職サイト、ブログ、YouTubeなどはアクセスしやすい
- ただ、たまにウソがまぎれ込んでいることも……
- 取材するようにリアルな口コミを収集しよう
- そうすれば、まぎれ込んだウソも見抜ける

待遇改善の秘策「軸ずらし転職」

軸をずらさない転職に価値はない

マモル：サラタメさん、年収アップしつつ、ワークライフバランスも整えられる、都合がよすぎる転職ノウハウってないですか!?

サラタメ：それは都合がいいですね（笑）！　そんなマモルさんにオススメなのは「**軸ずらし転職**」ですかね。

マモル：軸ずらし転職!?　必殺技みたいでよさげですね！　どうやればいいんですか？

サラタメ：具体的には、マモルさんの「営業」という職種は固定したまま、所属する業界を「食品業界」から「ＩＴ業界」にずらす、みたいなことです！

待遇を改善できる「軸ずらし転職」とは？

これは、moto（戸塚俊介）さんの『転職と副業のかけ算――生涯年収を最大化する生き方』（扶桑社）で提唱されているノウハウです。

私たちサラリーマンの待遇は、基本的に「職種（役職）×業界」で決まります。

〈例〉

技術職平社員×食品メーカー
「月間残業時間が約20時間で年収500万円」

営業部長×銀行（大手）
「月間残業時間が約50時間で年収1600万円」

P251で触れたように、特に所属する「業界」が重要な意味を持ちますので、待遇改善したい場合、**「職種」という軸は固定し、「業界」という軸だけずらす**のが勝ちパターンです。

なお、どんな業界を選ぶかは、「ブラック業界・ホワイト業界まるわかりマップ」

（P256）をもとに考えると、答えが見えてくるはずです。

転職は「業界」をずらしてこそ価値がある

サラタメ：転職活動で後悔する人は、軸ずらしがうまくできていないことが多いです。「軸をずらしすぎているパターン」、もしくは「軸をまったくずらせていないパターン」に陥っています。

軸をずらしすぎているパターン

軸をずらしすぎているとは、次のように「職種」と「業界」、両方ともずらしてしまうパターンを指します。

〈例〉

「今は食品業界の営業をやっているが、転職後、化粧品業界でマーケティングをやりたいです」

募集企業側に育成コストがかかる人材とみなされ、内定獲得の難易度が高まります。

職種も業界も軸をずらせていないパターン

このパターンだと、苦労して転職したのに、ほとんど変化がない結果になりかねません。職種も業界も同じなら、環境が大きく変わらないのは当然です。

〈例〉

「東北エリアの地方銀行営業マンをしていたんですが、今は九州エリアの地方銀行で営業マンやっています」

サラタメ：「待遇」を改善したいなら「業界」をずらし、「業務内容」を変化させたいなら「職種」をずらしましょう！

〈まとめ〉

- 「軸ずらし転職」とは、「職種」か「業界」のどちらかをずらす転職
- 待遇を改善したいなら、「業界」をずらす転職がオススメ
- どちらもずらしてしまうと、内定獲得の難易度が高まる
- どちらもずらさないと、転職したものの、ほとんど変化が生まれない

応募

STEP 1-2 リーマン力（転職術）

採用側が100%見ているポイント

実はたった2つだけ

マモル：サラタメさん、応募したい会社が決まりました！　これから応募書類や面接の準備をするんですが、まず何を気をつければいいですか？

サラタメ：書類作成も面接も、いろいろ説明したいポイントはあるんですが、細かい説明を始める前に、めちゃくちゃ大事な前提をお伝えさせてください。

マモル：めちゃくちゃ大事！　なんですか!?

サラタメ：**企業側は「再現性」と「継続性」の2点だけを見て、採用するかどうか決めて**

いるということです。

マモル：「再現性」と「継続性」の2点!? そこだけ!?

サラタメ：そうです。これから細かいテクニックをいろいろお伝えしますが、本質的にはこの2点さえ押さえておけば、内定をゲットできます！

採用側が見ている本質的ポイントは2つだけ

再現性 →「以前の職場での活躍を、そのままうちの会社でも再現できるか？」

継続性 →「末永くうちの会社で働き続けてくれるか？」

サラタメ：採用担当者は、この2点を確認するために、書類審査や面接をしているんです。

なぜ「再現性」？

中途採用する企業側は「即戦力」を求めています。新卒採用は、ポテンシャルを秘めたハイスペック人材を、手間ひまかけて育成する前提ですが、中途採用はそうではありません。**「すぐに一人前の活躍をしてくれる人材がほしい」**のです。

ですから、転職活動では「いつか伸びるかも」というポテンシャルより、「すぐ活躍できそう」という再現性こそが、採用担当者に刺さるアピールポイントになります。

ここは新卒の就活とは異なるポイントですので、要注意です（「再現性」のアピールについてはP305で詳細に解説）。

なぜ「継続性」？

人を採用するには大量のお金がかかります。

中途採用では、一人当たり１００万円以上かかることも珍しくありま

せん。

そんな**大きな費用がかかる中で、採用した人がすぐ辞めてしまうと、企業にとって大きな損失。**採用担当者としても、社内でマイナス評価となってしまうため、非常に注意深く「継続性」について見ています。

この点も、新卒就活時と異なるので、かなり入念にケアしないといけません。というのも、転職活動をしていること自体、「継続性」を疑われる要因の一つになってしまうからです。

サラタメ：たとえあなたが「私は一社でずっと添いとげるタイプの人間です」とアピールしたところで、「でも、今あなた、転職活動してるよね……？」と疑われてしまうわけです。

採用側は「なぜ、今いる会社は続けられないのに、うちの会社だと働き続けられるのか？」について、しつこく確認してきます。

それに対して明確な答えを用意できていないと、内定獲得は難しいです（「継続性」のアピールについてはP312で詳細に解説）。

〈まとめ〉

- 採用側は「再現性」と「継続性」の2点を見ている
- 「再現性」を見ている理由は、即戦力を求めているから
- 「継続性」を見ている理由は、採用コストをムダにしたくないから

自己PRで語るべきは「具体的な工夫」

ハイスペ人材が陥る罠

マモル：自己PRって何をどうアピールすればいいんですか？　ボクが誇れるのは、TOEIC®スコアが700点だってことくらいかな……。

サラタメ：私は英語全然ダメなので、TOEIC®700点はスゴいと思いますが、転職の自己PRではそこまで強い武器になりません……!!

マモル：え、そうなんですか!?

サラタメ：はい、新卒の就活はある基準を超えるための「ハイスコア勝負」だったと思うんですが、**転職活動はあくまで「マッチング勝負」だから**です。

マモル：TOEIC®の点数を使って、ハイスペックな人材だと証明するより、相性のよさを証明するほうが効果的ってことですか？

サラタメ：そうです！　具体的には、前の項目で触れた「再現性」です。「御社の求める条件にマッチしているので、すぐに活躍できますよ」とアピールすべきなんです。

マモル：なるほど、「再現性」ですか……。具体的にボクは何を伝えればいいんですか？

サラタメ：簡単にいうと、「今の会社でどんな仕事をしてきたか」を伝えればＯＫ。自分の資格やスペックの高さより、どんな工夫をこらしながら仕事をしてきたかを伝えるのが、最も「再現性」を演出できます。

「再現性」を感じさせる自己ＰＲのコツ３つ

サラタメ：結論、この３つがコツです！　応募書類でも面接でも強く意識してください。

コツ①「自分」ではなく「相手」目線

コツ②「実績」より「具体的行動」

コツ③「急所」を狙う

自己PRのコツ①「自分」ではなく「相手」目線

これは基本中の基本ですが、**自己PRは自分目線の「主観的な情報」ではなく、相手目線でわかりやすい「客観的な情報」を軸にアピールします。**

ダメな例 自分目線でわかりにくい主観的情報

「私は営業職で、常にお客様に喜んでもらうことを心がけました」

⬇「喜んでもらった」は自分目線での感想でしかない

「A社という得意先を3年間担当し、最後の年度にやっとの思いで目標の売上を達成しました」

➡「やっとの思い」に、どんな試行錯誤があったのかわかりにくい

よい例 相手目線でわかりやすい客観的情報

「○○業界の直近5年の市場規模は、毎年2％ほど縮小を続けていますが、そんななかで私は、営業職として主要顧客に対する売上を、5年連続で5％増加させました」

➡全体の傾向と自分の実績、ともに数字が入ることで「何が変わったのか」「どうスゴいのか」、初対面の相手にもわかりやすい

自己PRのコツ② 「実績」より「具体的行動」

コツ①では「わかりやすく伝えるために、客観的数値で実績を示そう」と言いま

したが、実は「数値」より効果的に「再現性」をアピールできるものがあります。

それが「どんな課題に対して、どんなアクションを起こしたか?」、つまり「具体的行動」です。「実績」より「具体的行動」こそ、最高の自己PRになります。

なぜ「実績」だけでは「再現性」が伝わりにくいのか?

それは「前年比売上○○%」という実績は、前提となる数値基準により評価が変わってしまうためです。その数値が出たときのトレンドや特殊な時代背景次第では、まったく意味を持たないものになってしまいます。

一方、「具体的行動」は、それだけで「再現性」を感じさせます。

数値として結果が見えにくいバックオフィス業務（総務、人事、経理等）の方でも、面接時に効果的なアピールができます。

サラタメ：特に「STAR※」を意識し、「具体的行動」をアピールすると最強。めちゃくちゃ採用担当者に刺さります。

もし、経理担当者が「STAR」を意識して具体的行動をアピールするなら

「STAR」とは?

「Situation（状況）」「Task（課題）」「Action（行動）」「Result（結果）」の頭文字を取った言葉。面接でよく使われるフレームワーク。具体的行動だけでなく、「どんな状況だったか?」「自らどんな課題を設定したか?」「どんな結果になったか?」まで話すと、より「再現性」が伝わる。

・状況（Situation）……弊社では、各部署の予算状況をエクセルで集計していました。

・課題（Task）……決算期は、各部署の担当者がその集計作業に2週間ほど取られてしまい、別の業務が滞《とどこお》る課題がありました。

・行動（Action）……各部の担当者が経理システムからデータをダウンロードし、それをコピペするだけで自動集計される新フォーマットをつくり、全社に展開。

・結果（Result）……各担当が3日で作業を終えられるように、業務効率化に貢献しました。

重要なのは、課題（Task）を上司から与えられるのではなく、自ら見つけ出している点です。自分で課題を設定する姿勢、そして映像を思い浮かべられるくらい具体性があると、採用側は強く「再現性」を感じます。

自己PRのコツ③「急所」を狙う

応募する企業の求人情報には、必ず「こういう人材がほしい」と「求める人物像」、いわば急所が公開されています。その急所を狙うのです。

ここまで紹介したコツをもとに、「客観的数値をもとにした実績」「創意工夫のある具体的行動」をアピールできていても、志望企業が求める人物像とずれていたら意味がありません。「マッチング」を演出するための、根幹となるポイントです。

たとえば、ホワイト企業は基本的に、穏やかな社風が多く、個人プレーよりチームプレーを重視します。そんななか、個人のスキルや実績をアピールしすぎても、逆効果になってしまうのです。

〈まとめ〉

- 自己PRで証明すべきは「再現性」
- ハイスペ自慢は「再現性」を演出できない
- 志望企業と自分の「マッチング」を意識する
- そのために、①相手目線　②具体的行動　③急所を狙う

志望理由で語るべきは「熱いストーリー」

一生の愛を誓うように（見せる）

マモル：サラタメさん、刺さる「自己PR」のつくり方はわかったので、次は刺さる「志望理由」のつくり方を教えてください！

サラタメ：わかりました。では、採用担当者の心にぶっ刺さる**志望理由の3段構成**をお伝えします！

マモル：ぶっ刺さる3段構成！　なんだかよさげな響きですね！

サラタメ：結論、「①自分の転職の軸」から始め、「②志望企業の魅力」を挟み、「③マッチング」で締める。こんな流れです！

そもそも「志望理由」で目指すべきゴール

目指すべきゴールは、「一生の愛を伝えること」。つまり、**「御社で末永く働き続けることの証明」**です。といいながら、長いサラリーマン人生ですから、何があるかわかりません。ぶっちゃけまた転職するかもしれないのですが、応募書類や面接の中では、まるで一生の愛を誓うかのように、熱い想いを伝える必要があります。

自己PRのゴールは、即戦力として活躍できる「再現性」の証明でしたが、志望理由は違います。

もう一つの重要ポイントである**「継続性」を証明するのがゴール**だと、覚えておいてください。

サラタメ：自己PRがうまくても志望理由が弱いと、「この人は優秀そうだけど、またすぐ転職しちゃいそう」と採用側に思われ、内定にたどり着けません。

マモル：なるほど～。志望理由のゴールは、「長く働き続ける証明」だとわかりました。次は、具体的なつくり方について教えてください！

採用担当者の心に刺さる志望理由をつくろう

サラタメ：前述したとおり、「①自分の転職の軸」から始め、「②志望企業の魅力」を挟み、「③マッチング」で締める、この3段構成でつくってみてください。

〈ザックリの例〉

①自分の転職の軸：「私はこんな想いを持って転職活動をしています」

②志望企業の魅力：「そんななかで御社の○○に惹かれました」

③マッチング……「私の想いを、御社の○○に貢献することで実現したいです」

まず「①自分の転職の軸」から始める

P220で触れましたが、転職活動のファーストステップとして、自分なりの「転職の軸」が決まっているはずです。今回の**転職活動で必ず実現させたい最優先事項**を伝えます。

その「転職の軸」に至った具体的なエピソードも添えて伝えられると、より真実味が増し、熱い志望理由になります。

続いて「②志望企業の魅力」を語る

ただ魅力を語るだけではダメです。「転職の軸」に沿った視点で魅力的と思うポイントを語りましょう。

サラタメ：ぶっちゃけ、唯一無二の魅力を持つ会社なんてあまりなかったりしますが、なるべく「他社にはない御社だけの魅力」と聞こえる伝え方をしましょう。

最後に「③マッチング」で締める

「転職の軸」と「志望企業の魅力」がベストマッチなのだと伝え、締めましょう。

サラタメ：この説明だけでは、まだボヤッとしていると思うので、次の具体例を見ながらつくってみてください。

3段構成（具体的な例）

広告代理店からメーカーに転職活動している場合

①「自分の転職の軸」から始める

・私の転職の軸は「独自性がある&思い入れの強い商品を持つ企業で働きたい」
・今まで広告代理店で、メーカーの商品プロモーションを数多く担当してきた
・やりがいはあるが、宣伝だけの関わりだとどうしても浅く、できることが

限られる

・商品企画からプロモーションまですべて携われれば、もっとできることがあると思った

②「志望企業の魅力」を語る

・御社の○○という商品は魅力的だと思う
・実は大学時代、○○しているときにスゴく助かった思い出がある
・売上は業界№1ではないが、○○という点で独自性がある

③「マッチング」で締める

・独自性&思い入れのある商品を持つ御社でこそ、私の「転職の軸」は叶えられると考えている
・もし御社で働くことができたら、○○という商品で○○を実現したい
・何年かかるかわからないけれど、実現してみたい
・そんな想いを持って、御社を志望している

マモル：なるほど～。「自分の軸」と企業のつながりが見えて、愛を感じるかも（笑）。

サラタメ：愛を感じさせるには、**「①転職の軸」で具体的エピソードを盛り込むこと。**あと「③マッチング」で締める際、未来をイメージさせるワードを入れ込めたら最高ですね！

志望理由のよくやるミス

サラタメ：もう十分と思いながら、ここまでガッツリ解説しても、まだダメダメ志望理由をつくる人がいたりするので、さらに念押ししておきます！

こんな志望理由はやめましょう。

①ただの会社説明
②欲望まる出し

①ただの会社説明

先ほどの3段構成でいう「②志望企業の魅力」ばかり伝えるダメパターンです。

志望企業の魅力をホメちぎりさえすれば、「継続性」を証明できると思ったら大間違い。まず、自分なりの「転職の軸」が前段にあり、それに沿った形で志望企業の魅力をホメるからこそ、志望度の強さが伝わるのです。

②欲望まる出し

ここは悩む人が多いポイントです。

「欲望まる出し」とは何かというと、「転職の軸」のことです。

具体的な事例では「独自性がある&思い入れの強い商品を持つ企業で働きたい」というさわやかな軸を挙げましたが、実際はもっと欲望むき出しのはずです。

「給料を上げたい」というお金の欲望や、「残業したくない」というラクしたい願望など、突き詰めると、そんな欲望や願望が転職の軸になっているケースが多いのです。

サラタメ：私も、ワークライフバランス重視の転職活動をしていたので、まさに「欲望むき出しの転職の軸」でした（笑）。

ただ、だからといって3段構成「①転職の軸」で、「ワークライフバランスが確保できれば何でもいいです」と欲望まる出しにしたら、採用担当者にドン引きされてしまいます……。

ですから、ここは**建前としての「転職の軸」も用意しておいたほうがいいのです。**

もちろん自分にウソをつくような内容はダメですが、面接で志望企業の商品・サービスを絡めて語れるような「転職の軸」も、建前用として準備しておきましょう。

欲望まる出しの「転職の軸」は、聞かれたら伝えるくらいが得策です。その際、きちんとオブラートに包むこともお忘れなく。

〈オブラートに包む例〉

「ワークライフバランスを確保して、ぬくぬく暮らしたい」

⬇「自分の時間を確保し、自己研さんに充てたい」

「年収アップして、いつかベンツを乗り回したい」

⬇「年収は自分の市場価値を計る大事な指標になるので、金額にはこだわりたい」

欲望があること自体、なんら悪いことではありません。ただ、「欲望をそのまま採用側に受け止めてもらおう」というのは、さすがに現実的ではありません。

〈まとめ〉

- 志望理由で証明すべきは「継続性」
- 心にぶっ刺さる3段構成でつくろう
- ①自分の転職の軸↓ ②志望企業の魅力↓ ③マッチングの流れで伝えよう
- 「自分の転職の軸」に具体的エピソードがあるといい
- 「自分の転職の軸」が欲望まる出しにならないよう注意

STEP 1-2 リーマン力（転職術）

「履歴書」と「職務経歴書」の違い

即ゴミ箱行き「応募書類」の特徴

マモル：志望企業が決まったので、応募書類をつくってみようと思います！　何か注意点はありますか？

サラタメ：はい！　まず応募書類には「履歴書」と「職務経歴書」の2種類があります。それぞれ採用側から見られるポイントが違うってことを覚えておいてください。

履歴書と職務経歴書の違い

履歴書とは？

「どんな経歴を歩んできたか」を見られる書類。

確認されるポイント

- 学歴、職歴は募集条件に合っているか？
- キャリアにブランク（何も職に就いていない期間）はないか？
- 資格、希望条件は募集内容と合致するか？

※第一印象となる写真も地味に大事。

サラタメ：言葉は悪いですが、履歴書は「足切り」のための書類。大きなマイナス評価にならないことが大事です。

イメージ（履歴書）

履歴書　平成28年 3月 1日現在

ふりがな　まいなび　いちろう
氏名　舞奈比　一郎　（印：舞奈比）

昭和60年 7月 31日生　（満30歳）　男・女

ふりがな　とうきょうとちよだくひとつばし
現住所　〒100-0003
東京都千代田区一ツ橋1-1-1
電話番号　090-xxxx-xxxx
メールアドレス　mynavi@mynavi.jp

ふりがな
連絡先　〒　［現住所以外に連絡を希望する場合のみ］
同上
電話番号
メールアドレス

年	月	学歴・職歴
		学歴
平成16	3	東京都立マイナビ高等学校　卒業
平成16	4	マイナビ大学経営学部経営学科　入学
平成20	3	マイナビ大学経営学部経営学科　卒業
		職歴
平成20	4	株式会社○×△　入社
		広告代理店業　従業員数312名
		営業担当として、新規開拓の提案営業を行う
平成21	3	一身上の都合により退職
平成21	4	株式会社△×○　入社
		リフォーム業　従業員数108名
		入社後、営業部　営業一課に配属（首都圏担当）
		営業担当として、広告反響による提案営業を行う
平成26	4	営業部　営業二課に配属（神奈川県担当）
		担当エリアの営業の他、新入社員の同行営業を行う
		現在に至る
		以上

出所：マイナビ転職「履歴書の書き方マニュアル完全版！履歴書の見本（サンプル）・作成方法」の「履歴書の書き方見本（全体）」
https://tenshoku.mynavi.jp/knowhow/rirekisho

職務経歴書とは？

「どんな業務をしてきたか」を見られる書類。

確認されるポイント

・募集条件に合った業務の経験があるか？

・工夫をこらして仕事をしてきたか？

・業務実績の内容に信憑性はあるか？

※どちらもネット検索すれば、無料のフォーマットがダウンロード可能です。私の場合、履歴書は「doda」、職務経歴書は「リクナビNEXT」からダウンロードしました。

イメージ（職務経歴書）

職務経歴書

20xx年xx月xx日現在
氏名　○○○○

■職務要約

大学卒業後、広告代理店および人材紹介会社において提案営業に従事してまいりました。新規開拓からはじまり既存顧客に対する実績拡大のための深耕営業も経験しております。

現在はマネジメントの立場でメンバーおよび業績マネジメントを行っております。

■職務経歴

□20xx年xx月～20xx年xx月　○○○○株式会社
◆事業内容：総合印刷・総合広告代理店業

期　間	業務内容
20xx年xx月 ～ 20xx年xx月	SP事業部第一営業課配属 【担当業務】 ・主に商業印刷物（会社パンフレット、ポスター、カタログ）等の提案営業 デザインなど要望ヒアリング、提案、見積もり制作、制作部門との打ち合わせ、納品までの深耕管理など 【営業スタイル】 新規開拓 20%（電話アポ取り（1日○件）、HPからの問合せ対応） 既存顧客 80% 【担当エリア】首都圏エリア 【取引顧客】大手小売業界約3社（担当店舗数120店）を担当 【業績】 20xx 年度：売上 2 千万円、達成率○% 20xx 年度：売上 22 千万円、達成率○% 【ポイント】 都内大型商業施設内スーパーのイベント情報を本部広報担当者から入手することに成功し、店舗責任者へのアプローチを実施。店舗販促物（パネル、チラシなど）、包材、ノベルティなどの制作・印刷契約を一括受注（○万円）に成功。 ※マネージャーは以下グループメンバー12名

□20xx年xx月～20xx年xx月　○○○○株式会社
◆事業内容：人材紹介業

期　間	業務内容
20xx年xx月 ～ 20xx年xx月	本社首都圏営業2部1グループ 【担当業務】 ・人材採用に関する提案営業を実施。店長職・SV職・店舗統括・店舗開発色などの採用支援 【営業スタイル】既存顧客 100% 【担当地域】都内各地 【取引顧客】担当社数営時約 40 社（主に外食産業、サービス業等） 【業績】 20xx 年度：新規開拓件数○社　達成率：160%（部内2位） 20xx 年度：売上4億2千万円　達成率：105% 【ポイント】 社内の転職相談担当者向けに、担当企業A社の魅力を伝える説明会を定期的に開業。加えてA社に対する転職希望者の反応・イメージなどの情報を収集し、企業間に共有。採用コンセプトを採用手法の改善を提案・実行した。その結果前任の担当者に比べ●%の売上拡大に成功。 ※マネージャーは以下グループメンバー10名　※20XX 年度からリーダー
20xx年xx月 ～ 現在	本社首都圏営業2部3グループ3（マネージャー昇格） 【担当業務】 ・人材採用に関する提案営業を実施。 ・マネージャーとして売上目標管理、行動目標設定。メンバー査定、及自社に採用面接（1次面接権限）なども担当 【営業スタイル】新規開拓 50%、既存顧客 50% 【担当地域】都内各地 【取引顧客】グループ全体で 100 社～200 社（教育産業、アウトソース産業中心） 【業績】 20xx 年度：グループ売上10億2千万円　達成率：100% 20xx 年度：グループ売上15億1千万円　達成率：130%　※ベストグループ賞を獲得 【ポイント】 徹底した顧客管理を行い、特に取引実績の大きいクライアントに対する深耕営業を半年にわたって徹底した結果、既存顧客への売上が対前年比 130%という高い実績につながった。部全体の売上にも貢献し、首都圏エリアのベストグループ賞を獲得。（20xx 年下半期） ※マネージャー（メンバー7名：営業5名　アシスタント2名）

出所：リクルートエージェント「職務経歴書の書き方・職種別の書き方見本とフォーマットダウンロード」の「職務経歴書の見本と各項目の書き方」　https://www.r-agent.com/guide/article564/

サラタメ：「職務経歴書」は「履歴書」より重要度が高いので、注力すべきです。P304で触れた自己PRと同様、「再現性」が重視されます。

即ゴミ箱行きの履歴書と職務経歴書とは？

サラタメ：超ザックリ、次の2点に気をつけてください。

・履　歴　書→大きな失点をしない
・職務経歴書→予備知識ゼロでもわかるように

履歴書の注意点

誤字脱字は論外

言うまでもありませんが、誤字脱字は大きなマイナス評価になります。最低2回は見直しましょう。他にも、「文字フォントがバラバラ」「数字の全角・半角がバラバラ」「スペースに対し、文字が多すぎ（少なすぎ）」などにも気をつけましょう。

写真が暗い

履歴書は、ほんの1〜2分しか目を通してもらえない書類。だからこそ、視覚的なイメージを左右する証明写真は、地味に重要です。一回2000〜3000円程度の安いところでもいいので、フォトスタジオで撮影することをオススメします。

書くのは絶対譲れない条件だけ

履歴書には「本人希望欄」がありますが、「念のため書いておこう」という意識で書くのはＮＧです。基本的には「貴社の規定に従います」と記載しておきましょう。待遇面については、内定後に交渉するほうがスムーズです。

サラタメ：たとえば「年収８００万円未満は無理」「東京勤務以外なら転職できない」など、**絶対譲れない条件がある場合のみ、下の例を参考に書いておきましょう。**

ネガティブ要因について注釈しておこう

「短期離職を繰り返している」「職歴に空白期間がある」場合、採用側にネガティブにとらえられてしまう可能性が高いです。マイナスイメージのまま放置せず、「本人希望欄」を使って注釈を入れるべきです。言い訳がましくならないよう、自分の反省点と今後の対策を記載しておきましょう。

資格欄を無理に埋めようとしない

志望企業が求める条件に沿った資格を持っていれば、書いたほうがいいです。た

例

本人希望記入欄（特に給料・職種・勤務時間・勤務地・その他についての希望などがあれば記入）
・希望年収800万円以上（現職の本年度年収720万円※残業代・家賃補助含む）。 ・親の介護のため、勤務先は東京都内および近郊とさせていただければ幸いです。

だ、空欄を埋めるために、「普通自動車運転免許」「漢字検定○級」とわざわざ書く必要はありません。

職務経歴書の注意点

職務要約が最重要

詳細な経歴を書く前に、**200字ほどで「職務要約」**を書きます。

ここで、詳細に目を通してもらえるか、書類審査を通過できるかが決まります。

・今までの職務経歴で最もアピールしたい部分を分厚く
・経歴だけでなく、自分の強みまで書いて締める

以上2点を意識して書いてみましょう。

〈例〉（前半で経歴、後半で強み）

新卒から6年間飲料メーカーに勤務。1年間、関西エリアで営業担当後、2年目～6年目の現在に至るまで、商品企画部で女性向け健康飲料を担当してきました。社内外多くのステークホルダーとの綿密なコミュニケーションによる工程・予算管理を含めたプロジェクト運営を得意としております。

求められる条件によってカスタマイズする

一つの職務経歴書を、いろいろな会社に転用するのはNG。各企業ごと、どんな人材が求められているかによって、カスタマイズすべきです。

たとえば営業職をしてきた人であれば、「コミュニケーション力」「マネジメントスキル」「ロジカルシンキング」「交渉力」などを発揮する場面があったと思います。その中で、どの力をより目立たせるかは、志望企業が求める条件によって変えていくべきです。そのほうが間違いなく書類通過率は高まります。

「役職名」はわかりやすく

一般社員→主任→係長→課長→次長→部長という役職名が一般的です。会社によっては、主事・主査・主幹・リーダーといった名称のこともありますが、わかりにくいので、一般的な名称に直しましょう。

サラタメ：経歴詐称は絶対ダメですが、わかりやすく言い換えるのはOKです。謎のカタカナ名部署の方も、わかりやすく一般的な部署名に変換して書いたほうが親切です。

〈まとめ〉

- 応募書類には「履歴書」と「職務経歴書」がある
- 「履歴書」では、大きな失点をしないように
- 「職務経歴書」では、わかりやすく「再現性」を表現
- テンプレ化せずに、志望企業ごとにカスタマイズする

断言！ 9割の面接がこの流れ

自己紹介から逆質問まで

マモル：サラタメさん、どうにか書類審査は通過したんですが、面接が不安です……。どんなことを聞かれるんでしょうか？

サラタメ：大丈夫ですよ。どうせ9割の面接は、同じような流れですから。

マモル：9割は同じ!? いや、それはさすがに言いすぎじゃないですか？

サラタメ：たしかに9割はちょっと言いすぎかも（笑）。でも、だいたい一緒の流れです。というのも、採用側だって膨大な数の面接をこなさないといけないわけで、ぶっちゃけ毎回オリジナリティあふれる面接なんてしてられないんですよ。

マモル：採用側も、なるべく効率的に面接を進めたいってことですか？

サラタメ：そういうことです！　そして効率化していこうと考えると、流れはだいたい固定化されていきます。そのお決まりの流れを把握して、面接本番は安心感を持って臨みましょう！

面接のお決まりパターン

サラタメ：ザックリいうと、こんな流れです。

①入室&自己紹介→②職務経歴→③志望理由→④転職理由→⑤逆質問

面接のお決まりパターン

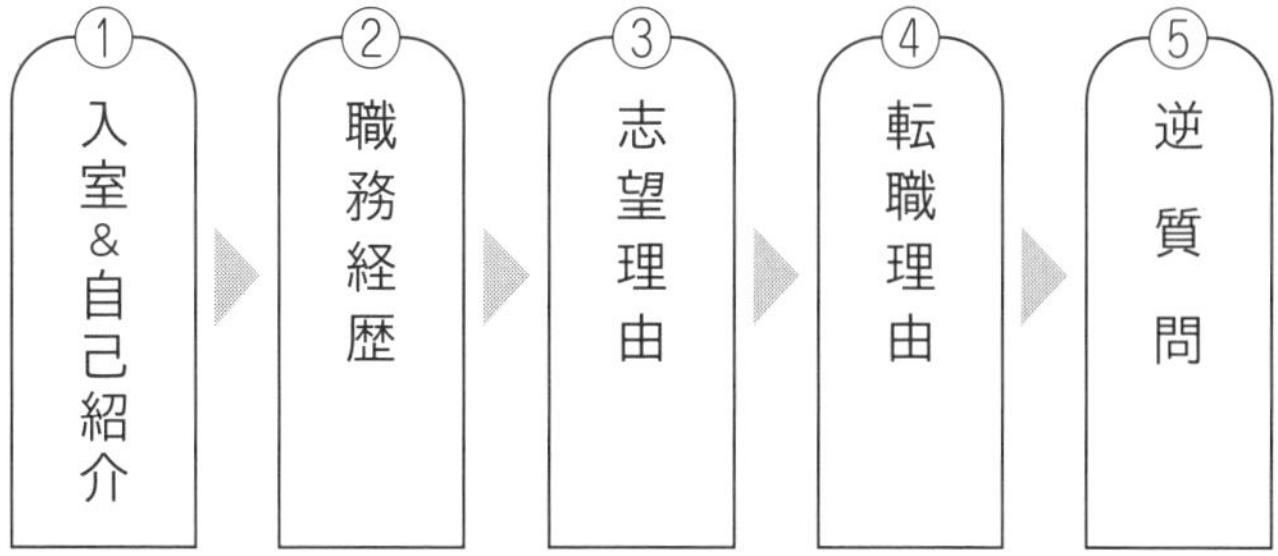

①入室＆自己紹介

冒頭の自己紹介で大事なことは、「**簡潔に**」という点だけです。あくまで「ご挨拶」なので、ここでダラダラ話しすぎると、面接官のペースを乱してしまいます。長くても1分程度にとどめましょう。

〈自己紹介例〉

山田太郎と申します。本日はお時間をいただきまして、ありがとうございます。

私は現在、○○に勤務しています。そこで○○部におりまして、○○という業務を担当しております。日々、○○な業務をしていますので、○○を得意としております。本日はよろしくお願いいたします。

②職務経歴

続いて「職務経歴」、つまり「どんな仕事をしてきたのか？」について聞かれます。

〈質問例〉

・今までどんな仕事を経験してきましたか？その中でどんな強みを身につけましたか？
・今までで最も成果が出た仕事は何ですか？成果が出た要因を自己分析してください。
・今までで最も困難な仕事は何ですか？その困難をどう乗り越えましたか？

こんな質問をされますが、面接官は応募者の自伝を聞きたいわけではありません。求められるのは、あくまで「自己PR」。「自己PRのコツ」（P305）をもとに、「再現性（御社でも再現性高く活躍できること）」を証明しつつ職務経歴を語りましょう。

③志望理由

「志望理由」（P311）でも触れたとおり、「**継続性**（長く働き続ける意志）」をアピールします。

〈質問例〉

・なぜ○○業界を選びましたか？
・○○業界の中でも、なぜ弊社を選びましたか？

書類作成で志望理由をつくったときと同じです。

①自分の転職の軸：私はこんな想いを持って転職活動をしています
②志望企業（業界）の魅力：そんななかで御社の○○に惹かれました
③マッチング：私の想いを、御社の○○に貢献することで実現したいです

④転職理由

〈質問例〉

・なぜ転職しようと思ったのですか？
・どうして今の会社を辞めようと考えたのですか？

この質問も志望理由と同じく、「継続性」をチェックするものです。
具体的にいえば、「また辞めてしまわないか」を確認されているのです。

サラタメ：注意すべきは「**志望理由との一貫性**」「**ポジティブな姿勢**」の2つです！

志望理由との一貫性

志望理由で伝えた「転職の軸」からブレないように注意しましょう。志望理由、転職理由、どちらも一つの軸をもとに答えたほうが一貫性が生まれます。

悪い例――中小企業から大手企業に転職する場合

志望理由「業界最大手である御社に転職して、よりスケールの大きいプロジェクトに携わりたい」

転職理由「前職は業務の裁量権が限られていて、自分の力を発揮しきれなかった」

この「志望理由」と「転職理由」の軸が、微妙にブレているのがわかるでしょうか。志望理由で「スケールの大きい仕事がしたい」とアピールするのであれば、転職理由も同じ軸をもとに「スケールの大きい仕事ができなかった」とするべきです。そのほうが一貫性を保てます。

また一般的に、大手企業に転職したほうが、仕事の裁量は限定的になるケースが多いので、その点に関しても矛盾が生まれてしまっています。

ポジティブな姿勢

転職理由で、前職の悪口を言って評価が上がることはまずありません。

転職者は、前社に不満を持っているケースが大半ですが、転職理由で不平不満を述べるのはNG。採用側に「この人は、きっとまた文句を言いながら、うちの会社も辞めていくんだろうなぁ」と思われます。

サラタメ：転職理由で大事なのは、志望理由と同じく「**マッチング**」を**アピール**することです！

「今の会社が悪い。御社がよい」と比較すると、不平不満に聞こえるので、「私の転職の軸に合っている」と伝えましょう。

「今の会社もいい。ただ、私の軸には御社のほうが合っている」という表現なら、ポジティブな姿勢で自然な受け答えができます。

⑤逆質問

〈質問例〉

・弊社について何か質問はありますか？

いよいよ最後のステップです。

①～④に比べると重要度はやや低めですが、「特にありません」で終わってしまうと、「意欲が低い」「コミュニケーション能力が弱い」と評価されかねません。

悪い「逆質問」の特徴

・調べればすぐわかる内容
・面接官がすでに話した内容
・年収やワークライフバランスなど待遇に関する内容
・即答するのが難しい内容

よい「逆質問」の特徴

・課題をさらに深掘りする

「○○業界のことを調べていく中で、今後の課題は○○だと考えたのですが、その認識で合っていますでしょうか？　もし他にも課題に感じておられることがあれば教えてください」

・競合企業と比較しながらホメる

「御社の商品は、競合のA社商品と比べ、○○の点で差別化されていると思っているのですが、認識は合っていますでしょうか？　もし他に、もっと大きな差別化ポイントがあれば、教えてください」

サラタメ：**先に自分の意見を伝えてから質問する**のがポイントです。このひと手間で「デキる感」を演出できるかと！

〈まとめ〉

・転職面接の大枠の流れは、ほぼ決まっている
・採用側が効率的に進めようとすると、だいたい次の流れ
①入室＆自己紹介↓　②職務経歴↓　③志望理由↓　④転職理由↓　⑤逆質問

面接で答えにくい質問4選

ミスらないテンプレ回答例

サラタメ：マモルさん、すみません！　前の項目で「9割の面接は同じ」と豪語しましたが、あと1割くらいイジワル&イレギュラーな質問があったりするんですよ……。

マモル：な!!　イレギュラー対応にテンパりまくるボクはどうすれば!?

サラタメ：そんなマモルさんのために、特に答えにくいイジワル質問の回答法を一覧にしておきますね。

回答しにくいイジワル質問4選

①弊社以外に受けている会社はありますか？
弊社が第一志望ですか？

他に選考が進んでいる会社があれば、隠す必要はありません。

何社受けていて、どの段階にあるかは、伝えても基本的に問題ないです。

ただ、伝える情報量は意識的にコントロールしましょう。たとえば、面接中の企業とは別の業界の企業を数多く受けている場合は、すべて伝えないほうがいいです。一貫性がないという評価につながりかねません。

また、具体的にどの企業を受けているかも、言わないよう注意してください。採用活動中という情報を公開しておらず、機密情報に当たるケースがあります。

「第一志望か？」「確実に入社するか？」と、入社意欲をしつこく確認されることもありますが、あまり考えすぎず、志望度が高かろうと低かろうと、前向きに検討したい旨だけ伝えればＯＫです。

サラタメ：私はしつこく聞かれた場合、どんな会社でも「第一志望です！」と言い切っていました（笑）。事前にそう言おうと決めてしまったほうが、モゴモゴ言わずに済みます。

②希望年収はいくらですか？
現状の給料より下がっても問題ないですか？

あなたの「転職の軸」が「年収第一」なら、明確に伝えたほうがいいです。ただ、「転職の軸」が別にあり、そこまで年収にこだわらない場合は、次の受け答えがオススメです。

「現在の年収が○○万円なので、現状は維持したいと思っています。ただ、年収より○○を重視していますので、ご提示いただきましたら前向きに検討させていただきます」

このようにして、**本格的なすり合わせは、内定後にやりましょう。**

③内定となった場合、いつから勤務開始できますか？

これは別にイジワルな質問でもなく、よくあるものです。
ただ、初めての転職活動だと、スケジュール感がわからず、受け答えにとまどってしまうこともあるでしょう。**一般的に、内定から入社までは1～2か月が目安です。**

業務内容にもよりますが、丁寧な業務の引継ぎ、有給休暇の消化なども踏まえると、「2か月」と伝えるのがベターです。

〈一般的な回答例〉

「内定をいただいてから早くて1か月。遅くとも2か月以内には勤務開始できます。退職申請後に改めてご相談させてください」

もし「1か月以内に働き始めてほしい」といった要望をされた場合には、即答せず、いったん持ち帰りましょう。勤務開始日については、どうしても現職との調整が必要になってくるため、自分だけで決められるものでないからです。

一次返答は、「ぜひ前向きに検討したいです。ただ、詳細は内定後に現在の職場と調整させてください」といった内容で問題ありません。

④転職回数が多いですが、理由は何ですか？ 職歴にブランクがありますが、理由は何でしょうか？

履歴書から伝わるネガティブ要因に関する質問です。

採用側にとって「短期離職」「経歴のブランク」はネガティブにうつるもの。多くの場合、それらの原因は、自分でコントロールできない外部要因によるものだったりするので、自分を執拗に責める必要はありません。

しかしながら、面接の場においては、自分の「反省点」から始めましょう。つまり、「**自分の至らなかった点**」から話し始める、ということです。まず自分の「反省点」を挙げ、それから「今後の対策」を伝える。そんな順番で回答するのがベターです。

〈一般的な回答例〉

――ワークライフバランスを理由に短期離職してしまった場合

「前職の仕事はやりがいがあり、残業手当を含めると給料も十分にいただいていました。

しかしながら、深夜残業や休日出勤が多く、子育てに十分な時間を割くことができませんでした。入社する前に、勤務時間をはじめとした労働条件について、より入念にすり合わせるべきだったと深く反省しています。

もし御社に内定をいただけた際には、そのような事態にならないよう、綿密にすり合わせさせていただきたいと思っています」

〈まとめ〉

- どの面接もほぼ同じ流れだが、たまにイジワルな質問もある
- 「うちの会社以外に受けている?」→正直に伝えるが、一貫性は保つ
- 「年収は下がってもいい?」→基本は、内定後にすり合わせる
- 「いつから働ける?」→即答しない。現職で調整してから返答する
- 「転職回数が多いのはなぜ?」→「反省点」と「今後の対策」を伝える

面接で無双する方法

「場慣れ感」が生命線

マモル：サラタメさん、ついに来週が面接本番です！ もう今から緊張してヒザが震えるんですが……。

サラタメ：その気持ち、めっちゃわかります！ 私も初めての転職面接は緊張して、しどろもどろに……。 余計なことばかり言って、自分の強みの半分も伝えられませんでした。

マモル：サラタメさんも、そんな感じだったんですね（笑）。

サラタメ：はい、悲惨でした。 別に実力以上に見せる必要はありません。 リラックスして、いつもどおりのコミュニケーションができれば、内定に近づけます。 ライバルたちもどうせ緊張しちゃうので（笑）。

マモル：なるべく緊張しないためには、どうすればいいですか？

サラタメ：結論、次の3つを実践してください！

①「**一人模擬面接**」をガッツリやる

②「よく思われたい」から「**伝えたい**」に切り替える

③「**緊張している**」とぶっちゃける

断言！　転職面接は予想以上に緊張する

「いざ転職面接に臨んでみたら、新卒の就活のときはうまくできたはずなのに、意外に緊張して撃沈した……」という話はよく聞きます。

なぜ新卒就活より緊張してしまうかというと、圧倒的に場慣れしていないからです。

新卒就活は、面接時期がほぼ決まっています。

面接シーズンに突入すると、「週2～3回面接」の時期もあり、自然と場慣れしてくるものです。

ただ、転職活動での面接は、そもそも採用試験を受ける数が少ないですし、時期もバラバラ。また、一方的に「自己PR」や「志望理由」を深掘りされる受け答えは、日頃の仕事のコミュニケーションとはまったく別モノ。転職面接は、「場慣れ」する機会が圧倒的に少ないのです。

サラタメ：慣れないことをやるときは、誰でも緊張してしまうものです。

面接で緊張しないコツ3選

サラタメ：面接本番で緊張しないコツとして、一番大事なのは「**入念な準備**」です。

マモル：おー、なんだか根性論ですね！

サラタメ：ですよね（笑）。私も根性論は苦手なのですが、残念ながら、こればかりは面接練習あるのみなんです。

マモル：まぁ、今後の人生を左右する面接になるかもしれないですもんね。そりゃ入念な準備をしないとダメですよね。

サラタメ：おっしゃるとおりです。入念な準備という意味で、「①『**一人模擬面接**』**をガッツリやる**」のが圧倒的に大事です。それぞれ詳しく確認していきましょう！

①「一人模擬面接」をガッツリやる

まず必ず、「一人模擬面接」をやるようにしてください。

「一人模擬面接」とは、その名のとおり、一人で模擬面接を行うことです。「断言！　9割の面接がこの流れ」（P330）で出てきた基本的な質問に、スムーズに答えられるようになるまで練習しましょう。

面接本番前日に、最低でも1時間は確保して取り組むべきです。

この際、守るべきルールが3つあります。

一人模擬面接で守るべきルール

1 本番と同じ声量で
2 鏡の前で表情を見ながら
3 お決まりの順番に沿って

本番と同じ声量で

基本的なことですが、一人模擬面接は、必ず声を出して行いましょう。

提出書類を眺めながら、イメージトレーニングだけで済ます人がいますが、不十分です。

できる限り本番に近づけて練習するからこそ、場慣れ感が生まれるのです。少し離れた場所にいる面接官に向けて話すイメージで、声を出してみましょう。

面接官とは、だいたい**2メートル**くらい離れているケースが多いです（面接官の前に採点資料を置くデスクがあり、その資料を応募者に見られないようにするため）。

マモル：「2メートルくらい離れた初対面の人と会話する」って、けっこう特殊な状況ですね（笑）。たしかに本番でいきなりやったら、声のボリュームとかもよくわかんなくなりそう……。

鏡の前で表情を見ながら

サラタメ：面接に限らずですが、緊張すると、自分の顔が引きつっているように感じることないですか？

マモル：ありますあります！　自分の顔が引きつってるかもと不安になり、さらに顔が引きつっていっちゃうんですよね……。

サラタメ：あるあるですよね（笑）。そんな不安を解消するために、ぜひ自宅で練習するときは、鏡の前で自分の表情を確認しながらやってみてほしいんです。

多くの方が、顔が引きつっているというより、そもそも笑顔が少ないことに気づくと思います。笑顔を意識しましょう。

もちろん、ずっと笑顔である必要はありません。自然な範囲で、話の要所要所に

入れていくだけでOK。どうしても笑顔で話すのが苦手な人は、せめて面接官が話しているときに、笑顔で聞くことを意識してみましょう。

お決まりの順番に沿って

次のように、面接の定番の流れに沿って準備してください（詳細P331）。

①入室&自己紹介→②職務経歴→③志望理由→④転職理由→⑤逆質問

②「よく思われたい」から「伝えたい」に切り替える

サラタメ：面接では「よく思われたい」と考えるのではなく、「**伝えたい**」というマインドに切り替えましょう！

「よく思われたい」という想いが強いと、本来のリラックスした自分からどんどん遠のいてしまいます。

あなたが一番リラックスして、自分の意見を、自分らしく話せる相手を思い浮かべてみてください。

その人と話すとき、「よく思われたい」と思っているでしょうか。

きっと「とっておきのおもしろい話を伝えたい」という気持ちのほうが強いでしょう。

面接でも同じです。

「カミカミでも、テンポが悪くてもいい。とにかく自分の頭の中にあるものを、そのまま相手に伝えるぞ」という気持ちで臨んでみてください。

その気持ちをおろそかにして、「よく思われたい」「嫌われたくない」とばかり思っていると、あなたの言葉の威力は弱まる一方。「異様に堅苦しい敬語」なんて、まさにその典型例です。敬語は最低限のラインを守ればＯＫ。少し敬語を間違えたからといって落とされたりしません。大事なのは、

・あなたの心の熱量そのままに
・頭の中に浮かんだ映像をそのままに

相手に伝えることだと肝に銘じてください。

サラタメ：テクニックというよりマインドの話になっちゃいますが、考え方を変えるだけ

で、伝え方はけっこう変わります。意識の矢印を自分に向けると緊張します。矢印は常に、コミュニケーションを取る**相手**に向けることです。

③「緊張している」とぶっちゃける

サラタメ：今まで紹介した2つの方法を実践しても、「まだどうしても緊張しちゃう……」という人のための裏技です(笑)。

面接冒頭で、おもいきって「今日は、めちゃくちゃ緊張してます(笑)」と伝えてしまいましょう。

抑えられない緊張は、自分の中だけで持っているより、相手に打ち明けてしまったほうが格段にやわらぎます。

緊張を相手と共有してしまうわけです。正直に打ち明けることで、人間味のある一面を見せられるので、面接官との心の距離を縮められる、というメリットもあります。

マモル：え！　そんないいこと尽くしなら、絶対言ったほうがいいじゃないですか!?

サラタメ：いえ、そんなこともないんです（笑）。

この手法を使うデメリットは、「優秀さ」「頼りがい」という点に関しては評価が落ちる、という点です。

人間味があって一所懸命には見えますが、「一所懸命キャラ」としての一貫性を見せないと、ただ準備不足でオロオロしている印象になり、内定が遠のきます。綿密な企業研究含め、しっかり準備してきた姿勢を見せることが必須です。この方法はあくまでも、どうしても緊張してしまう人用の「奥の手」としてとらえてください。

〈まとめ〉

・転職面接は予想以上に緊張する
・新卒就活時と同じように考えてもうまくいかない
・リラックスしていつもどおりの自分を出すコツ
①「一人模擬面接」をガッツリやる
②「よく思われたい」から「伝えたい」に切り替える
③「緊張している」とぶっちゃける

内定後

STEP 1-2 リーマン力（転職術）

入社を決める前に確認すべきこと5つ

「内定＝入社決定」ではない

マモル：サラタメさん、やりました！　自分では無理かもと思っていた会社から内定もらえました!!

サラタメ：おー！　それはおめでとうございます!!

マモル：いや〜、転職活動長かった〜！　解放された〜!!

サラタメ：マモルさん、解放感たっぷりのところすみません！　安心するのは、まだ早いです……!!

マモル：なんですか!?　もう内定もらったんだから、こっちのモンでしょ!!

サラタメ：いえ、ここからが大事です。**「内定=絶対入社」ということではありませんので、改めてマモルさんの「転職の軸」に沿っているか確認**してから内定を承諾しましょう。

そのために、最低限、①入社日、②働く場所、③業務内容、④給料、⑤休みについては詳細に確認すべきです。

内定を承諾する前に確認すべきこと

中途採用は狭き門。内定が取れて浮かれてしまう気持ちは、よくわかります。

ただ、ここで確認が不十分で、**自分の「転職の軸」とかけ離れた転職になってしまってはまったく意味がありません。**次の5つを確認し、内定承諾を進めましょう。

①入社日（いつから働き始めるのか？）

②働く場所（働くオフィスはどこなのか？）
③業務内容（どんな仕事をするのか？）
④給　料（給与体系はどうなっているのか？）
⑤休　み（休日・休暇制度はどうなっているのか？）

サラタメ：特に複数企業から内定をもらっている場合や、別選考が進んでいる場合は、内定承諾に細心の注意が必要。めちゃくちゃ重要な判断が求められます。

①入社日（いつから働き始めるのか？）

大半の企業が、欠員補充として中途採用しているので、「できるだけ早く入社してほしい」と求めてきます。あなたがすでに退職していれば自由がききますが、在職中の場合はそうもいかないでしょう。今いる会社の就業規則（社内規定）を確認し、調整が必要です。

②働く場所（働くオフィスはどこなのか？）

転勤の可能性がある場合、面接段階で事前に伝えられることが一般的ですが、念のため確認しましょう。最初の勤務地だけでなく、今後の転勤はどんなエリアが想定されるのかまで、しっかり確認すべきです。

③業務内容（どんな仕事をするのか？）

「職種」「やりがい」を軸に転職した人にとっては、最重要ポイントです。即戦力となるスキルを持っている方であれば、要望どおりの部署に行けると思いますが、第二新卒枠で転職した方は、そうならないケースもあります。次のポイントを確認しましょう。

・自分が希望した部署に配属してもらえるか？
・当該部署の人員構成は？　どんなポジションとして配属されるか？
・当該部署ではどんな人が活躍しているか？

④給料（給与体系はどうなっているのか？）

初めての転職だと、少し聞きにくいかもしれませんが、「給料をいくらもらえるか？」をしっかり確認しましょう。

具体的には、月給・賞与（ボーナス）・家賃補助・退職金などです。

賞与は、会社によって大きく異なるので注意しましょう。

「夏のボーナスは〇か月分、冬のボーナスは〇か月分」と固定されているケースもあれば、業績連動で大きく上下するケース、年俸制の中に組み込まれ、賞与自体がないケースもあります。

サラタメ：「退職金」も確認が漏れがちなポイントなので、要注意です！

一般的に、大手企業は退職金制度※が充実しています。その一方で、中小企業やベンチャー企業では、金額が少なかったり、そもそも制度自体なかったりする場合もあります。数千万円単位の大きなお金が絡むポイントですので、欠かさずチェックしましょう。

※厚生労働省「平成30年就労条件総合調査」によると、大卒定年退職者の平均で約2000万円ほど。

⑤休み（休日・休暇制度はどうなっているのか？）

募集要項に「週休2日制」とあっても、「毎週土日休み」とは限りません（詳細P268）。平日休みや、シフト制の場合もあるので要注意です。

また、ワークライフバランスにこだわりたい人は、「年間休日日数」も確認しておきたいところです。次の例を参考に、自分の求めるワークライフバランスの基準に達しているかどうか判断してみてください。

〈年間休日日数の例〉

年間休日110日

〈例〉完全週休2日制だが、祝日は原則出勤

年間休日120日

〈例〉完全週休2日制で、国民の祝日も休み

年間休日125日以上

〈例〉完全週休2日制で、国民の祝日も休み。さらに夏季休暇や年末年始休暇が付与されている

サラタメ：私のようにワークライフバランス重視で転職する方は、残業時間についても確認しておきましょう。あまりしつこく聞くと印象がよくないので、さりげなく（笑）。

〈まとめ〉

・内定承諾は「転職の軸に沿っているか」を確認してから
・面接のコミュニケーションだけでは情報が足りない
・最低でも次の5つは確認しておこう

①入社日　②働く場所　③業務内容　④給料　⑤休み

〝笑顔で〟円満退職する手順

引き止めには断固NO！

マモル：退職を会社に伝えるの、めちゃくちゃ緊張するんですが……。

サラタメ：初体験ですもんね。尻込みしちゃう気持ちも、めちゃくちゃわかりますが、もう退職の意思が固まっているなら、早めに伝えてあげたほうがいいですよ！

マモル：そうですよね……。明日、伝えてみます！

サラタメ：では、「いつ」「誰に」「どうやって」伝えるべきかを解説させていただきますね！

退職1~2か月前に伝えるのが一般的

意思表示のタイミングは、**退職希望日の1~2か月前**が一般的です。部署内の人員調整や引継ぎなどを踏まえると、最低1か月程度はかかります。ベストは、会社の就業規則どおりにすることです。退職告知前に**就業規則は必ず確認**しておきましょう。

サラタメ：**最悪、「退職2週間前」に伝えれば、法的にはOK**※。就業規則になんと書かれていようと法的拘束力はないので、ここさえ守ればどうにかなります。

マモル：2週間前!? けっこうギリギリでもいいんですね!?

サラタメ：あくまで「法的にはOK」というだけです。円満退職を目指すなら、可能な限り早めに伝えたほうがいいのは間違いありません。……とか偉そうに言いながら、私は伝えるのが3週間前になってしまい、超バタバタでした……。

※年俸制や雇用契約に期間の定めがある場合、例外となるケースもある。就業規則を必ず確認すること。

まずは直属の上司に伝える

何か特別な事情でもない限り、まず**直属の上司**に伝えるべきです。「人事部や経営幹部は知っているのに、直属の上司が知らない」という状況は、あとあと厄介な事態を引き起こす要因になりますのでご注意ください。

ポジティブに強い意志を伝える

退職理由はポジティブに

これまで勤めていた会社を退職するのは、少なからずネガティブな要因があると思います。ただ、それを今さら上司や人事部に指摘するのはやめておきましょう。ネガティブな要因を指摘し、後輩のために改善してほしいことがたくさんあるかもしれません。ただ、それを実行するなら、転職前にやるべきであって、退職決断後にやっても意味がありません。

笑顔で強い意志を伝える

退職の意思を伝えると、ほぼ１００％、「引き止め」に遭います。特に、上司や人事部との面談で、退職のネガティブな要因を話してしまった人は要注意。「その要因を解決するから、考え直してほしい」と攻め込まれてしまいます。

これが、ネガティブ要因を決して話してはいけない理由の一つでもあります。引き止めの際、どんな好条件を提示されても、強い意志で断ってください。**仮に条件改善が見込まれても、その会社で今後「一度辞めようとした人」として働き続けることになり、ハッピーな未来にはなりえません。**笑顔で接しながら、断固ＮＯを突きつけるべきです。

マモル：「退職希望日をもう2か月延ばしてほしい」と言われたら、どうすればいいですか？

サラタメ：それも基本的には断固NOですね！　新しい勤務先が認めてくれる場合に限り、1か月くらいなら調整してもいいと思いますが、2か月は難しいでしょう。

マモル：でも、ボクのいた部署は元々人員不足だったから、さらに人が減ると思うと、申し訳ない気持ちがあるんですよね……。

サラタメ：私も転職の際、同じように思ったので、気持ちはよくわかります。ただ現実問題、**マモルさんの退職日を後ろ倒しにしたからといって、人員不足が解消されるわけではありません。**今のマモルさんができることに集中するべきです。

ブラックな職場から退職する人ほど、「自分が抜けたら、どうなっちゃうんだろ？」と不安に駆られると思います。ただ、それは個人の力ではどうにもならない問題。慢性的な人員不足を解決するのは社員ではなく、経営陣です。

一社員が過度に責任を感じる必要はありません。退職する身としてできることは、後任のために最高の引継ぎをすること。自分の力で対応できることだけに集中しましょう。

〈まとめ〉

・退職は1～2か月前に伝えるのが一般的。最悪2週間前
・まずは直属の上司に伝える。基本対面で
・退職理由はポジティブに伝える
・退職意思と日程は、断固たる決意で伝える

よくある質問

短期離職になるので、せめて今の会社を3年は続けたほうがいいですか?

3年に関係なく、転職〝活動〟はしたほうがいいです。

退職は慎重に判断してください。一方、転職〝活動〟は現状に不満があるなら、今すぐにでもやってみたほうがいいです。時間を奪われるくらいで、ほぼノーリスクですので。

転職にベストなタイミングはいつですか?

今の会社でやれることを、すべてやりきったときです。

「自分の『リーマン力』を、今の会社に留めておくのはもったいない。もっと他社で挑戦してみたい」という動機で転職活動を始めるのがベスト。ポジティブな姿勢で転職活動できる人ほど、内定を獲得しやすいです。

サラタメ：とはいえ私も含め、ネガティブな事情を切り口に転職活動する人のほうが圧倒的に多いです（笑）。

今すぐ退職すべきタイミングはいつですか？

健康に悪影響が及びそうなときです。

恐ろしいのが「後遺症」です。

たとえば代表的な健康被害「うつ病」にかかってしまうと、数十年にわたって後遺症が残る可能性もあります。

人生１００年時代、ビジネスパーソンの仕事は、40年以上の長期戦を覚悟してください。そんななか、後遺症の影響に悩まされ続けると、甚大な被害となります。仕事もお金も、健康があってこそ。健康第一でいきましょう。

転職にベストな年齢は？

20代後半～30代前半です。

ある程度ビジネス経験を積んでいるだけでなく、これからまったく新しい仕事を覚える時間的余裕もあるので、一般的に採用側からの評価が高い年齢です。27～30歳が、最も転職しやすい時期でしょう。

一方、30代中盤以降になると「専門スキル」が求められ、40代以降になると「マネジメント経験」まで求められるケースが多くなり、転職のハードルは高まります。

それらのスキル・経験を持っていれば問題ありませんが、一つのビジネス経験として、早めに初回の転職を済ませてしまうことをオススメします。

何社くらい応募すべきですか？

同時進行は、2～3社に収まるよう厳選して応募すべきです。

ここは新卒就活と違うポイント。大量エントリーは百害あって一利なし。絶対にやめましょう。

書類や面接での内容を、各社に合わせカスタマイズすべきですが、大量エントリーすると、いくら時間があっても足りません。

ただ、これはあくまで「同時進行できる数」の話であり、転職活動全体として2~3社に絞るべきという話ではありません。

応募書類が全然通過しないので不安です……。

新卒就活と比べて書類通過率が低いのは当然。焦らないでOKです!

書類通過せず、落ち込んでいる人は、新卒就活時の印象と比較しているケースが大半。

一般的に中途採用の書類通過率は約3割ほど、新卒就活は約5割ほどといわれていますので、なかなか通過しない印象があるのも無理はありません。書類が通過しなくても「人材として価値がない」というわけではなく、単に「マッチしなかった」というだけです。

サラタメ:「通過率が3割ほどなんだから、落ちて当然」くらいに考え、どんどんチャレンジしてみましょう!

未経験の業界・職種にも転職できる？

できます！　積極的にチャレンジしましょう。

「軸ずらし転職」（P294）を意識するのがオススメ。あなたが未経験「業界」に転職したい場合、「職種」は今までのものを継続。**「業界」だけをずらす**のです（未経験「職種」に挑戦する場合は「業界」を固定）。

サラタメ：業界も職種も未経験の求人に応募する場合、どうしても内定率は低くなります。でも、もちろん可能性ゼロではありません。まずチャレンジして、足りない点を補っていきましょう！

STEP 2 副業力

今すぐ副業を始めるべき3つの理由

「2つの給料袋」を実現するために

マモル：サラタメさん！「2つの給料袋」がめちゃくちゃ重要だとわかっているものの、副業やるのはめんどくさいです！

サラタメ：すがすがしい率直さですね！（笑）じゃあ、そんなマモルさんでも、今すぐ副業がしたくてしょうがなくなるメリットをお伝えしましょう！

マモル：大丈夫ですか？ ボクのやる気のなさ、見くびらないでくださいよ？

サラタメ：ちょっと不安ですが（笑）、お伝えします！ **副業のおいしすぎるメリットは、①収入が青天井、②ボスが自分、③名刺代わりになる、この3つです。**
要は、ハチャメチャ稼げるし、やりたい仕事を選べるし、全力でドヤ顔できるってことです！

マモル：おお！　なんかスゴそう！（笑）

サラタメ：オマケに、普通のサラリーマンでは手を出せない「節税」もできちゃいます！

マモル：節税も……!!　意味はよくわかってないですけど、なんかお得そう！　もっと詳しく教えてください！

副業のおいしすぎるメリット3つ

①収入が青天井、②ボスが自分、③名刺代わりになる

【オマケ】 経費で節税できる

①収入が青天井

会社からもらう給料は安定しているものの、急激に伸びません。あなたが会社の利益に大きく貢献しようがしまいが、それをみんなで分け合う仕組みになっているからです。

一方、**副業は自分だけのビジネスですから、利益が全部、自分の手元に入ってきます。**仕組みづくりさえうまくやれば、収入は青天井で伸びていき、サラリーマンよりよっぽど稼げてしまうのです。

サラタメ：私の場合、8年間、コツコツ積み上げてきたサラリーマン月収が、1年続けただけのYouTube月収に抜き去られました……。あれは、うれしいような、悲しいような、複雑な気分でしたね。

マモル：なるほど。会社ではどんなに頑張っても、部長の給料は超えられないけど、副業なら下剋上を起こせるかもしれないってことですね！　部長超え！　それは夢がある！

収入が青天井の副業

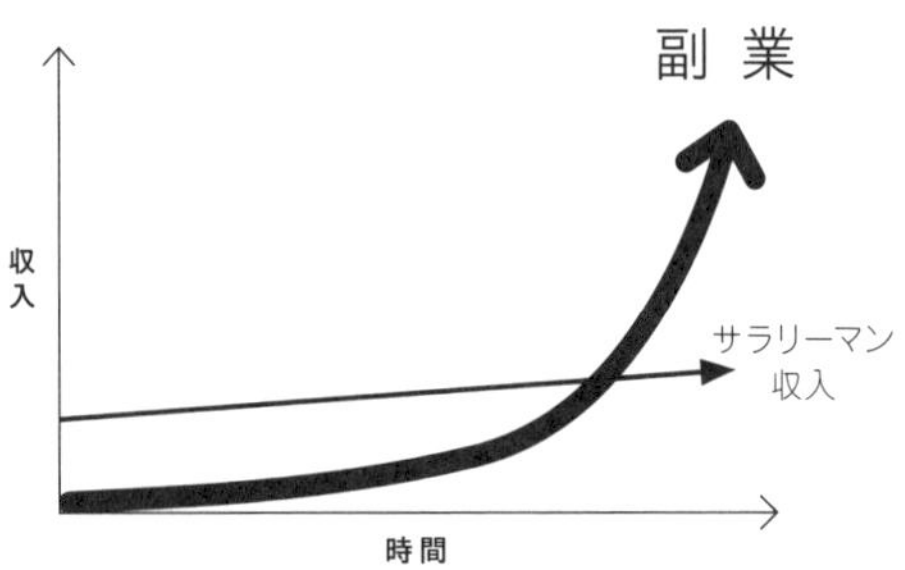

②ボスが自分

副業は、サラリーマンより、裁量が圧倒的に大きい。副業に上司はいないからです。

自分主導で進めるビジネスなので、**自分がリーダー、自分が社長**です。**「自分のやりたいように仕事を進めたいのに……」「興味ある仕事をもっと深掘りしたいけど……」と悩む人は、副業で「自由な裁量」という大きなメリットを享受できます。**あなたの思うまま、仕事をコントロールできるのです。

サラタメ：残念ながら、サラリーマン業は、自分のやりたいことを突き詰めて稼ぐ仕事じゃありません。あくまで、会社が掲げるミッションを遂行して稼ぐ仕事です。

マモル：まぁそっか……。なんだかんだ会社って、リスク取って起業した社長のモノですもんね。「やりたいことをやらせてもらえない」と会社に不平不満言うくらいなら、副業で自分のビジネスをつくって、自由にやっちゃえばいいのか。

③名刺代わりになる

個人としての評価が積み上がり、徐々に名刺代わりになるのも、副業のメリットです。

サラリーマンとして優秀な業績を上げても、あなた個人の評価というより、所属する会社の評価が高まります。それは、会社の看板や組織体制を活かしながら業績を上げているので仕方がないこと。

ただ、副業の個人ビジネスは違います。業績を上げたら、そのままあなた自身の評価に直結します。「評価」という資産が、会社ではなく、あなた自身に積み上がっていくのです。

副業で成果を上げ、所属する会社に関係なしの、あなた自身にご指名の仕事が集まるようにしておけば、もう食いっぱぐれることはありません。

サラタメ：まさしく私は、副業のYouTubeの実績を使い、前々から働いてみたいと思っていた「新R25」に転職しました。本名ではなく、「サラタメ」という名刺がビジネスの世界で有効だったということです！

【オマケ】経費で節税できる

実は「オマケ」と言いながら、「節税」も相当大きいメリットです。

サラリーマンの収入は安定しているものの、節税手段が限られています。

残念ながら、サラリーマンは給与天引きという形で国に税金を奪われ放題。

一方、副業を始めたら、あなたは「個人事業主」になり、積極的に「節税」に取り組めます。

「副業の経費として使っている」と説明できれば、家賃・水道光熱費・通信費の一部や、飲食代・交通費などを経費にすることができます。

サラタメ：普通にサラリーマンをしているときには、思いもよらなかった出費が「経費」になります。〈サラリーマン収入の安定感〉と〈個人事業主収入の節税メリット〉、どちらも手に入れられるのが、**〝副業サラリーマン〟**の強みです！

〈まとめ〉

・副業には、本業では味わえない大きいメリットが3つある

①収入が青天井　②ボスが自分　③名刺代わりになる

・経費を駆使し、節税に取り組めるのも、副業の見逃せないメリット

準備

STEP 2
副業力

サラリーマン副業だからこそその強み3選

大企業にも負けない戦法とは?

マモル：でもサラタメさん、副業って何やるにしても、めちゃくちゃ大変そうですよね……。

サラタメ：はい、それは否定しません。自分にとっては副業でも、それを本業でやっている人とも競争しないといけないわけですからね。

マモル：うわぁ、たしかにそうっすよね! じゃあ、ボクみたいなしがないサラリーマンが、そんな競争に勝てるわけないじゃないですか!

サラタメ：そりゃ正面突破の一騎打ちをしたら、ボロ負けするでしょうね（笑）。ただ、**実はサラリーマンならではの負けない戦い方もあるんですよ。**

マモル：負けない戦い方……!!　そんな裏技みたいのがあるんですか!?　ぜひ教えてください！

サラタメ：結論、ライバルに負けないためには「**じっくり地味に育てられる**」という、サラリーマン副業ならではの強みを活かすことです。もちろん弱点もありますが、サラリーマン独自の強みもあるので、そこらへんをうまく活用すれば全然チャンスアリですよ！

サラリーマン副業だからこその3つの強み

サラリーマン副業にとって厄介なライバルは、「フリーランス」と「企業」です。たとえば、私が副業として取り組んできた、YouTubeや転職ブログも同様です。現在、フリーランスと各企業が本気で取り組んできて、シノギを削っています。

正直、どちらも非常に強いです。

フリーランスは、作業量とスピードが圧倒的。企業は、潤沢なお金と人員を持っています。そんなフリーランスと企業に対抗できるサラリーマン副業の強みは、おもにこの3つです。

①じっくり地味に育てられる
②直観を速攻試せる
③個人と組織の力を同時に伸ばせる

①じっくり地味に育てられる

フリーランスより「じっくり」攻めよう

サラリーマンには本業があるので、日々副業に割ける時間は多くありません。

ただ一方で、**取り組む〝期間〟としては長く確保できます。**すぐに稼ぐことができなくても、じっくりビジネスを育てられるのです。

給料という安定収入があることで、この心の余裕を持てるのが最大の強み。フリーランスにも、企業にもマネできません。

まず、フリーランスは、じっくり育てられません。そのビジネスで日々のゴハンを食べているわけですから、数か月でも売上ゼロが続いたら、ゲーム・オーバーです。

マモル：たしかにサラリーマンは毎月固定給があるから、仮に数年売上ゼロでも生活自体はできちゃいますよね。

サラタメ：その安定感が、スモールビジネスと相性抜群なんです。ビジネスの立ち上げ期は、むやみにお金を稼ごうとせず、ほぼボランティアのようにお客さんに価値を提供しましょう。お客さんの信頼をたっぷり貯めてからマネタイズすると、結果的に莫大なリターンを得られるので。

悪い目標「3か月で副業月収100万円を達成したい!」

よい目標「5年かかってもいい。本業と同じくらいの収入の柱を徐々に育てていこう」

副業の伸びは、ある日突然やってくる

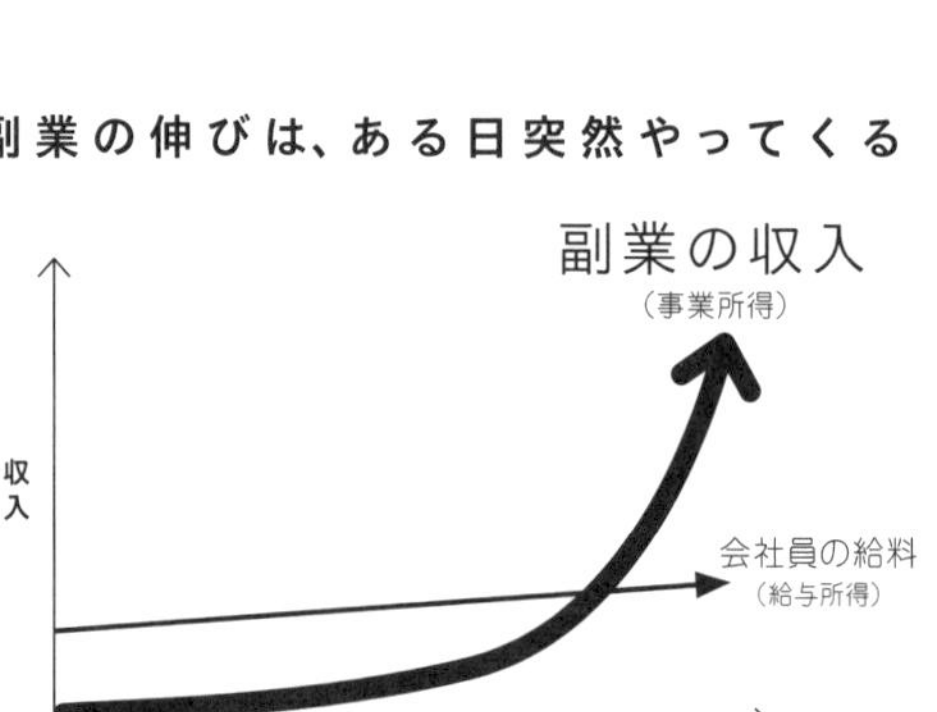

ジワジワと安定的に伸びていく会社員の給料（給与所得）に慣れている人には、イメージしにくいかもしれませんが、**副業からの収入**（事業所得）**は、長い間ずっと地を這っているかと思いきや、あるタイミングを境に爆発的な伸びを見せます。**地を這う期間でも、じっくり焦らず継続できるかが勝負のカギを握ります。

企業より「地味に」攻めよう

企業は、サラリーマン副業と同様に、長期スパンでビジネスを育てられます。ただ、企業は〝地味〟な売上では許されない弱点があります。ここを我々「シン・サラリーマン」は一気に突きましょう。

企業は収益から、多くの社員に給料を払わないといけません。個人ビジネスなら、月間の利益が30万円でも十分成立しますが、企業として取り組むには小さすぎるビジネスです。

サラタメ：大企業は、年間売上が数億円以上見込める「ド派手な領域」を攻めないといけない宿命にあります。ですから、我々「シン・サラリーマン」は企業が絶対に攻めてこない、小さな市場を狙うことです。そうすれば、企業と戦わずして、稼ぐことができます。

※どんなビジネスを狙うべきかは、本業収入を超える6ステップ「ステップ②『好き』より『稼げる』仕事を選ぶ」（P430）で詳細に解説します。

②直観を速攻試せる

サラリーマンの直観は、強い武器になります。

なぜなら、サラリーマンの感覚は、世間一般の人たちが抱く「フツーの感覚」そのものだからです。

つまり、多くのお客さんの感覚が、手に取るようにわかるということ。

しかも、個人の副業なら、その感覚を速攻ビジネスに展開できる。その「フツーの感覚」と「スピード」が組み合わさると、大きな優位性になります。

マモル：ボクみたいな、しがないフツーのサラリーマンだからこそ、多くのお客さんからの共感を狙えるわけですね。フツーがビジネスで強い武器になるなんて！凡人でよかった！（笑）

③個人と組織の力を同時に伸ばせる

副業において、「個人の力」と「組織の力」は両輪。「個人の力」に「組織の力」が加わると、あなたの副業は急拡大していきます。

「個人の力」とは、「個人でスモールビジネスを切り盛りする力」。フリーランスの人が強い力です。

そして**「組織の力」とは、会社内で鍛えられる「チームを動かす力」と「企業側の発注者視点」**です。これがサラリーマンならではの強みです。

「チームを動かす力」があると、外注スタッフを使って、労力を増やさずに売上拡大が見込めます。

「企業側の発注者視点」があると、企業がどんな視点で業務を発注するのかがわかります。その視点から逆算した営業活動によって、企業から高額案件を受注できるのです。

サラタメ：「個人の力」重視のフリーランス勢に対し、サラリーマン業で鍛えた「組織の力」で対抗しましょう。「組織の力」は、長期的な収益拡大に大きく関わってきます！

〈まとめ〉

・サラリーマン副業には、大きな強みが3つある

①じっくり地味に育てられる

②直観を速攻試せる

③個人と組織の力を同時に伸ばせる

・これらは、フリーランスや企業もマネできない大きな強み

「副業禁止」のウソ

会社が副業を禁止できない理由

マモル：サラリーマン副業に可能性があるってことはわかったんですが、そもそもウチの会社って「副業禁止」なんですよね……。

サラタメ：なるほど。ただ、そこを勘違いしている人が多いんですが、ぶっちゃけ「副業禁止」の会社でも全然副業できちゃうんですよ！

マモル：えぇ！　ウソだ!!　クビになったりしないんですか!?

サラタメ：大丈夫です！　もちろんいくつか絶対NGのケースもありますが、それさえクリアしておけばOKです！　私もずっと会社に伝えずにやってましたし（笑）。

副業がNGの3大ケース

①公務員として働いている場合
↓国家公務員法、地方公務員法で禁止されている

②所属する会社の秘密情報を漏らすことになる場合

③所属する会社とライバル関係になってしまう場合
↓会社に不利益をもたらす副業は、懲戒処分の対象となることも

サラタメ：そもそも日本国憲法には「職業選択の自由」が規定されているわけで、私たち社員がプライベートな時間を使って働くことを、会社が「禁止」にしたり、「許可制」にしたりするなんて、おかしな話なんですよ。

マモル：言われてみれば、そうですね。じゃあ、会社に迷惑をかけないことを前提に、コッソリやればいいんですね！

今や、政府だって副業をオススメしている！

2018年、厚生労働省の「モデル就業規則」が変更になりました。

旧「許可なく他の会社等の業務に従事しないこと」

新「勤務時間外において、他の会社等の業務に従事することができる」

この変更により、数々の大企業が副業解禁を始めています。

副業を解禁したおもな企業

ソフトバンク、ロート製薬、丸紅、日産自動車、アサヒビール等々

サラタメ：「クールビズ」がいい例ですが、政府が推奨を始めると、社会の常識は急速に変わっていきます。猛暑でも上着とネクタイ必須だった時代がウソかのように、

ポロシャツ出勤が一般的になりましたよね。同じように「副業が当たり前」の時代が、近い将来、絶対来ます。

➡バレずに副業する方法については、「よくある質問」（P514）をご覧ください。

〈まとめ〉

・社内規定に「副業禁止」とあっても副業は可能
・絶対NGなケースだけ把握しておくこと
・近いうちに「副業が当たり前」の時代が来る

副業に手を出しちゃいけない人の特徴

あなたの副業は誰かの本業

マモル：これから「副業が当たり前」の時代が来るんだったら、今すぐみんな始めちゃったほうがよさそうですね！

サラタメ：そうですね！　ただ、全サラリーマンが今すぐ始めればいいかっていうと、それは微妙だったりします……。

マモル：えぇ！　ここまで、ボクの気持ちを盛り上げておいて!?

サラタメ：すみません（笑）。というのも、最低限の準備すらできていない人が、副業を始めても、時間を奪われるだけになってしまうので……。

マモル：最低限の準備ですか。いったい何をすれば……？

サラタメ：結論、「明確な目標」と「時間の余裕」が副業には不可欠です！　この2つだけは必ず準備しておきたいですね。

副業を始める前に必要な準備

副業を始めるなら、

「なぜ副業をやるのか？」

「いつ、どのくらいの時間を副業に割けるのか？」

まずこの2つを明確にしないと、いつまで経っても成果が出ません。

明確な目標（なぜ副業をやるのか？）

「いつまでに、いくら稼ぎたいのか？　それはなぜか？」を確認しましょう。

生々しい話、「なぜ稼ぎたいか？」があなたの副業を強力に推進するエンジンになります。この理由が明確なほど、副業に注力できるでしょう。

サラタメ：極端な話、金銭面での不安がまったくないなら、副業なんてする必要ありません！

自分が稼ぐべき金額は人それぞれ。理想とする生活スタイルや家族構成、老後の計画によってまちまち。決まった回答はありません。

まず、自分の理想を叶えるために、生涯で必要となる金額を算出してみましょう。

副業において大事なのは、たくさん稼ぐことではありません。**たくさん稼ごうと思えば思うほど作業量も増え、取るべきリスクや、めんどうなことも増えていきます。**

「ちょうどいい金額を稼ぐこと※」を重視しましょう。

※「ちょうどいい金額」については、STEP3「マネー力」〈生活〉P527以降で詳細に解説します。

そのためにも、生涯いくらお金がかかるのか、必ず一度は考えてみるべきです。

ちなみに、子ども一人育てるのにザックリ3000万円くらいかかるといわれています（詳細P544）。

サラタメ：私の場合は、「定年退職の60歳までに、会社員の年収くらい稼げるようにしたい。年金暮らしになっても、生活レベルを下げなくて済むならうれしいな〜」という地味すぎる目標からスタートしました（笑）。

また、副業で手に入れられるメリットは「お金」だけではありません。**「スキル」「人脈」「やりがい」も手に入りますので、これらを軸に目標設定するのもアリです。**

時間の余裕（いつ、どのくらいの時間を副業に割けるのか？）

最低でも週15時間割けないと、本業以上の収入に到達するのは難しいです。

私たちサラリーマンが本業の傍らにやる副業でも、そのビジネスを本業として毎日シノギを削っているライバルが必ずいます。

本業を超える収入を目指すなら、**最低週15時間（平日4日×2時間、土日1日×7時間）を割かないと勝負になりません。**

どんなに頑張っても、その時間が捻出できないなら、まずは転職したり生活スタイルを見直したりするなど、環境変化から着手したほうがいいでしょう。副業にコミットするのは、時間が十分確保できてからです。

サラタメ：私が副業でYouTubeを始めたときは、だいたい週22時間くらい（平日4日×3時間・土日2日×5時間）は割いていました。1年間続け、軌道に乗ってきたら、作業時間も半分くらいになりますが、とにかく最初は大変です……。

〈まとめ〉

・副業を始めるなら、最低限の準備を済ませてから
・最低限の準備とは、「明確な目標」「時間の余裕」の2つ
・最低でも週15時間割けないと、副業は厳しい

STEP 2 副業力

絶対手を出しちゃダメな副業3選

「誰でも稼げる」は、誰も稼げない

マモル：サラタメさん！　もう準備万端な気がしてるんで、ついに副業を始めようと思うんですが、「これだけは絶対やめとけ！」みたいなビジネスってありますか？

サラタメ：それはナイス質問！　ザックリいえば、**「誰でも稼げる」と噂される副業はNGです。**

マモル：え！　「誰でも稼げる」っていいじゃないですか!?

サラタメ：たしかに魅力的な言葉ですが、残念ながら9割ウソです……。そんなこと言ってくる人の多くは、詐欺的な情報商材を売りつけたいだけだったりしますので、くれぐれもご注意ください！

「誰でも稼げる」は真っ赤なウソ

「誰でも稼げる」という甘い言葉は、真っ先に疑いましょう。9割ウソです。奇跡的に本当でも、誰でも稼げるビジネスだったら、すぐに多くの人が参入してくるでしょう。ライバルが多くなって、競争が激化。結局は、稼げないビジネスに成り下がってしまうのです。

サラタメ：これは本業も副業も同じですが、**ガッツリ稼ぎ続けられる仕事は、希少性が高い仕事。「誰でも稼げる」とは真逆なんです。**

マモル：たしかにサラリーマンも、代えがきかない希少性のある仕事って給料高いですもんね〜。

サラタメ：本業だろうと副業だろうと、「自分の希少性を高めてくれそうか？」という視点で、取り組むべきかを判断するとGOODです！

積み上がらないビジネスは、サラリーマン副業に合わない

サラリーマン副業で稼ぐには、次の2つのポイントを押さえる必要があります。

①サラリーマン副業の強みは、数年使ってじっくり育てられること
②簡単にマネできない希少性があると、ガッツリ稼ぎ続けられる

この2つのポイントを踏まえ、数年という長期間で、スキルや資産が積み上がっていく副業を選ぶのが勝ちパターンです。

裏返せば、「積み上がらない副業」はやる意味がないということ。そんな副業をやるなら、会社の仕事にコミットしたほうが、自身の希少価値は高まるからです。

オススメしない副業3選

サラタメ：スキルや経験が積み上がりにくいので、サラタメ的にオススメできない副業は、

この3つです。

①大きな元手が必要な投資
②スキルが積み上がらないアルバイト
③ゴリ押しネットワークビジネス

①大きな元手が必要な投資

投資は、積み上げにくい副業なのでオススメしません。投資好きな方には怒られそうですが、積み上げたスキルや知見より、コントロールできない経済状況に成果が左右されてしまうからです。

すでにビジネスで成功し、数千万円規模の元手を持っている人にはいいでしょう。なんだかんだで、資産規模の大きい人が勝ちやすいゲームなので。

ただ、「これから資産を拡大させていこう」という段階の副業サラリーマンには向きません。もし取り組むなら、情報発信も組み合わせ、コンテンツが積み上がっていく形にしましょう。

特にオススメしない投資

・数千万円の融資を受ける不動産投資
・レバレッジをきかせたＦＸ（外国為替証拠金取引）投資
・ほぼギャンブルであるバイナリーオプション

（詳細Ｐ586「副業リーマンが手を出してはいけない投資」）

②スキルが積み上がらないアルバイト

基本的に、店舗などで時間を切り売りする時給労働はＮＧです。

そこで積み上がるスキル目当てであればＯＫですが、時給目当てで働くのはやめましょう。本業で残業したほうがマシです。

また、ポイントサイトで広告を見たり、アンケートサイトで回答したりして、お小遣い程度のお金をもらう副業もありますが、こちらもやめておきましょう。

希少性のあるスキルが積み上がるわけではないので、取り組む意味がありま

せん。

③ゴリ押しネットワークビジネス

結論、ネットワークビジネスは効率が悪いので、やめましょう。

ザックリいうと、「知り合いに高額商品を売る」ビジネスモデルであり、まず仕入れが必要になります。高い報酬を得るには、高単価商品を仕入れる必要があり、失敗時のリスクが非常に高いです。

また、ネットワークビジネスやマルチ商法は違法でないものの、「無理なセールスをされる」と怪しい噂を聞いたことがある人も多いでしょう。

要は、社会的信用が低いのです。そんなハンデをひっくり返して稼ぐのは難易度が高すぎます。ネットワークビジネスで稼げる人は、他のビジネスならもっと稼げるはず。わざわざ手を出す必要がありません。

サラタメ：「いやいや、このスキルを積み上げたいんだ！」という意図があればＯＫですが、基本的にここに挙げたビジネスは、サラリーマン副業にマッチしないので、オススメしません！

〈まとめ〉

・「誰でも稼げる副業」に手を出してはいけない
・副業力がじっくり積み上がるビジネス以外はオススメしない

STEP 2 副業力

やるべき副業のたった一つの条件

テコは効いているか？

マモル：サラリーマンが手を出しちゃいけない副業はわかったので、次は本題、やるべき副業を教えてください！

サラタメ：ＯＫです！　まず、やったほうがいい副業は「**テコが効いている**」という前提を覚えておいてください。さらにザックリ結論をいうと、「ネットを活用する副業」が一番効率的。テコが効いて、サラリーマン副業との相性抜群です！

テコが効いている副業を始めよう

マモル：「テコが効いている」ビジネスって、具体的にどういうものですか!?

サラタメ：要は、小さい力で大きいものを動かすテコのように、**少ない労力とお金で、大きな利益を生み出すビジネス**です。

副業のように、個人で稼ぐスモールビジネスで徹底すべき条件は３つ。

①始めるために大金がいらない
②在庫を持たない
③利益率が高まっていく

この３つが満たされているビジネスは、テコが効いています。

①始めるために大金がいらない

残念ながら、一発目のビジネスで副業初心者が成功するケースは、ほとんどありません。試行錯誤の連続を覚悟してください。

そんななか、仕切り直すたびに、数十万円単位の大金を失っていては、副業を続けること自体難しくなってしまいます。

副業は長い戦い。**「もう失敗できない」という状況に陥らないためにも、初期費用を抑えること**は徹底しましょう。

②在庫を持たない

在庫を持つビジネスは、仕入れにも保管にもお金がかかります。

商品が売れなくて廃棄するときですら、お金がかかってしまいます。

多額の資金も倉庫も持っていない個人ビジネスにはマッチしません。

③利益率が高まっていく

「利益率」とは、「どれだけ儲かるか?」の指標です。

利益率(%)=利益÷売上×100%

YouTubeの動画を1本つくり、10万円の利益を稼いだ場合、その編集に9万9000円かかったら、利益率はたった1%。一方、編集費を1万円に抑えられたら、9万円儲かるので利益率は90%となります。

利益率が低くても、たくさん売って稼ぐ薄利多売ビジネスは大企業の得意分野です。

私たちサラリーマンに勝ち目はありません。**利益率50%以上**を見込めるビジネスを目指しましょう。

サラタメ:副業したての頃は、どうしても利益率が低くなります。**最初は、自分の労働力でカバーし、極力大きな損失が出ないようにしましょう。**大事な点は「今後利益率が高まっていく見込があるか」というポイントです。

結論、ネットを活用すること――「ネット」×「〇〇」

結局のところ、3条件を満たし、テコが効いている副業となると、「ネットを活用すること」が必須になってきます。自分の得意なことや好きなことに、ネットを組み合わせてみましょう。たとえば次のとおりです。

・ネット×読書好き
↓書籍解説の**YouTuber サラタメ**（詳細P474）

・ネット×ガジェット（デジタル機器）好き
↓ガジェットブロガーの**マクリンさん**（詳細P484）

・ネット×ライティングスキル
↓Webライター兼ディレクターの**佐々木ゴウさん**（詳細P494）

・ネット×秘書経験
↓オンライン秘書の**土谷みみこさん**（詳細P504）

サラタメ：たとえばYouTuberやブロガーで、ネット上に一度デジタルコンテンツをつくってしまえば、その後も働き続けてくれます。私がYouTube動画をつくる際、収録するのは1回だけですが、その動画がネット上で数十万回以上働いてくれるわけです。まさにテコが効いている状態といえます。

ネットを活用する副業にも**〈ディレクター型〉と〈インフルエンサー型〉**という2つの勝ちパターンがあります。

自分の性格や強みに合った型を選ぶと、副業の成功率が飛躍的に高まります。この2つの型については、P440で詳細に解説します。

〈まとめ〉

- 〝テコが効いている〟ビジネスは、サラリーマン副業にオススメ
- つまり、ネットを活用したビジネス

〝お行儀よく〟企業のお金を狙おう

「個人のお財布」は夢なきレッドオーシャン

サラタメ：マモルさん！　どうせ副業やるなら、「企業から直接お金を取れる副業」を目指しましょう！

マモル：なな、急になんですか!?（笑）

サラタメ：これはちょっと上級者レベルですが、マモルさんが副業を始める前に、絶対知っておいたほうがいいかなと思いまして。

マモル：「企業」からお金を取る？　企業で働くってことですか……？　というか、企業以外、他に誰からお金を取れるんですか……？　急に上級者レベルすぎて何もわかりません！

サラタメ：すみません、急にブッ込みすぎました（笑）。副業に限らずですが、ビジネスでお金を得る対象は、大きく「個人」と「企業」に分けられるんです。

個人からお金を取る副業

有料note販売、オンラインサロン運営、個人向けコンサルなど

企業からお金を取る副業

間接的に

YouTubeの広告収益、ブログのアフィリエイトやGoogleアドセンスなど

直接的に

YouTubeでの企業広告案件、企業Webサイトの記事制作、企業の公式SNSアカウントコンサルなど

サラタメ：月数十万円規模を継続的に稼ぐとなると、「個人」相手だけでなく、「企業」からもお金が取れるビジネスを目指したほうがいいんです！　特に「企業案件」は稼げる金額が圧倒的に高くなります。

マモル：いやいや、企業の仕事を受けるとか、めっちゃ難易度高くないですか!?　個人

からお金をもらえるビジネスのほうが、気楽な感じがしますけど。

サラタメ：少額ならそうです！　ただ、数万円単位をいただこうと思うと、逆に難易度が上がってしまいます！　企業には**使わなきゃいけない「経費」がある**んですが、個人は**使いたくない「お小遣い」**しか持っていません。本業の収入を超える規模のビジネスを目指すなら、「企業からお金を取る道」からは逃れられないんです。

企業案件は段違いに稼げる

個人にデジタルコンテンツを販売するより、企業案件を受注したほうが圧倒的に稼げます（単価が高い）。大企業だけでなく、名前を聞いたことのない中小企業でも、恐ろしく儲けている会社はたくさんあります。

そんな会社は「利益が出すぎて税金を多く払うくらいなら、仕事を発注して経費として支払いたい」と思っています。つまり、「お金を使いたい」と思っているのです。

一方で「個人」の感覚は、私たちサラリーマンと一緒。だいたい財布はカツカツ状態……。「お金を使わなきゃ」なんてまったく思わないですよね。

サラリーマンなら、月々の給料の額面が30万円でも、そこから税金が天引きされ、家賃・光熱費・食費・飲み代で出ていったら、ほぼ残らないはず。個人からお金を取るビジネスをやるということは、そのなけなしのお金を、ライバルたちと奪い合うということ。非常に厳しい戦いです。

数万人のフォロワーがいるインフルエンサーになれば、個人相手のビジネスで大きな額を稼ぐこともできますが、再現性は低め。本業以上の収入を目指すなら、「いつか企業案件」という目標を持ちましょう。

マモル：なるほど〜。ガッツリ稼ぐなら、**いつかは「個人のお小遣い」ではなく、「企業の経費」を狙うビジネスをしないといけない**んですね。

サラタメ：まさしくです！ 要は「経費」なので、「企業」相手じゃなくても、「フリーランス」とか、私たちと同じく副業に取り組む「個人事業主」を相手に商売するのもアリです。

〝お行儀よく〟しないと企業案件は無理

いつか企業案件をやるためには、〝お行儀よく〟することも重要です。要は、胡散《うさん》くさいビジネスには、手を出すなということです。

サラタメ：サラリーマンなら、社内にいるのでイメージできると思いますが、たとえ実力や実績があっても、いかにもグレーで胡散くさい人に、企業担当者として仕事を発注するのは難しいですよね（笑）。

企業案件を受けられるために、最低限、次の2点に気をつけましょう。

①説明できる攻め方をしよう

マトモに見られるのは重要ですが、ビジネス上、ギリギリを攻めなければいけない場面もあるでしょう。「胡散くさいビジネス」と、誰も手をつけていない「穴場のビジネス」とでは見分けが難しかったりします。

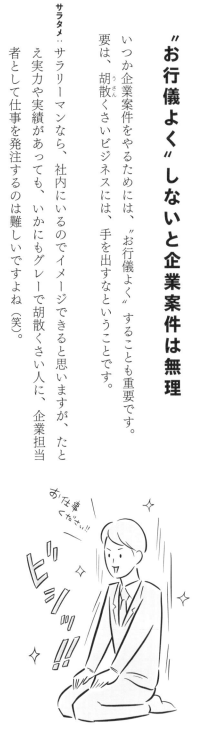

迷ったときは「企業との商談で理路整然と説明できるか」を考えてみましょう。

ネット上でビジネスする場合、あなたの過去の活動は、デジタルタトゥーとして刻まれることになります。もしギリギリを攻めたいなら、**将来的に企業と仕事をする際に、ポリシーを持って説明できる攻め方をしましょう。**

②個人のお財布に配慮しよう

個人を対象にビジネスをする際は、細心の注意を払ってください。

前述しましたが、個人の財布は、いつもカツカツなので、判断が非常にシビアです。あなたが提供する商品の価値が価格に対して見劣りするものなら、すぐさま恨みのこもったクレームにつながります。

そのクレームがネット上に刻まれてしまうと、あなたのビジネスの評判は著しく下がります。結果、企業が仕事を発注しにくい状況になりかねません。

特に高額商品を販売するビジネスは、難易度が高いです。お値段以上の付加価値と綿密なアフターフォローが求められます。初心者が手を出すと痛い目に遭いますのでくれぐれもご注意ください。

サラタメ：「とにかく金を稼ぐんじゃい」と無茶な稼ぎ方をした結果、企業から敬遠され、おいしい案件を受注できなくなる。それは非常にもったいないです。近道を行くつもりが、遠回りになってしまわないよう、準備段階でお伝えさせていただきました。

〈まとめ〉

・個人からお金を取るビジネスだけで、規模を拡大するのは難しい
・企業から直接案件を依頼されるビジネスを目指そう
・そのために、サラリーマン感覚を活かして〝お行儀よく〟

断言! 初心者に高額教材はいらない

9割の有益情報は無料公開中

マモル：サラタメさん、この有料教材買おうと思うんですがどうですか!?
「1か月でTwitterフォロワー1万人を達成できる完全マニュアル（7万8000円）」
1か月で、そんなにフォロワー増やせるなら安くないですか？

サラタメ：うーん、ぶっちゃけいらないと思います（笑）。

マモル：え、どうしてですか!? これ売ってる人、本当にフォロワー1万人以上いってるんで、間違いないと思いますけど！

サラタメ：たしかに有益なノウハウが書いてあるかもしれませんが、多分探せば無料でも同じくらい有益な情報って見つかると思うんですよね。

結論、無料情報だけでも十分稼ぎ始められます。副業初心者なら、仮に奮発するとしても、吟味を重ね、一回に最大2万円以内にしておきましょう。

初心者に高額な教材がいらない理由

副業を始める際、備品やソフトを用意するために数万円出費するのは、一種の事業投資としてやむをえないと思います。ただ、まだ副業の方針も固まっていない初心者が、知識やノウハウに対して数十万円のお金を払うのはオススメしません。

理由は次の3つです。

①無料情報で十分だから
②実践のほうが価値が高いから
③元が取れない可能性が高いから

①無料情報で十分だから

ネット検索で出てくる情報だけでも、副業初心者には十分すぎます。今はブログもYouTubeも、見てくれる人から直接お金を取らずに収益化できる仕組みが整っています。同時に、見識のある人が競うように無料の有益情報をアップしています。それらを学ぶだけで、問題なく副業の一歩目を踏み出せます。

サラタメ：金額と有益さは、必ずしも比例するわけではないので要注意です！

②実践のほうが価値が高いから

「他人のノウハウ」より「自分の実践」のほうが、成果に直結します。数万円のブログ教材をじっくり読み込むより、自分で実際に30本記事を書き、そのアクセスデータを振り返るほうが成長につながります。無料の情報をもとに即実践です。

③元が取れない可能性が高いから

高額教材を買っても、「古い知識でもう活用できない。元が取れなかった」というケースはよくあります。

まず、高額教材を見つけたら、「なぜこの教材を売る人は、そんなに大切な稼げる情報を売ってくれるのか？」と冷静に分析してみることです。

仮に、「圧倒的に稼げる山田式せどりテクニック」という教材を売っている人がいた場合、なぜその山田さんは教材をつくる必要があったのでしょうか。

今も、そのテクニックで圧倒的に稼げているなら、教材をつくるより、そのテクニックを引き続き使いまくったほうが儲かるのでは？　ライバルが増えて稼げなくなるかもしれないけれど大丈夫なの？　と考えてみると、なにやらおかしい気がしてきませんか。

小手先のテクニックやノウハウは水物。寿命が短いです。

山田式せどりテクニックも、すでに寿命が切れているのかもしれません。

「自分で実践するより、他人に販売するほうが稼げる時期に差しかかってしまっているのでは？」と意地悪な見方もできるわけです。

マモル：なるほど！　つまり、ビジネス系の有料教材は、全部詐欺ってことですね!!

サラタメ：いやいや、そんなこともないです！　お値段以上の知識が詰まってる高額教材もあります。実際、私も本業以上に稼げるようになってからは、情報収集としてちょこちょこ買ってますし。

マモル：そうなんですか!?　あ、でもたしかにめっちゃ稼いでる人は、「自己投資」とか言いながらよく買ってるイメージありますね。

サラタメ：**もう「稼ぐ基盤」ができている人は、バンバン買っちゃうのもアリ**だと思います。まずそういう人って、基礎知識があるので、教材に価値があるかどうか判断する精度が高いです。あと稼ぐ仕組みを、すでに構築できていたりするので、得た知見を速攻利益に変えられますからね。

マモル：たしかに……。もうすでに資産もたんまりあるだろうから、たとえ数十万円の教材を買ってミスっても、ビジネスとか生活が傾くことはなさそうですすもんねぇ。とりあえず、初心者のボクは無理しないようにします！

情報収集は「ネット検索」×「書籍」がベスト

ネット上には、無料で新鮮かつ有益な情報がたくさん転がっています。

ただ、ネット検索だけだと情報が浅かったり、たまにウソがまぎれ込んだりしているデメリットもあります。

それを補ってくれるのが、書籍です。ネットの情報は、個人の見解をそのまま掲載できる一方、書籍は出版社のチェックがしっかり入っているため、信憑性が高いです。

とはいえ、書籍は出版までに早くても半年～1年くらいかかるため、情報の鮮度に問題があるものもあります。

サラタメ：「ネット検索」×「書籍」を組み合わせ、両者のデメリットを補いながら、情報収集できるとベストですね！

〈まとめ〉

・副業初心者に高額教材はいらない

・理由は3つ

①無料情報で十分だから

②実践のほうが価値が高いから

③元が取れない可能性が高いから

・情報収集は、「ネット検索」×「書籍」がオススメ

実践

STEP 2 副業力

本業収入を超える6つのステップ

ズバリ、すべての副業に適用可能です

マモル：サラタメさん、副業でサラリーマンの収入を超えるとか、正直まったくイメージが湧かないんですが……。

サラタメ：ですよね。本業収入を超えるために、どんなステップをこなせばいいかというと、ザックリ次ページのような感じです！　どんなジャンルの副業を選ぶとしても、使えるかと思います。

本業収入を超える6ステップ

ステップ① 「副業の軸」を明確にする
ステップ② 「好き」より「稼げる」仕事を選ぶ
ステップ③ 失敗前提で小さく試す
ステップ④ 継続で「経験」を稼ぐ
ステップ⑤ ご指名をもらえる質に仕上げる
ステップ⑥ 外注してチーム化する

サラタメ：ステップは全部で6つあります。前半3つは「どんな副業に注力するか決める」ため、後半3つは「自分の時間単価を上げる」ためにあります。

マモル：6つのステップですか。めちゃくちゃザックリですが、なんとなく全体像は見えた気がします。

サラタメ：一つだけ、絶対覚えておいていただきたいのは、前半3つはスピード勝負ってことです！　**入念に情報収集するより、「ステップ③失敗前提で小さ**

本業収入を超える6ステップ

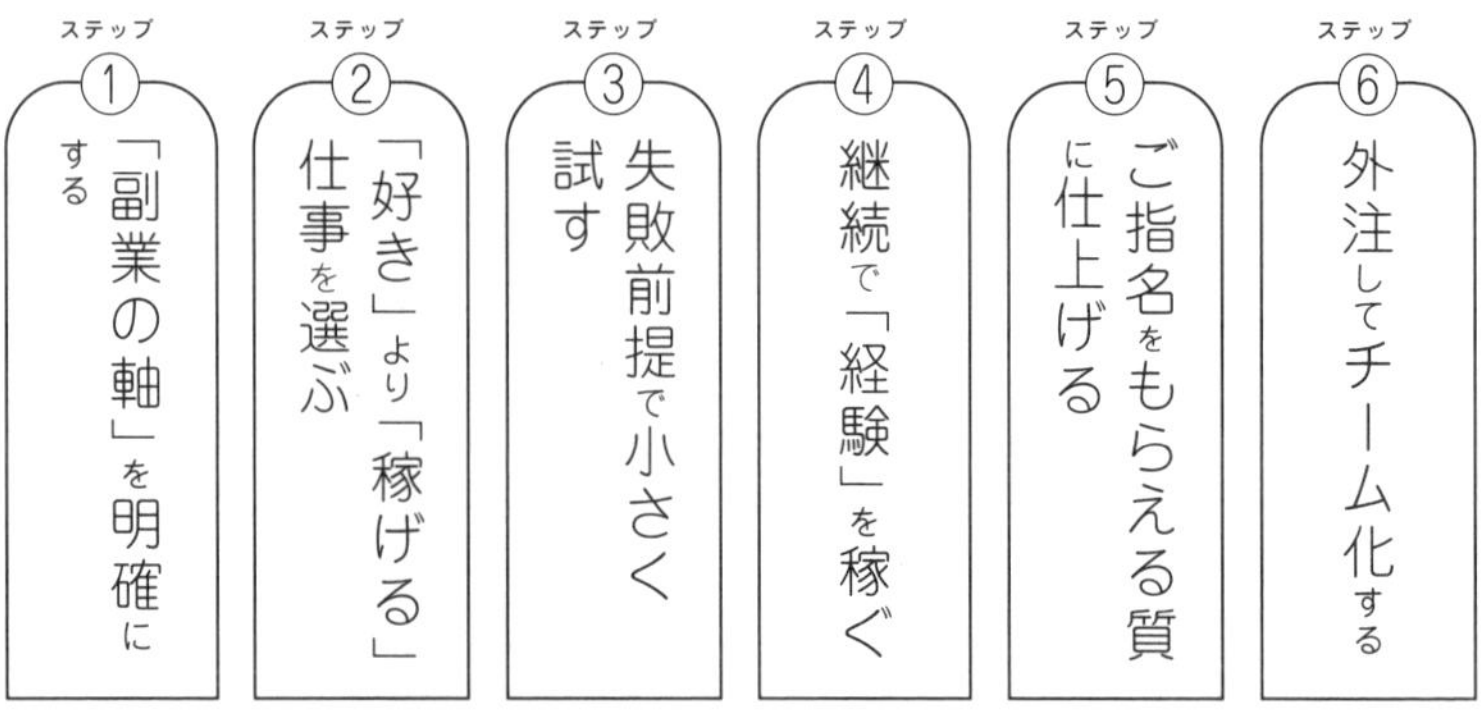

ステップ① 「副業の軸」を明確にする
ステップ② 「好き」より「稼げる」仕事を選ぶ
ステップ③ 失敗前提で小さく試す
ステップ④ 継続で「経験」を稼ぐ
ステップ⑤ ご指名をもらえる質に仕上げる
ステップ⑥ 外注してチーム化する

く試す」までを何度も繰り返したほうが「副業力」はアップしていきます。

マモル：そうなんですね！　具体的にどんなスピード感ですか!?

サラタメ：仮に、この週末に副業を始めるとすると、土曜にステップ①②を決め、日曜にはステップ③として実際に作業を始めるイメージですかね。

マモル：えっ！　さすがにそれは早すぎでしょ!!

サラタメ：まぁそう感じますよね（笑）。でも、そのくらいスピードが大事なんです。「綿密な計画」をこねくり回すより、「すばやい失敗」を繰り返すことのほうが価値が高いんです。ここから詳細なステップをご説明します！

本業収入を超える6ステップ

ステップ①「副業の軸」を明確にする
——なぜ？　いくら？　を決めないと副業は始まらない

まず、はじめに「なぜ副業をやるのか」「いつまでにどのくらいのお金を稼ぎたいのか」を明確にします。それがあなたの「副業の軸」になります。「副業の軸」が固まっていない人は、「明確な目標」（P396）に戻り、改めて「なぜ副業をやるのか」じっくり考えてみましょう。

この「副業の軸」が、「どんな副業に取り組むか」「どのくらいの時間を割くか」に大きく関わってきます。

ステップ②「好き」より「稼げる」仕事を選ぶ
——「そんなに大変？」が大チャンス

生々しい話ですが、「好きな仕事」より「稼げる仕事」を選ぶのが、本業収入を超える王道です。月5万円程度を目指すなら、どんな仕事でも可能性はありますが、本業を超えるとなると「稼げる仕事選び」は必須です。

ちなみに「**稼げる仕事**」**をよりわかりやすく分解すると、**「**お金が動く市場**」**×**「**得意な作業**」です。

サラタメ：たとえば、私が戦略的に狙っている「稼げる仕事」は、「〈**転職業界**〉というお金が動く市場」×「〈**YouTubeでしゃべる**〉という得意な作業」です。

お金が動く市場

お金が動く市場を見抜く簡単な方法は、「売れている雑誌」や「人気ブログ」を見ることです。

雑誌やブログは、広告収益をもとに運営されていますので、そこには間違いなくお金が動いています。売れている雑誌や人気ブログを見ながら、その市場のニーズが瞬間的なブームなのか、そうではないかを見定めます。

サラリーマン副業の強みは、じっくり腰をすえて戦える点。長い間、絶えずお客さんがいる市場を長期的に攻略する戦法がオススメです。次の例で挙げているような、**人間の根源的な欲求に関わる市場**を選ぶと、瞬間的なブームに踊らされずに済みます。

長期的にお金が動き続ける市場の例

ダイエット、美容、筋トレ、クレジットカード、仕事術、投資、資産運用、不動産、恋愛、旅行、家電など

得意な作業

現実問題、「本人は好きだけどヘタな作業」にお金を払うお客さんはいませんので、自分が得意な作業を副業にしたほうが早く成果が出ます。

特にオススメなのが、**周囲から「それ大変じゃない？」と心配されるけれど、自分にとってはまったく苦でない作業**です。

そういう作業は、他の人たちが大変だと思ってくれるので、参入してくる人が多くない。つまり、ライバルが増えにくいのです。

サラタメ：ぶっちゃけ私も、YouTubeで話す作業をずーっと続けていたいほど好きなわけではありませんが、他の人より全然苦じゃないみたいです。同時期にYouTubeを始めた友人が続々と脱落していく中で気づきました……（笑）。

自分が得意な作業でも、他にたくさん得意な人がいる作業だと、競争が激しいため、稼ぎにくくなってしまいます。そんなときは、**得意な作業に、自分の属性をかけ合わせる**ことでライバルと差別化してみましょう。

得意な作業（例）

文章を書く、人前で話す、絵を描く、プログラミング、写真撮影、動画編集、タイピング、外国語、対面営業など

※「ココナラ（https://coconala.com/）」「クラウドワークス（https://crowdworks.jp/）」「ランサーズ（https://www.lancers.jp/）」など、クラウドソーシング系サイトを一度眺めてみてください。どんな作業が仕事になるのか、イメージがつきます。

自分の属性（例）

性別、年齢、生い立ち、経験、住んでいる場所、人脈、生活スタイルなど

サラタメ：私の場合、「YouTubeでしゃべる」という得意な作業に、「**ブラック企業でパワハラ**に苦しんだ経験アリ。とにかく**ぬくぬく**安定したい**若手サラリーマン**」という属性を組み合わせ、ライバルと差別化しています。

本業収入を超えるには、適切な「**市場**」と「**作業**」を選択した後、自分に合ったルートを選ぶ必要があります。そのルートは2つ。「**インフルエンサー型**」と「**ディレクター型**」です（詳細は次項）。

ステップ③ 失敗前提で小さく試す
──誰にも注目されていないメリット

ステップ②で「稼げる仕事」を選べたら、なるべくお金と時間をかけずに、試してみましょう。

初期段階でお金や手間をかけすぎると、リカバリーしにくくなります。

私もそうでしたが、初めての副業は99％失敗に終わります。とにかく**小さくスタート**することを意識しましょう。

たとえば、「自分の狙っていた市場に、強いライバルが多すぎた」「得意だと思っていた作業が、毎日続けてみたら意外にツラかった」など想定外のことがたくさん起こります。

最初は特に挫折の繰り返しになると覚悟してください。

サラタメ：挫折もまったくムダではありません。自分の失敗パターンが見えてくると、消去法で成功パターンもクッキリ見えてくるもの。幸か不幸か、副業初心者の仕事は誰にも見られていません。恐れずチャレンジしていきましょう！

ステップ④　継続で「経験」を稼ぐ
――「継続」という参入障壁

ステップ①〜③を繰り返し、「この副業なら続けられるし、チャンスありそう！」と思えるビジネスに出会えたら、**「お金」より「経験」を稼ぐ気持ちで作業を継続していきましょう。**

ロールプレイングゲーム（RPG）で、経験値を稼いでレベル上げするイメージです。正直、このステップが最もしんどい……。というのも、大半の人がほぼ報酬ゼロのまま、半年〜1年という長期間、作業を続けることになるからです。

サラタメ：私も、副業が報酬を生むまで**約2年**かかりました。「オレ、毎日、何やってんだろ……」と何度も思いました。ただ、そこをグッと我慢し、一度報酬が生まれる仕組みをつくってしまえば、そこからの伸びはスゴいですよ！（その半年後には、本業の月収を超えましたので）

この経験値を積み上げる期間は、とてつもなくしんどい。ですが、ビジネス戦略として重要な意味を持ちます。この積み上げ期間がしんどければしんどいほど、後発参入組もしんどくなるからです。そうなると、参入者が激減するので、あなたのビジネスが長期的に安定することにつながります。

継続がしんどく、心が折れてしまう人は「目標があいまいな人」か「他人と常に比べてしまう人」。まだその作業でお金が稼げていないとしても、自分なりの目標に1ミリでも近づけているなら、大きな価値があります。コツコツくじけず、積み上げていきましょう。

ステップ⑤ ご指名をもらえる質に仕上げる
——「時間単価」にこだわれ

ステップ④でコツコツ経験値を積み上げたあなたは、もしかすると、すでに本業収入に近いくらい稼げるようになっているかもしれません。

ただ、ここからさらに収入を上げていくとなると、自分の副業スキルを「ご指名をもらえる質」に高めていく必要があります。

たとえば、私のようなYouTuberなら、「同じような情報でも、サラタメさんの動画を見たい」という状態。Ｗｅｂライターなら、「○○さんじゃないと、うちのサ

イトの記事は任せられない」という状態です。

ご指名の仕事が生まれると、報酬とやりがいの好循環で、さらに副業スキルが向上していきます。時間単価でいうと、すでにこのステップで、サラリーマン本業を超えるところまでたどり着けるでしょう。

ステップ⑥ 外注してチーム化する
――質と量を同時に増やす唯一の方法

ステップ⑤までで仕事の「質」を高められると依頼が増え、同時に仕事の「量」まで増えていきます。

ただ、副業で取り組むとなると、割ける時間が限られるので、仕事を無限に受注するわけにはいきません。そこで、重要になってくるのが「**外注**」です。

ステップ⑤で、仕事の質を高めるだけで満足していると、自分の使える時間が上限に達し、収入が頭打ちになってしまいます。

また、依頼が殺到して時間の余裕がなくなると、スキルが退化する最悪のパターンに陥りかねません。

そうならないためにも、**自分だけではなく、他人の時間やスキルを元手にビジネスを拡大できるようになりましょう。**そのファーストステップが「外注」です。

サラタメが外注している仕事

・**動画のアニメーション編集**
→友人の紹介で知り合ったWeb制作会社

・**出版社とのやり取り**
→オンライン秘書

・**サラタメのイラスト**
→クラウドソーシングサービス（ココナラ、クラウドワークス、ランサーズなど）

・**請求書の発行など経理作業全般**
→SNSで知り合った税理士さん

SNSやクラウドソーシングサービスの発達で、適切な外注先を簡単に見つけられる時代になりました。わざわざ会社を設立して、正社員を雇わなくてもOK。ピンポイントで仕事を依頼できます。

「副業収入が上がってきたけど安定しない」「日々忙しすぎて依頼を断るハメに」といった悩みが出てきたら、迷わず「外注」を始めましょう。

※副業の好事例となる4名の具体的な「6つのステップ」はP474参照。

〈まとめ〉

・本業収入を超える6つのステップは、

①「副業の軸」を明確にする

②「好き」より「稼げる」仕事を選ぶ

③失敗前提で小さく試す

④継続で「経験」を稼ぐ

⑤ご指名をもらえる質に仕上げる

⑥外注してチーム化する

・あらゆる副業に応用できるステップ

・まずはステップ③までを何度も繰り返し、経験を積もう

本業収入を超えられる2つのモデル

華の「インフルエンサー型」or 堅実な「ディレクター型」

マモル：ボクってどんな副業が合ってますかね？　人前でしゃべるのは得意じゃないので、サラタメさんみたいにYouTuberやるイメージ湧かなくて……。

サラタメ：もちろん副業は、YouTuber以外でも全然いいと思いますよ！　**副業の成功パターンにも「インフルエンサー型」と「ディレクター型」の2つ**がありまして、私のようなYouTuberはゴリゴリの「インフルエンサー型」なんです。マモルさんは、「ディレクター型」のほうが合うかもですね。

マモル：「インフルエンサー型」と「ディレクター型」……。なんですか、それ？

サラタメ：ザックリいうと、こんな感じです！

「インフルエンサー型」好事例

サラリーマンYouTuber
サラタメ
（P474）

ガジェットブロガー
マクリンさん
（P484）

「インフルエンサー型」副業

「影響力」で稼ぐモデル。サラタメのように、YouTubeで多くのチャンネル登録者を抱えるのも一例。「サラタメさん」というキャラクター、もしくは「サラタメが運営するYouTubeチャンネル」というメディアの知名度と信頼性を高め、収益につなげる。

「ディレクター型」副業

「専門スキル」を軸にしたモデル。たとえば、佐々木ゴウさん（P494）のように、まず副業ライターとしてライティングスキルを磨き、自身の時間単価を高めていく。さらに、複数のライターを監督するディレクターの立場に進化。専門スキルと組織力で、収益につなげるモデル。

マモル：ほー、なるほど。**人気と信頼を集める「インフルエンサー型」と、黒子役としてチームで仕事に取り組む「ディレクター型」**って感じですね？

サラタメ：まさにそんな感じです！　で、実は、自分が「インフルエンサー型」だから言

「ディレクター型」好事例

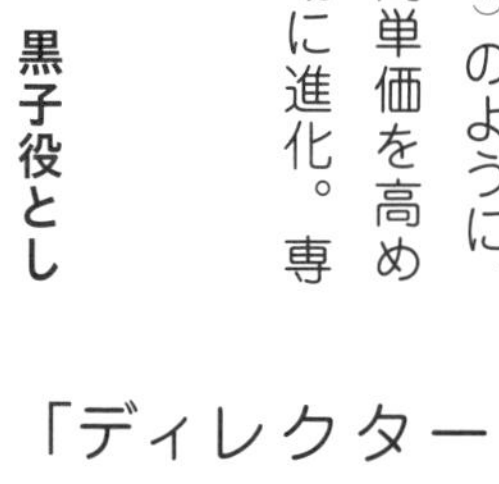

Webライター兼ディレクター
佐々木ゴウさん
（P494）

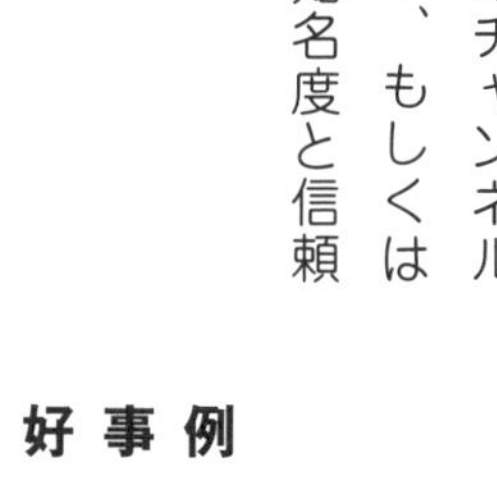

オンライン秘書
土谷みみこさん
（P504）

いにくいんですけど、ぶっちゃけ「ディレクター型」副業のほうがオススメなんです！　もちろん「インフルエンサー型」もメリット満載ですが、適性のある人は少数派かなと……。**「ディレクター型」のほうが圧倒的に再現性が高いので、多くの人にオススメしたいです！**

「インフルエンサー型」副業とは？

概　要

「影響力」を活用する副業モデル。Twitterやインスタグラムなどの SNSを中心に、多くの人に知られ、さらに信頼されていることが条件になります。キャラクターや人格ではなく、YouTubeチャンネルやブログなど、そのメディア自体の影響力を高めるビジネスも含みます。

〈例〉
ブロガー、YouTuber、インスタグラマー、音声コンテンツ配信者**など**

サラタメ：収益性がとても高く、夢のあるビジネスモデルですが、**うまくいくかは運やタイミングに左右されてしまいます。再現性の低さがデメリットですかね……。**

メリット

・原価ゼロの「影響力」で大きな売上を生み出せるため、利益率が高い
・ビジネスの成果を多くの人に知ってもらえるため、やりがいが大きい
・独自の考えを表現する仕事なので、同じ考えを持つ仲間との人脈を築きやすい

デメリット

・成否が運やタイミング、使うプラットフォームの成長に左右されるため、再現性が低い
・多くの人の信頼を集めるには長い時間が必要。収益ゼロ期間が長い
・「影響力」は水物であり、安定感がない。人気を維持し続けるには、細心の注意でブランド管理をしなければならない
・多くの人に知られるほど、抵抗勢力（アンチ）が生まれるリスクも高まる。精神的なツラさに耐える必要がある

どんなステップ？
——ただの「物知り」から始められる

①物知り→②営業マン→③インフルエンサーというステップ。

①物知り

普通の人より詳しいジャンルがあり、さらに「その情報を教えてほしい」というニーズさえあればOK。今すぐインフルエンサーとしての一歩目が踏み出せます。最も発信の難易度が低いTwitterで、自身の詳しいジャンルについて発信してみると、いいテストになります。発信する情報を特定の分野に絞り、まずはフォロワー500人を目指してみましょう。

②営業マン

1000人規模のフォロワーに対し「○○について詳しい」とブランディング

されてきたら、そのジャンルの商品をオススメしてみましょう。

見知らぬ人に商品を提案し、購入してもらう行為は、影響力を駆使した営業活動ともいえます。うまくいけば、徐々にアフィリエイトをはじめとした広告ビジネスが可能になります。

③インフルエンサー

専門ジャンルに関する発信を続け、徐々に信頼が築かれていくと、「〇〇に詳しい」レベルから「〇〇といえばこの人」という第一人者的ポジションを確立できます。このレベルまで行くと、企業から直接案件紹介の依頼がきます。

「ディレクター型」副業とは？

概　要

「専門スキル」を軸にした副業モデルです。指名で仕事をもらえるくらいの専門スキルと、外注スタッフと綿密に連携するマネジメントスキルが求められます。

専門スキルだけだと、時間の切り売りになってしまい、本業収入を超えるのが難しいですが、外注スタッフのマネジメントまでできると収益が大きく伸びていきます。

〈例〉

ライター、動画編集者、Web広告運用者、エンジニア、デザイナーなど

サラタメ：「ディレクター型」は、高い再現性がなによりのメリットです。また、アマチュアレベルのスキルでも仕事を選ばなければ、着実にお金を稼げます。そのため、「インフルエンサー型」より即金性が高いのも魅力です。

メリット

・再現性がある。成功している人のマネをすれば、同じように稼げる可能性が高い
・すぐに稼げる。自分の作業単価を低くすれば、仕事はいくらでも受注できる
・「専門スキル」は、インフルエンサーの「影響力」に比べ寿命が長い

デメリット

・スキルが低いうちは、アルバイト並みの低い収益になってしまう
・専門スキルだけでなく、クライアントとの綿密なコミュニケーションが求められる
・外注スタッフを駆使できるまでは、自分の手を動かすしかないので多忙になる
・個人の力だけでなく、外注スタッフを統率するチームマネジメントスキルが求められる

どんなステップ？
――最初は「お手伝い」から始められる

①お手伝い→②職人→③ディレクターというステップ。

①お手伝い

まず、自分が極めたいスキルを選んで勉強を開始します。

ネット上の情報や、書籍1～2冊で最低限の勉強を済ませたら、仕事をしながら勉強したほうが効率的なので、クラウドソーシングやSNSでの募集をもとに仕事を受注します。

誇れるスキルがないうちは、コンビニエンスストアでのアルバイト以下の時給になることもあるため、まだ「お手伝い」に近い段階です。しんどい時期かと思いますが、修業と思って数をこなしていきましょう。

②職人

「お手伝い」のように取り組んだ多くの仕事を実績に、さらに時給の高い案件に挑戦していきましょう。徐々に量から質に転化させていきます。質の高い仕事をして、お客さんからご指名で仕事を受注できるようになれば、専門スキルが身についた「職人」の段階といえます。

③ディレクター

高度な「職人」レベルになると、仕事の依頼が殺到します。

ここで、ただ労働時間を増やし、目の前の仕事をさばいても疲弊するだけで、本業の収入を超えるのは難しい。ですから外注スタッフを時給で雇い、自分がやらなくても対応できる仕事はどんどん他の人にやってもらいましょう。信頼できるスタッフとチーム体制を組めたら、ビジネスが安定してきます。

サラタメ：ちなみに、最初はどちらかに絞って注力したほうがいいですが、最終的には、どちらの型も身につけられたらベスト。それぞれの型の強みと弱みをカバーし合えるので。

自分はどっちに向いている？

サラタメ：どちらの型で副業を始めるべきか、超ザックリいえばこんな感じです！

個性強めで目立ちたがりの人
↓「インフルエンサー型」副業に向いている

職人気質で黙々とスキルを高めたい人
↓「ディレクター型」副業に向いている

「インフルエンサー型」が向いている人の特徴

・教えてほしいといわれる専門的な知識がある人
・どうしても世間に物申したい主張がある人
・他人とは違うおもしろい体験をしてきた人
・注目を浴びるほうが実力を発揮しやすい人

「ディレクター型」が向いている人の特徴

・受験勉強のようにコツコツ積み上げるのが得意な人
・手に職をつけられることを強く魅力に思う人

・チームで分担して仕事をするのが得意な人
・仕事を受注する営業マンの役割ができる人

〈まとめ〉

・本業収入を超えるオススメ副業モデルは2つ
・「影響力」で稼ぐ「インフルエンサー型」
・「専門スキル」で稼ぐ「ディレクター型」
・再現性が高く、多くの人にオススメなのは「ディレクター型」

「インフルエンサー型」を目指す方へ

勘違いした人気者の末路

マモル：インフルエンサーになるって、「人気者」になるってことですよね!? なんか楽しそうでいいっすよね〜！

サラタメ：たしかに、やりがいのある仕事だとは思います！ ただですね……、実は単純に「人気者」になるのとは違い、どちらかというと**キャラクタービジネスを展開するといったほうが、イメージに合ってるかもしれません。**

マモル：へー、そうなんですか……ってことは！ サラタメさんも偽ったキャラを演じて、ウソで塗り固めまくってる感じなんですか!?

サラタメ：そこまでではないですけど（笑）。でも、「中の人」と「サラタメさん」が、完全に同じ人格かといえば、そうでもないかなと。「サラタメさん」というキャラクターを、一歩引いた目線で管理するようにはしてますね。

「インフルエンサー型」を目指すなら意識したい3つのポイント

①「有益競争」で終わらない

サラタメ：結論、有益な情報発信から始めて、いつかは「世界観※」も伝えられる発信に切り替えていけるといいですね！

最初は「世界観」なんていりません。何者かわからない人の「世界観」には誰も興味がないからです。

まずは、自分の得意分野に沿って、ひたすら有益な情報を発信しましょう。そうしないと、フォロワーは増えていきません。

P444で触れた、3ステップの「物知り」段階は、有益情報のみで問題ありません。

ただ、フォロワーが1000人規模になってきたら、有益なだけでなく「世界観」

世界観とは？
わかりやすくいえば、独自の意見です。「自分にとって、世界はこう見えている」と発信すること。すでに使い古された知識、解説されたニュースでも、発信者が独自の世界観で切り取れば、一気に斬新な情報に生まれ変わる。

も発信していったほうがいいです。

〈例〉

有益な情報「転職の応募書類作成、3つのコツを解説します」

世界観のある情報「今の時代は、ワークライフバランスを確保する目的で転職すべきです！」

有益な情報「今日はこんなニュースがありました。A社の株が上がる可能性アリ」

世界観のある情報「ただ、A社の社長の考えに同意できないから、私はこの株を買いません！」

サラタメ：私がYouTubeで書籍の解説をした後、「**サラタメ的補足**」として独断と偏見を述べているのは「世界観」を演出し、他のYouTuberと差別化したいという意図があります。

有益な情報には当然価値がありますが、勉強さえすれば誰もが発信できてしまうもの。有益性だけを頼りに発信していると、「有益競争」から抜け出せません。

一方で**「世界観」は、自身の人生経験やライフスタイルからにじみ出てくるもので、簡単にマネできるものではありません。**ですから「世界観」まで発信して、それが受け入れられるようになると、「インフルエンサー型」のビジネスは安定していきます。

サラタメ：ちなみに世界観は、ユニークさが大事！　老若男女、誰もが考えていることは「世界観」ではなく「一般常識」で、情報発信の付加価値にはなりにくいです。

さらに、**時代の空気感を切り取った世界観は強いです。**

今までの時代では否定されてきたけれど、徐々に受け入れられつつある考え方です。そういった世界観は、発言したいけれど、言い出せずにいる人たちがたくさんいます。そんな人たちの意見を代弁してあげると、フォロワーが「よくぞ、言ってくれた！」という気持ちになり、強固な関係性を築くことができます。

②「過去の自分」を救う気持ち

「インフルエンサー型」ビジネスは、単純に人気者を目指すのではなく、マーケティング思考で、「①狙うターゲット」「②提供できる価値」を明確にし、戦略的に展開していかないといけません。

簡単にいうと、「どんな人（ターゲット）に対し、どんな質のよいアドバイス（価値）を提供できるか」を意識しないといけないのです。

また、差別化も大事です。「なぜ他の人ではなく、自分のアドバイスを聞いたほうがいいのか」に対する答えもしっかり示す必要があります。

マモル：な！　そんな急に「マーケティング思考」とか言われても、ややこしくてわかりません!!

サラタメ：ですよね（笑）。そんなマモルさんも「過去の自分」を救う気持ちで、情報発信すればＯＫなんです！

本来、情報発信でビジネスを展開していくなら、「どんなターゲットを設定するか」「そのターゲットがどんな価値を求めているか」などを、マーケティング思考で分析する必要があります。

でも、そんなめんどくさい&難しい戦略的思考をしなくても、「**〈過去の自分**

の悩み〉を解決してあげよう！」という気持ちで発信すれば、すべて解決します。

サラタメ：これがサラリーマン副業の強みでもあります。私のような普通のサラリーマンが過去に抱えていた悩みは、今なお多くの人の悩みだったりします。ですから、そこには大きなニーズや市場が存在しているんです！

「過去の自分」がターゲットなら、どんな欲望・悩みを持っていたか？ 手に取るようにわかるはずなので、綿密な分析もいりません。

③本人ではなく「影」を見せる気持ちで

「インフルエンサー型」のビジネスで大事なのは、「自分自身が人気者になること」ではなく、「キャラクターを運用している」「専門雑誌をつくっている」という一歩引いた視点です。その視点がないと、遅かれ早かれ、悲惨な結末に陥ることになるでしょう。

サラタメ：ありのままの自分を出すのではなく、自分から生まれる〝**影**〟を見せるイメージですね。

マモル：本人じゃなくて、カゲ!? ……? まったく意味がわかりません……(笑)。

サラタメ：要は、元となる自分のシルエットは活かしつつ、商品としてお客さんに見せたい部分だけを見せようということです。自分本人とキャラクターとしての自分がゴチャ混ぜになると、私のような凡人はまず長続きしません。

インフルエンサーとして多くの人に知ってもらうことは、多くの賛否を浴びることにもなります。

そこで、「自分本人」と「インフルエンサーとしての自分」を混同すると、批判を受けたらひどく落ち込み、ホメられれば調子に乗りすぎてしまいます。完全に人格を一致させると、感情が揺り動かされすぎてしまうため危険なのです。

批判されたのもホメられたのも、自分本人ではなく、「自分から生まれた影」だととらえると気持ちがラクになります。インフルエンサーとしての自分は切り分け、冷静かつ客観的に運営していくよう心がけましょう。

一方、まるでタレントのように、自分の人生や日常を、まるごとコンテンツ化していく人もいます。「裏表がなく、常にスイッチオンの状態」という方はそれでもいいでしょう。ただ、芸能界で活躍するタレントでもそんな方は少数派。普通のサラリーマンとして生きてきたなら、キャラクターと実際の人格を切り分けて運営する方針が合っていると思います。

サラタメ：人間は誰しも、感情の起伏があります。ですから、そのときどきの気分で運営していると、ターゲットも提供価値もブレブレになります。私自身、自分の意見をもとにしながらも、「サラタメさんというキャラクターなら、どんな表現をするか」という一歩引いた視点を忘れないよう努めています。

〈まとめ〉

- 「インフルエンサー型」ビジネスは、「人気者」を目指すわけではない
- 「有益情報」だけでなく、「世界観」も発信できるようにする
- 「過去の自分」を救う気持ちで、ターゲットに発信する
- 本人ではなく「影」ととらえ、一歩引いた視点で運用する

「ディレクター型」を目指す方へ

クラウドソーシングから始めよ

マモル：サラタメさん、正直ボクは「インフルエンサー型」より、コツコツ専門スキルを身につける「ディレクター型」のほうが気になるんですけど……。

サラタメ：そ、そうでしたか……。なんだかフラれた感（笑）。でしたら、「ディレクター型」副業の心得を、私より詳しい方から教えていただきましょう！ **副業ライターから始めて、今ではWebメディアのディレクターとして独立された佐々木ゴウさんです！**（佐々木ゴウさんのプロフィールはP494、以下「ゴウ」）

マモル：ゴウさん、はじめまして！　よろしくお願いします!!　ボクって専門スキルとかまったくないんですけど、ディレクターになれるもんですかね……？

ゴウ：全然大丈夫ですよ！　私もそうでしたし。「経験もスキルもない未経験者」から「専門スキルを活かしたディレクター」になるまでの、道のりを解説していきますね。

「スキルなし」から「ディレクター」までの道のり

ゴウ：ザックリですが、ディレクターになるまでの流れはこんな感じです！　特に重要な「②営業」を厚めに伝えていきますね。

①さっさと「小さいアウトプット」
②「小さいアウトプット」をもとに営業
③専門性を磨いて報酬アップ
④小さなところから外注化

①さっさと「小さいアウトプット」

エンジニア、ライター、デザイナーなど、どのスキルを選べばいいかわからないうちは、いろいろなスキルを小さく試すのがオススメです。

〈例〉
・エンジニアに興味アリ↓1ページだけの簡単なサイトを制作してみる
・ライターに興味アリ↓最近買った商品のレビュー記事を書いてみる
・デザイナーに興味アリ↓好きなYouTuberやメディアのサムネイル画像をつくってみる

マモル：すぐつくっちゃうんですね!?　本とかスクールとか、基礎知識を勉強してからじゃなくて大丈夫なんですか……？

ゴウ：大丈夫ですよ。不安な気持ちもスゴくわかるんですが、どのスキルを極めたいか、方向性が決まっていない段階で〝お勉強〟に時間をかけすぎないほうがいいです！

もちろん、本を1、2冊読んで基礎知識を習得するくらいは、積極的にやるべきです。

ただ、実践前から膨大な知識に埋もれてしまうと、機会損失につながることも。

たとえばライターでは、「セールスライティング」「SEO」「マーケティング」など、収集するといくらでも高度な知識が出てきますので、お勉強に終わりがありません。

高度な知識は、実践中に必要になったタイミングで勉強するくらいでOKです。

「アウトドアジャンルに特化したライターになりたい」と思ったら、すぐに最近買ったキャンプ用テントを紹介する記事を書いてみましょう。

実際に書くときに、「記事のタイトルってどうつけたらいいんだろう?」「このテントほしい！　買いたい！　と読者に思ってもらうにはどんな見出しが必要なんだろう?」と思ったら、そこでセールスライティングの本を読んでみる。やりながらで大丈夫ですから、「小さいアウトプット」を少しずつ完成させましょう。

②「小さいアウトプット」をもとに営業

ゴウ：この「小さいアウトプット」こそが、副業初心者にとって宝なんです！

マモル：ボクのキャンプ用テントの記事なんかが、宝なんですか!?

ゴウ：はい、それも一つの立派なアウトプットです。マモルさんの実績の一つになるので、そのアウトプットを使って、クライアントに営業をかけられるようになります。

残念ながら大半のクライアントは、未経験者に仕事を発注したいと思いません。納品されるアウトプットの質がわからないからです。

受注側として、未経験であることは仕方ありませんが、**アウトプットの質だけは相手に伝わるようにすべきです。そのために宝ともいえる「小さいアウトプット」を活用しましょう。**

副業初心者の段階では、アウトプットの完成度が低く、人に見せるのも恥ずかしいかもしれませんが、それでOKです。

逆に、実力以上にカッコつけてしまうほうが問題。クライアントの期待値を上げてしまってから、それに見合うものが納品できないと、仕事は長続きしません。先方の期待値と、こちらのスキルのすり合わせの意味でも、「小さいアウトプット」には大きな価値があります。

どこに営業をかければいいのか？

マモル：でも、ゴウさん！「小さいアウトプット」ができたとして、実際どうやって仕事を受注すればいいんですか？　まったくイメージが湧かないです……。

ゴウ：ザックリいえば、❶クラウドソーシング、❷制作会社や運営会社への直接営業、この2つが初心者にオススメです！

❶クラウドソーシング

クラウドソーシングとは、仕事を発注したいクライアントと、受注したいワーカーがいる仕事のマッチングサイトです。

ぶっちゃけ、最初は報酬があまり高くないですが、**「初心者でも発注してくれるお客様候補がいる」のが大きなメリット。**最初の1件目を受注する場所としては、非常にオススメです。

代表的なものとして、前述した「クラウドワークス（https://crowdworks.jp/）」「ランサ

クラウドソーシング

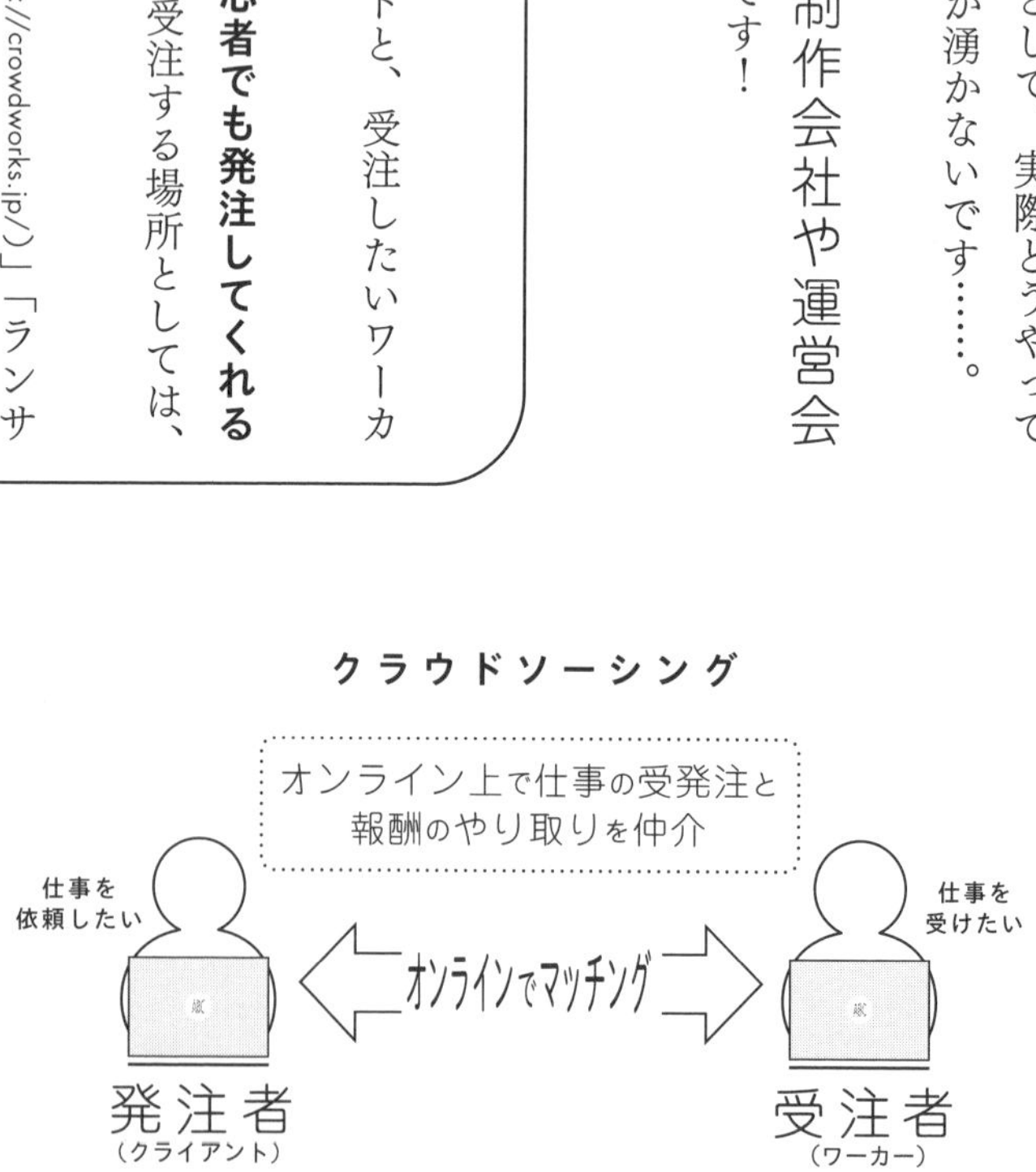

ーズ（https://www.lancers.jp/）」などがあります。

まずはこの2つを登録しておき、気になる案件を見つけたら、自分から提案文を送ってみます。

❷制作会社や運営会社への直接営業

Webサイト制作業者や、メディアの運営会社などに直接営業するのもオススメです。

もしライターやデザイナーなどを募集しているようであれば、募集フォームから応募文を送ればOKです。ただ、募集しているかどうかわからない場合、しかも「企業」に対して営業をかけるのは、ハードルが高いと思われるかもしれません。

ただ実際のところ、多くの会社が人材不足であるため、スキルがハイレベルでなくても、あなたのアウトプットしたもののレベルが、企業側の求めるレベルとマッチすれば、採用してもらえる可能性は十分あります。

そうはいっても、使い回しの定型的な営業文面で、ガンガン採用されるほど甘いものではありません。次ページの例を参考に、自身の特長を活かした内容にカスタマイズして送ってみましょう。

【キャンプマガジン】様

Webライターの【佐々木 ゴウ】と申します。

キャンプ初心者向けノウハウを発信されている貴社メディア「キャンプマガジン（https://●●●）」を拝見し、ライターとしてご協力をさせていただけないかと思い、ご連絡しました。

私は大のキャンプ好きです。今まで10回以上、テントでのキャンプ経験があります。
また、キャンプ未経験の知り合いの相談に乗る機会も多いので、初心者の方がつまずきやすいポイントを踏まえながら、記事を執筆することができます。

貴社メディアで執筆させていただくことを想定して、下記のとおり、サンプル記事を書いてみましたので、ご一読いただけますと幸いです。

タイトル
「小さい子どものいるファミリーキャンプで意外と役に立つ３つのグッズ」
https://●●●

■希望条件
・月の可能稼働時間：40時間
・月の執筆可能本数：８本前後
・稼働開始可能日程：10月～
・希望記事単価　　：1万円（1記事3000字程度を想定）

****
以下、その他の私の経歴です。

■経歴
・2001/３月　◎◎大学、××学部卒業
・2001/４月　○○会社入社（法人営業）
・2005/４月　△△に転職（人事）

採用していただいた際には、よきパートナーになれるよう尽力させていただきます。
その他、何かご質問やご要望等ございましたら、お気兼ねなくお申しつけください。
ここまでお読みいただき、誠にありがとうございました。
ご検討のほど、よろしくお願いいたします。

直接営業のコツ

ゴウ：採用される営業文面のポイントは、「理解」からの「有用」アピールです。

・理解：「ふむふむ、この企業はこんなメディアを運営しているのね」

・有用：「そんな状況だったら、私はこんな形でお役に立てます」

多くの人が、採用してもらいたい一心で、自分の「有用性」ばかりをアピールしますが、そこをちょっと我慢してみましょう。有用性は、相手側のニーズによって変わるからです。

たとえば、相手が「アウトドアのメディアを運営している会社」の場合、そのメディアの目的が「山岳ガイドを採用するためのメディア」なのか、「釣竿を一般消費者に売るためのメディア」なのかで、アピールすべき内容は大きく異なります。

ですから、相手がどういった目的で、どんなビジネスをしていて、何に困っているのか、まずは状況把握から始めましょう。そのうえで、「**スキル**（**実績、ポートフォリオ**）」「**経歴**（**業務経験**）」「**コミット**（**週or月の稼働時間・量**）」の3点が伝えられれば、パーフェクトです。

また、「小さいアウトプット」として、実際に制作したサンプルも同時に提示するのがオススメです。ライターなら「こういう記事を書いてみました」、デザイナーなら「こういうバナーデザインを考えてみました」といった形です。もし、今回不採用になったとしても、ずっと使える営業資料になるので、**本気で**つくってみてください。

最初はフラれまくる

ゴウ：いろいろ営業ノウハウを紹介しましたが、これらを全部実践しても、**最初30件くらいは落とされます……。**

マモル：30件も営業かけて、フラれ続けるんですか⁉ それは絶対心折れる！ 何か秘策はないんですか⁉

ゴウ：秘策……。これはもう、耐えるしかありません（笑）。私も最初は20件近く落ちましたし。

マモル：ガーーン!! フラれ続けるしかないんですね……。

ゴウ：まぁ、逆に30件以内で仕事をもらえたら、スゴいですよ！ だって未経験なんですから！ 実績も何もない自分に経験を積ませてくれて、さらにお金をいただけるわけですから、そんな会社があっただけで超ラッキーなんですよ！ そんなポジティブな気持ちで、どうにか乗り切ってください（笑）。最初はしんどいかもしれませんが、少しでも実績ができれば、急に落とされることはなくなります。そこまでは、どうにかファイトです!!

③専門性を磨いて報酬アップ

複数の仕事を獲得できるようになったら、その業務経験やインプットを活かし、自分の専門性を磨いていきましょう。

ここで注意したいのが、P431にあったように、仕事の報酬の高さを左右する要因は「市場」という点です。これまで磨かれてきたスキルをもとに**「稼げる市場」で仕事を探してみてください。**稼働量を増やすより、よっぽど収入が高くなります（佐々木ゴウさんの事例はP500）。

④小さなところから外注化

徐々に報酬が上がり、お金に余裕ができて、さらに他の人のアウトプットに修正指示が出せるくらいになってきたら、おもいきって「**外注化**」に挑戦しましょう。

最初は経験不足なので、うまくいかないはずです。

ビジネスオーナーとして、自腹で給料を払って人に働いてもらうなんて、ほとんどの人が経験ないので当然です。

ただ、ここでうまくいかないからといって、外注を断念すると、ビジネスが成長していきません。

スキルが高まって受注が増えても、仕事量をこなせず、売上が頭打ちになります。

最初に苦労するのは誰もが通る道と悟り、少しでも早い段階で外注を試して徐々に慣れていきましょう。

ゴウ：注意点は、外注も「**小さく始めること**」です。最初はどうしたってうまくいきませんから、**何かトラブルがあった場合でも、自分で全部尻拭いできる範囲から始めましょう。**「一人に機械的な作業をお願いする」くらいから始めるのがベストです。

〈まとめ〉

・「スキルなし」から「ディレクター」までの道のりは、4ステップ

①さっさと「小さいアウトプット」

②「小さいアウトプット」をもとに営業

③専門性を磨いて報酬アップ

④小さなところから外注化

・〝お勉強〟はほどほどにして、すぐアウトプット

・初受注はクラウドソーシングがオススメ

事例

STEP 2 副業力

サラリーマンYouTuber「サラタメ」の場合

「インフルエンサー型」副業の好事例①

プロフィール

・YouTubeチャンネルを複数運営
（オススメ書籍や転職ノウハウを解説するチャンネルなど。登録者合計60万人超え）
・転職ブログ「サラタメのホワイト転職」を運営

インフルエンサーまでの3ステップ

①物知り：ビジネス書300冊以上を読み込んだ現役サラリーマン

サラリーマンYouTuber
サラタメ

②営業マン：オススメ「書籍」、「転職支援サービス」を営業
③インフルエンサー：YouTubeチャンネル登録者60万人超え

本業超えまでの6ステップ

①「副業の軸」を明確にする

なぜ副業を始めた？

▼「出世」より「副業」の時代が来ると確信したから

『LIFE SHIFT』を読み、人生100年時代は、「出世する」より「副業を育てる」ほうが勝ち筋だと思いました。

また、自分の心からやりたいと思える仕事を、会社の枠組みの中で実現することに違和感を感じたのも理由の一つです。

会社はあくまでも企業のミッションを遂行する場所。心からやりたい仕事は、自分の手で始めたビジネスで実現すべきだと考えました。

当初の目標は？

▼老後の不安さえ払拭できればＯＫ

60歳くらいで定年退職した際、収入が月額15万円ほどの年金だけになってしまうのが不安でした。ですから、「その不安さえ払拭できればいい」というかなり低めな目標です（笑）。遅くとも定年退職するまでには、月20万～30万円稼げる仕組みを構築したいと思っていました。

②「好き」より「稼げる」仕事を選ぶ

なぜサラリーマンYouTuberに？

▼ポジションが空いていると気づいたから

詳細にいうと、次の3つです。

1．ブームを見つけた

私がYouTubeを始めた2018年12月頃は、ビジネス系YouTuberが増え出しているタイミングで、ブーム到来を感じました。

当時はまだ少数でしたが、ビジネス系チャンネルで成功事例も生まれていたので、マネしやすいお手本もあり、着手しやすかったです。

2．得意だった

文章より、しゃべりながら伝えるほうが圧倒的に得意でした。

私より先に成功しているYouTuberの動画を見ても、「ある程度練習すれば、伝えるテクニックでは勝てそう」という自信はありました。

ブログやTwitterは、試行錯誤してもあまり成果が出なかったのですが、「しゃべりなら勝負できるかも！」と思い、YouTubeというプラットフォームを選択しました。

3．ポジションが空いていた

当時、ビジネス系YouTuberが数多く生まれていたものの、「**現役サラリーマン**」で注力している人は、ほぼいませんでした。

「サラリーマン」という切り口なら、ビジネス系YouTuberの中でも独自のポジションを確立できると思いました。

どんな試行錯誤があって今のビジネスにたどり着いた？

▼ブログはまったくうまくいかず、2つつぶした

まず、YouTubeにたどり着くまでに、せどり、投資、ブログなど、副業らしきものはほぼすべて手をつけました。

ブログは半年以上継続したものが2つありましたが、まったくアクセスが集まらず、どちらもつぶしました。ただ、そこで得たライティングスキルは、YouTubeの台本作成に活きたと思います。

YouTubeに関しても、最初は自分の持てる限りの知識を幅広く発信してみました。テストだと割り切って質は求めず、ほぼ毎日、投稿していました。

いろいろ試す中で、「**書籍解説**」と「**転職**」ジャンルの動画再生回数が明らかに伸びたので、そのジャンルに注力しました。

④継続で「経験」を稼ぐ

どのくらいの期間で結果が出た？

▼副業を始めて2年後、YouTubeを始めて半年後

YouTubeを始めてから約半年ほどは、最低週2回の投稿を継続し、月5万円くらい稼げるようになりました。

これだけ聞くと、なかなか早く稼げるようになったと思えるかもしれませんが、「副業を始めてから」という意味でいうと、そうでもありません。丸2年くらいは毎日のように作業しても、**ほぼ収益ゼロ**だったので、「このまま1円も稼げないのでは……」と心が折れそうになる瞬間は何度もありました。

継続で得たものは？

▼「台本構成力」と「ナレーション力」を鍛えた

約半年間は、自分のプライベートを、ほぼすべてYouTubeに捧げました。

その中で、最後まで動画を見たくなる「**台本構成力**」と、情報だけでなく

感情まで伝える「**ナレーション力**」を鍛えました。

また、「サラリーマンYouTuber」という立場が珍しかったため、ビジネス系メディアや、インフルエンサーの方からお声がけいただく機会があり、そこで広がったネットワークは、今も活きています。

副業にどのくらいの時間をかけていた？

▼〈平均週22時間〉平日4日×3時間、土日2日×5時間

平日

会社を18時までに切り上げ、21時までに食事と風呂を済ませ、そこから24時に就寝するまで作業をしていました。

休日

飲み会が好きで、休日の夜は出かけてしまうことが多いため、夕方までの時間で作業していました。具体的にいえば、ちょっと遅めの朝食を食べた後、10時30分から16時までです。ランチ休憩も挟むので、だいたい5時間くらい作業することになります。

ちなみに私の場合、早朝から作業する「朝活」は性に合わなかったです。何度か挑戦しましたが、体調を崩してしまうので断念しました。

⑤ご指名をもらえる質に仕上げる

どんな経緯で時間単価が上がった？

▼固定視聴者がつき、視聴回数が安定した

「台本」「ナレーション」の質が上がったことで、ライバルとなるYouTubeチャンネルが数多く出てきても、ご指名で視聴してくれるお客さんを一定数確保できるようになりました。すると、視聴回数は安定し、一つの動画をつくることで得られる収益が上がっていきました。

自分のご指名ポイントは？

▼現役サラリーマンとしての視点

ただ単に書籍内容を要約するのではなく、「**サラリーマンが実際のビジ**

ネスシーンで活かすとしたら、具体的にどう〝行動〟すればいいか」まで解説することを意識しました。

⑥外注してチーム化する

外注してどんな変化があった？

▼作業量は減り、動画の質は上がった

自分だけの技術では、パワポを使った簡素な動画編集しかできませんでしたが、外注することでアニメーション編集が可能となり、動画の質は格段にアップしました。

また、自力の時代は簡素な編集でも3時間ほどかかっていましたが、その時間も大幅短縮でき、自分が注力すべき「台本」と「ナレーション」にいっそう集中できました。

外注の難しさは？

▼"自分"のお金を払う抵抗感

副業で1円稼ぐことすら大変なことが身にしみたからこそ、お金を誰かに払うことに抵抗がありました。

サラリーマンの仕事で活用する外注は、会社のお金なので躊躇《ちゅうちょ》なく払えますが（笑）、副業での外注は、自分の財布のお金をはたいてお願いするわけで、最初はどうしてもソワソワします。

赤字になるとメンタル的にしんどいので、外注費で赤字にならない程度に稼げるようになってから、チャレンジすることをオススメします。

副業年表（本業を超えるまで）

開始	ホワイト企業に転職。空いた時間で副業開始
2か月	いろいろな副業に手を出す。初期費用が低めのブログを始める
8か月	転職系ブログに半年ほど注力するも、挫折してつぶす
10か月	投資系ブログを開始
1年7か月	投資系ブログに8か月ほど注力するも、また挫折してつぶす
1年10か月	YouTube開始。ほぼ毎日投稿。様々なジャンルの動画をつくり、試行錯誤
2年0か月	1本の「転職」に関する動画がバズる。チャンネル登録者数1万人に
2年6か月	ジャンルを「転職」から「書籍解説」に切替。登録者5万人に。 本業の収入を超える
現在5年目	チャンネル登録者数60万人超え。 転職ブログも含めた収益で、年収は大手企業の役員さんほど

ガジェットブロガー「マクリンさん」の場合

「インフルエンサー型」副業の好事例②

プロフィール

・サラリーマンとして営業・マーケティングを経験した後、34歳で副業開始。副業開始2年後に月収100万円を達成
・現在37歳。月100万回読まれるガジェットブログ「マクリン（https://makuring.com/）」を中心に複数サイトを運営
・サイト運営以外に、副業向けオンラインサロン「マクサン（https://makusan.jp/）」や品川のコワーキングスペース「レイテラス（https://ray-terrace.co.jp/）」、雑貨ショップ「ハナトツキ（https://hanatotsuki-shop.com/）」も運営中

インフルエンサーまでの3ステップ

①物知り：ガジェットにちょっとだけ詳しいブロガー

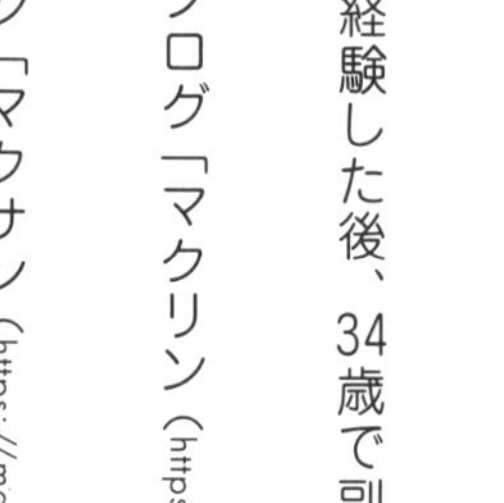

ガジェットブロガー
マクリンさん

ガジェットブログとは？
ガジェット（デジタル機器）を紹介するブログを書き、アフィリエイトを中心とした広告収益を得るビジネス。インフルエンサー（メディア）としてのパワーが強くなると、企業から商品を提供してもらい、企業案件として商品紹介することも。

②営業マン：年100個以上のガジェットをレビュー
③インフルエンサー：サイト月100万PV（ページビュー）、Twitterフォロワー2万7000人のガジェットブロガー

本業超えまでの6ステップ

①「副業の軸」を明確にする

なぜ副業を始めた？

▼稼ぎたいけど「出世したい」と思えなかったから

多額の奨学金返済があり、本業収入だけでは、人並みの生活を送ることさえ難しい状況でした。本業で出世して給料を上げていけば、多少改善できたかもしれませんが、社内に自分の理想とする上司像がなく、どうしても出世したいと思えず……。

「出世したくない。でも人並みの生活を送りたい」と副業に興味を持ちました。

当初の目標は？

▼副業だけで月5万～10万円稼ぐ

当初の目標は「奨学金の返済があっても、人並みの生活を送る」でした。
まずは毎月の奨学金返済額（5万～10万円）を、副業だけで稼ごうと決めました。

②「好き」より「稼げる」仕事を選ぶ

なぜブロガーに？

▼自分の強みを活かせるビジネスチャンスがあると気づいたから

詳細は、次の2つです。

1．文章を書くのが得意だった

小学生の頃から多くの文学に触れてきたおかげで、文章を書くことが得意でした。
普通の会社員をしながらも、いつかは「文章を書いて生活したい」という想いがあったので、ブログ執筆は楽しみながら取り組めました。

2. ビジネスチャンスに気づいた

妻が在宅ワークで、ライターの仕事を始めたことをきっかけに、ビジネスチャンスに気づきます。妻の作業単価が1記事1000円と激安にもかかわらず、納品先のメディア自体はアクセスが多く、かなり儲かっているようでした。妻も私も文章を書くのが得意だったので、自分たちでメディアをつくってみようと思い立ちました。

③失敗前提で小さく試す

どんな試行錯誤があって今のビジネスにたどり着いた?

▼転職ジャンルの記事がうまくいかず、いろいろなジャンルに手を出した

ブログのジャンル選びに、試行錯誤がありました。僕自身、複数回の転職を経験しているため、それなりにノウハウやコツを書けるだろうと思い、安易に「転職ジャンル」に絞って記事を書き始めました。

ところがいざ書いてみると、そのテーマ自体がそこまで得意ではなかったため、書き続けるのが苦痛でした。そこからは転職ジャンルをあきらめ、自らの人生からネタをひっぱり出し、グルメや旅・文具・手帳などいろいろ書いてみる中で、「ガジェット」ジャンルにたどり着きました。

④継続で「経験」を稼ぐ

どのくらいの期間で結果が出た？

▼副業を始めて1年半後に本業の収入を超え、2年後に月100万円を超えた

副業を始めて半年ほどは、月1万円に届くかどうかくらいの低空飛行。その後、テーマをガジェットに絞ることで、徐々にアクセスが増えていきました。それと同時に、Twitterの運用にも着手。副業ブロガーとして成長していく過程やノウハウを発信することで、フォロワーとのつながりが増えました。

サイトの成長とTwitterアカウントの育成で、ブログの認知度も少しずつ高まり、ブログ開始後、1年半で本業以上の収入を達成。そこからは成長速度が増し、副業開始約2年後には**月収100万円**となりました。

継続で得たものは？

▼自分のブログを売り込む「営業力」

ブログ記事がある程度たまってからは、その記事をもとにガジェットメーカーに営業をかけました。「御社の拡販に協力したいので、商品をご提供いただき、記事を書かせてください」と提案。いくつかのメーカーからは、商品を提供・貸与されました。

本業で鍛えた営業力を、副業でさらに磨き、売上拡大につなげました。

副業にどのくらいの時間をかけていた？

▼〈平均週31時間〉平日5日×5時間、土日2日×3時間

平日は昼休みに会議室を借りてレビュー品を撮影し、画像編集を行っていました（12時30分～13時30分）。帰宅してから画像をアップした後、見出しと導入文まで作

成し、合間にSNSでいくつかのツイートをしていました（19～22時）。深夜になってから記事執筆を再開し、残りの2時間で記事完成ならびに記事更新を知らせる翌朝の予約ツイートをしていました（24～26時）。

ある1日のスケジュール

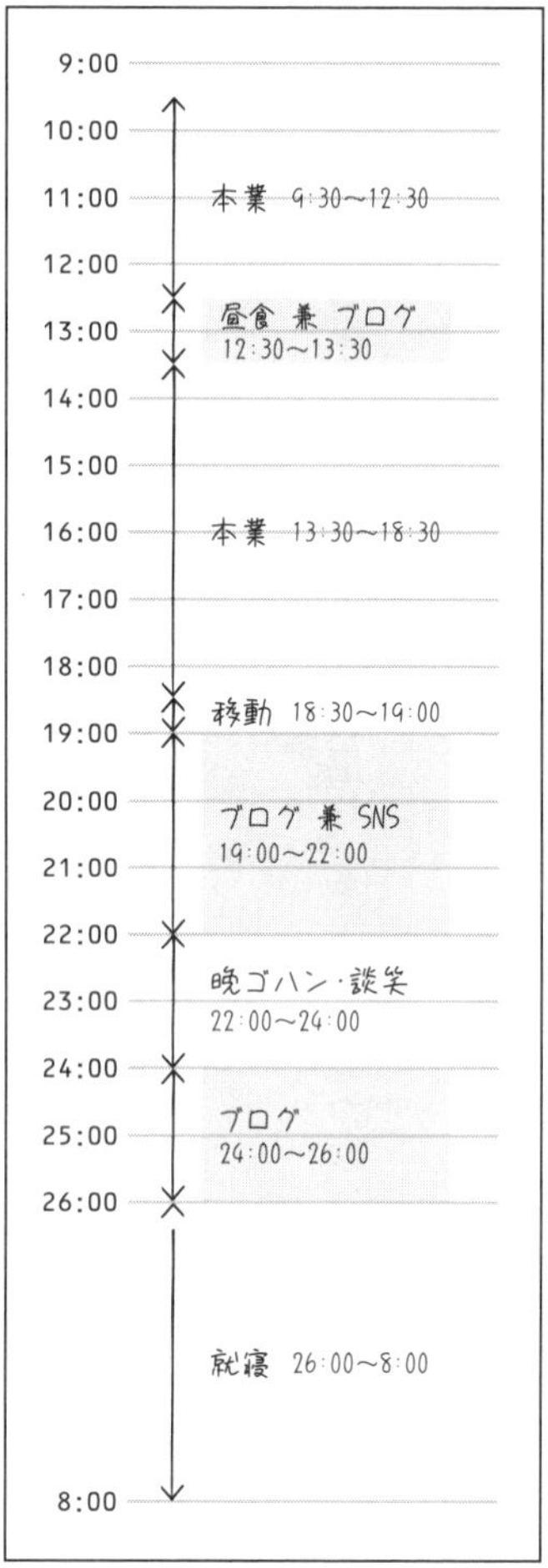

⑤ご指名をもらえる質に仕上げる

どんな経緯で時間単価が上がった？

▼「マクリン」の指名検索を増やした

大前提として、4字でユニーク性のある「覚えやすいサイト名」にしました。そして、一度訪問した読者が再訪問したくなるよう、臨場感のあるガジェット使用体験をベースに、記事を構成しました。これらの施策が実を結び、「マクリン」の指名検索を毎月一定数以上確保できるように。結果として、1記事当たりの収益性が高まりました。

自分のご指名ポイントは?

▼細やかな気配り

最初の頃は、ムダに個性を出そうとしすぎて文章をこねくり回し、やたら吹き出しを多用していました。

しかし、友人から「お前の記事は読みにくいし、もう一回読みたくならない!」と言われ、個性の出し方が間違っていると気づかされました。

そこからは、他のブロガーが触れないところまで書く「細やかさ」と、ガジェットについてマニアのように詳しくないからこそ書ける「わかりやすさ」を重視して書き続けました。

自分らしい表現より、わかりやすさにこだわった「読者への気配り」が自身のご指名ポイントかと思っています。

外注してどんな変化があった？

▼サイトを増やして、量で勝負できるように

「自分で写真を撮り、自分で記事を書いて」となると、生み出せる記事数にどうしても限界がありました。そこで、一部の記事を外注ライターに依頼し、撮影と編集に集中したところ、記事の生産性が飛躍的に高まりました。

現在では、記事執筆から編集まで、まるごと外注スタッフに任せているサイトも運営しています。そのサイトも収益源の一つなので、結果的に労力を増やさず、売上増を実現できました。

外注の難しさは？

▼〝自分〟の分身をつくる教育

お金さえ払えば外注自体は簡単ですが、自分と同等のクオリティをキープすることが難しいです。ただライターを増やすだけでは、記事・サイトの質自体下がってしまうことも。量を増やしながら、質を担保するために、外注ライターさんへのマニュアルを充実させ、モチベーション管理にまで取り組むようにしています。

副業年表（本業を超えるまで）

開始	定時退社可能なゆるやかな部署に異動。空いた時間で副業でブログ開始
1か月	手始めに転職ブログに取り組むも、開始5記事でネタがなくなり挫折
6か月	いろいろなジャンルの記事を手当たり次第に書き、仕事向けガジェット記事で月収1万円突破
10か月	充電器・モバイルバッテリーを中心としたガジェットのレビュー記事に絞り、月収5万円突破
1年6か月	ガジェットだけでなく家電ジャンルにも手を広げ、本業の月収を超える
2年0か月	ノートPCジャンルも書くようになり、月収100万円を超える
現在5年目	現在は副業を法人化し、独立

Webライター「佐々木ゴウさん」の場合

「ディレクター型」副業の好事例①

プロフィール

・新卒で大手IT系企業に就職。3年目に海外駐在。帰国後、EC（電子商取引）のコンサルティング会社に転職
・サラリーマン副業でWebライターを開始。半年で生活費を稼げる目処が立ち、独立
・現在、Webライター兼ディレクターとしておもに法人向けメディア運営代行（顧客30社以上）
・Webライターのためのオンラインコミュニティ「ライター組合」を運営（約800名所属）

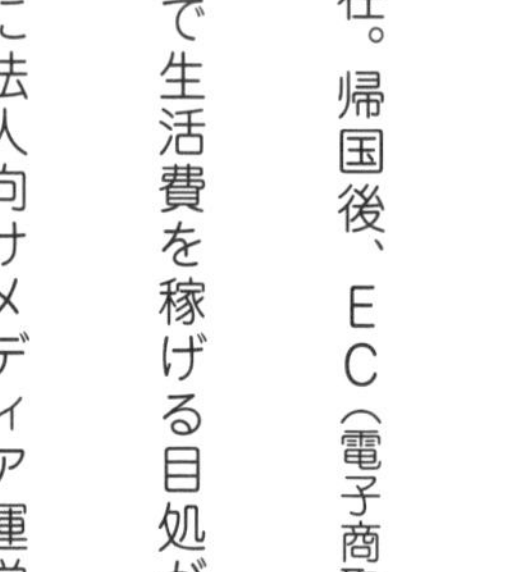

Webライター兼ディレクター
佐々木ゴウさん

「ディレクター型」までの3ステップ

①お手伝い：クラウドソーシングにて低単価の仕事を受注（時給換算200円でした……）

②職　人：サラリーマン時代の経験（IT、EC、海外駐在）を活かした専門性の高い記事をライティング

③ディレクター：数百名のライターとともに、法人メディアの構築から運営まで対応

本業超えまでの6ステップ

①「副業の軸」を明確にする

なぜ副業を始めた？

▼独立を経験するための助走

30歳になるまでに、思いつく限りの働き方（大企業・海外駐在・ベンチャー企業・個

人事業主・社長）を試し、最終的に自分に合ったものを選びたい思いがありました。

とはいえ、個人事業主としてお金を稼げる確証がない状態で、独立する勇気はなかったので、まずは副業に取り組んでみました。

当初の目標は？

▼最低限の生活費である月収12万円

ひとまず、最低限の生活費を目標にしました。家賃3万円（千葉の田舎を想定）、光熱費1万円、食費2万円、備品1万円、日用品1万円でザックリ計算。保険や税金などを踏まえても、12万円あればどうにか生活できるかなと。

②「好き」より「稼げる」仕事を選ぶ

なぜWebライターに？

▼いろいろ試して最後に残ったもの

デザイン・サイト制作・アフィリエイトなど、Web系の副業いくつかにチャレンジ。その中で「ツラくない仕事」「ある程度安定して稼げる仕事」として残ったのがWebライターでした。

Webライターの仕事は、始めたばかりだと時給が安いものの、即金性が高いです。さらには、Webメディアの記事制作は、一度受注すると長期間（少なくとも数か月以上）継続受注できることが多いので、売上が安定しやすいのも魅力でした。

③失敗前提で小さく試す

どんな試行錯誤があって今のビジネスにたどり着いた？

▼思いつくWeb系の副業は手当たり次第試した

デザインやサイト制作は楽しかったのですが、単発の依頼が多く、継続性がありませんでした。また、クライアントとのコミュニケーションに時間がかかりすぎて断念（自分の営業力の問題ですが……）。

アフィリエイトブログも、収益化まで時間がかかりすぎるので、生活費を稼げる未来が見えずに挫折。ライティング自体も、3か月でまったく芽が出なかったら、撤退しようと思っていました。

④継続で「経験」を稼ぐ

どのくらいの期間で結果が出た？

▼副業開始半年以内で目標達成。ただし、体調を崩す……

まず、目標を3段階に分けて定義しました。

①生きていくための最低限の金額（月8万円）
②それなりに生活できる金額（月12万円）
③理想的な生活をするための金額（月60万円）

月12万円の目標は、半年以内で達成できました。ただし、土日も休憩時間もほぼなく仕事をしていたところ、体調を崩してしまう時期もありました。基本的に副業において、「短期で」結果を出そうとするのは、オススメしません。

継続で得たものは？

▼最悪なんとかなるという安心感

副業ライターを継続することで、「食いっぱぐれはしないだろう」という安心感を得られました。

どんな仕事であれ、「一生食いっぱぐれない」とは言い切れないでしょうが、「いろいろ試す→ツラくない仕事に絞る→自分の経験や興味を活かして単価アップ→任せられる部分は人に任せる」といったスモールビジネスを切り盛りする手順は、ずっと使えるものだと思っています。

副業にどのくらいの時間をかけていた？

▼〈睡眠時間と本業の仕事とその勉強以外すべて〉

平日5日×5時間、土日2日×10時間

短期で結果を出したかったので、起きている時間は、ほぼ副業をやっていました。具体的には、起きたら家を出る前に記事のリサーチ&記事の骨子を作成、通勤中にスマホなどで執筆。昼休みにカフェで執筆。帰りに次の記事のリサーチ&骨子作成、帰宅後に執筆&納品。夜食時間はリサーチ、お風呂は耐水性のホワイトボードを持ち込み、骨子作成や営業方法の検討。いわゆるプライベートな時間はなかったかと。

ただし、睡眠時間は調子の上がりやすい1日7〜8時間を確保していたので、副業を続けられました。これはとても重要な習慣だったと思います。

⑤ご指名をもらえる質に仕上げる

どんな経緯で時間単価が上がった？

▼「稼げるジャンル」で記事を書いた

時間単価アップに一番貢献してくれたのは、「**稼げるジャンル選び**」だったと思います。

執筆速度はなかなか2倍にはなりませんが、ジャンル選びによって報酬が2倍になることは十分ありえます。

副業サラリーマン時代の週間スケジュール

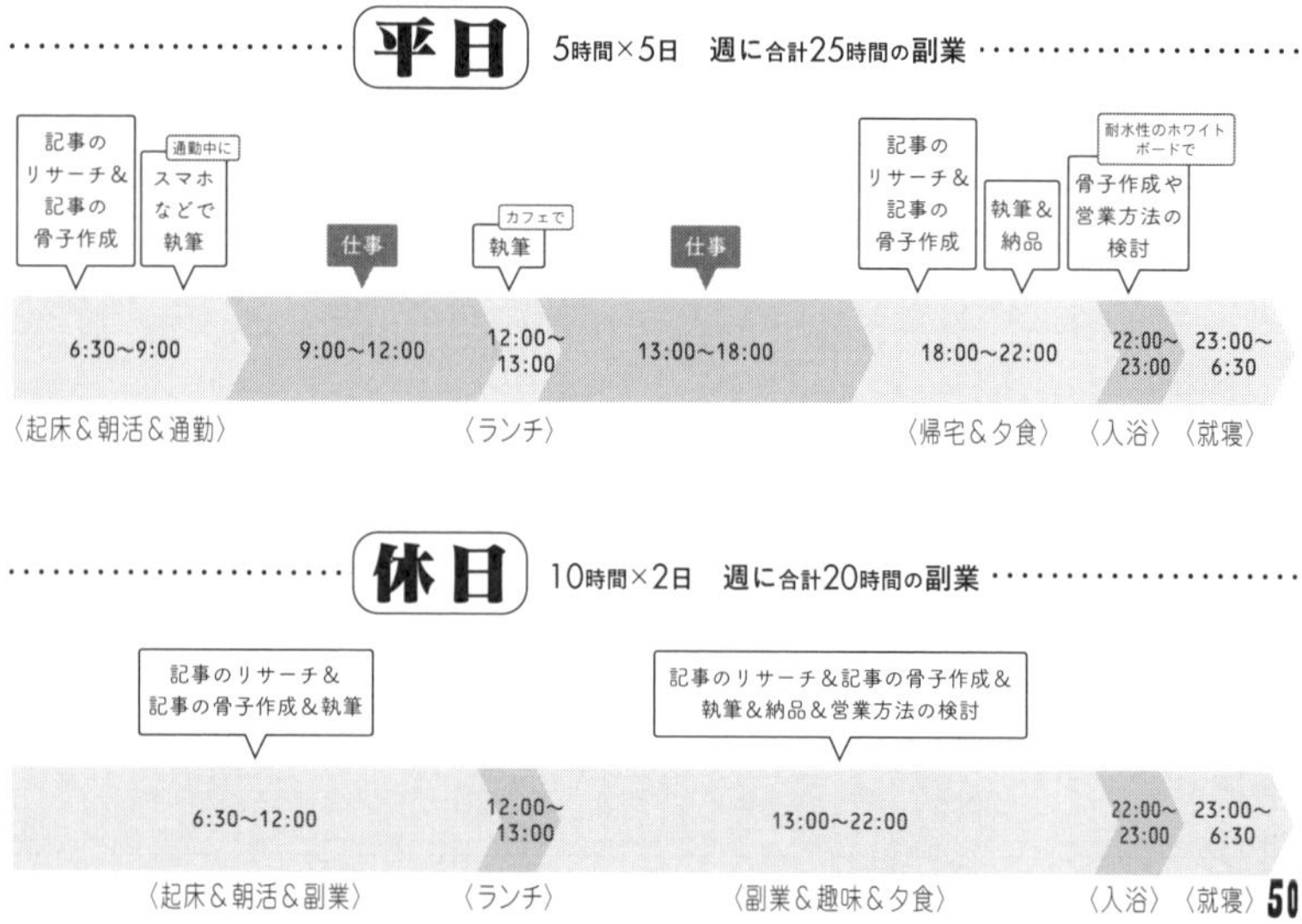

Ｗｅｂライター業における稼げるジャンルとは、「予算の大きいジャンル」のこと。そもそも広告にある程度予算を割けるクライアントでないと、単価を上げるのは困難だからです。ザックリ分けると、個人向けより法人向けのサービス、時流に乗っているサービス、利益率の高いサービスなどですね。

僕の場合、「ネットショップ」「中国ビジネス」「ＩＴシステム」というジャンルが主力でした。これらは、単体でもそれなりに報酬が高いのですが、**組み合わせると単価が倍以上**になることも。「ネットショップ×中国」で「**中国のネットショップサービスに関する記事**」というイメージです。

自分のご指名ポイントは？

▼売上に貢献する意識

僕はクライアントによく「なぜ佐々木に発注を？」と聞いていました。

そこでよく言われたのが、「**売上貢献への意識**」です。

たとえば、

・記事の終わりに、商品を売るための導線をきっちり設置する
・依頼された記事が、クライアントの売上につながるかを自分なりに考える

・競合調査し、クライアントの商品が他社に負けていると思う点があれば、競合に負けないためのセールストークを聞く

などが挙げられます。

文章力やSEOの知識より「**売上貢献への意識**」という面で評価されることが多いように思います。

⑥外注してチーム化する

外注してどんな変化があった？

▼作業時間&ストレスの減少と、売上の拡大

一番の大きな変化は「**作業時間の減少と売上の拡大**」です。

まず、誰がやっても同じ成果の出やすい、機械的な調査や情報整理など、**小さいけれど自分にとって苦手な作業**から外注を始めました。

自分の苦手な作業をお願いすることで苦手な作業をするストレスから解放され、仕事がかなり円滑に進むようになりました。自分にしかできない仕事の割合を増や

すことで時間単価も上がっていくので、売上拡大にもつながります。

外注の難しさは？

▼「自分のやり方」を伝えるのに時間がかかる

僕自身が「こう進めたい」「こう書きたい」といった仕事の進め方があるのと同じく、外注スタッフにも、自分なりのやり方があります。

ですので、こちらの方法に合わせてほしいときには、相手に納得してもらえるよう説明しないといけません。これが難しいです。

任せるのが「機械的な業務」から「思考が必要な業務」になっていくほど難易度は上がっていきます。

そこで、力を入れたのが**マニュアルの整備**。僕から口頭で説明した内容をそのスタッフの方にマニュアル化してもらい、それに対してフィードバックするサイクルで進めました。

こうすることで、僕からの説明内容をどう理解したかわかりますし、自分でまとめてもらうことで、定着も早くなるのでオススメです。

副業年表（本業を超えるまで）

開始	コンサルティング会社に転職。空いている時間に副業開始
3か月	Webデザイナーを目指すが、案件獲得がうまくいかず挫折
6か月	エンジニアを目指す。細かいコーディングのミスを連発し挫折
1年0か月	アフィリエイトブログを始める。一切収益が発生せず挫折
1年6か月	Webライターを始める。時給換算で200円を切ることがありながら、月5本ほどの受注を継続
2年0か月	最低限の生活費が稼げる目処が立ち、独立
現在5年目	法人向けのメディア運営代行やコンサルティングを行いつつ、Webライターのためのオンラインコミュニティである「ライター組合」を運営

STEP2 副業力

オンライン秘書「土谷みみこさん」の場合

「ディレクター型」副業の好事例②

プロフィール

・新卒で大手金融会社に入社後、8年で2社勤務。2社目では役員秘書を経験
・副業のオンライン秘書で、本業の収入を超えたことをきっかけに独立
・現在、年長と年少の保育園児を育てる32歳シングルマザー
・オンライン秘書として、中小企業経営者7名のクライアントをサポート中
・オンライン秘書になりたい人のコミュニティ「秘書部」を運営（約240名が所属）

「ディレクター型」までの3ステップ

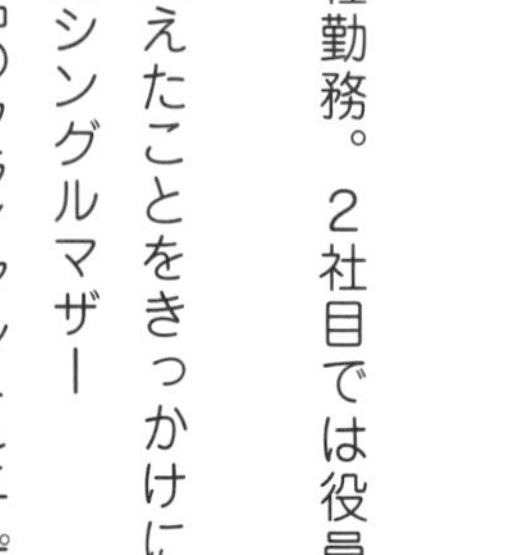

オンライン秘書
土谷みみこさん

オンライン秘書とは？

オンラインでやり取りしながら、クライアントの秘書業務を請け負う仕事。メール対応・スケジュール管理・出張手配・経理など様々な業務をサポートする。

①お手伝い：クライアントになってほしい人の事務作業をお手伝い
②職　人：提案力を磨き、仕事を積極的に巻き取る。仕事量アップ&単価アップ
③ディレクター：7名のクライアントをサポートする「秘書チーム」のディレクター

本業超えまでの6ステップ

①「副業の軸」を明確にする

なぜ副業を始めた？

▼子育てのために、もっと貯金したかったから

貯金ゼロのまま25歳で結婚。26歳で第1子、28歳で第2子出産と立て続けに出費が重なり、わずかな貯金もほぼゼロに。にもかかわらず、年1回の昇給額は2000円。生活するだけでもギリギリの状況。**今後、子どもたちが大きくなるにつれ、出費が重なるのに、毎月1万円も貯金できていない状況を打開したいと思い、副業を始めました。**

当初の目標は？

▼保育園代である月7万円稼ぐこと

副業開始当初は、認可外の保育園に通っていたため、保育園代が月7万円もかかっていました。いつかその金額を副業でまかなえたらいいなぁと思い、目標にしていました。

②「好き」より「稼げる」仕事を選ぶ

なぜオンライン秘書に？

▼気づいたら、それがオンライン秘書と呼ばれるものだった

「オンライン秘書になろう」と思って今の仕事を始めたわけではありません。SNSで知り合った中小企業の社長の事務を手伝っていたら、紹介でクライアントが増えていき、結果としてオンライン秘書と呼ばれる仕事になったというイメージです。

実は、最初に副業としてしっくりきたのはオンライン秘書ではなく、アフィリエイトブログでした。一時は月収が10万円を超えることもありましたが、Google のアップデートなどの影響で収益は不安定。「ブログは好きだけど、この収入が続くわけではない」と不安に思って始めたのがオンライン秘書でした。オンライン秘書の仕事は、基本的に時給制なので収益が安定しているのが魅力です。

また、自身では「大したことはしていない」と思っていた秘書スキルが、「**中小企業経営者や個人事業主からは、強いニーズがある**」と気づいたことも、本格的に取り組み始めた理由の一つです。

③失敗前提で小さく試す

どんな試行錯誤があって今のビジネスにたどり着いた？

▼当時大流行していたプログラミングは即挫折

当時、副業として流行っていたものは、ひととおり試しました。

オンライン秘書とはまったく毛色の違うプログラミングにも挑戦しましたが、まったく性に合わず、〝光の速さ〟で挫折しました（笑）。

当時から、**何度失敗してもやり直せるよう、初期費用をかけすぎないことは意識していました。**今の時代、高額教材に頼らなくても、YouTubeに学習動画があったり、1500円くらいの書籍で専門知識を学べたりするので、まずはそこからで十分だと思います。

「無料学習→実践→楽しいと感じたら、仕事として本格的に取り組む」というサイクルで、いろいろな副業に小さくチャレンジしてみました。

④継続で「経験」を稼ぐ

どのくらいの期間で結果が出た？

▼目標の月7万円はオンライン秘書開始2か月で達成

オンライン秘書開始2か月で、目標だった月7万円（保育園代）は達成できましたが、その先を見越して、早朝深夜問わずハードに働いていました。

というのも、「子育てにもっと時間をかけたい」という思いから、働く時間を自由に選べる個人事業主として、独立したかったからです。当時は焦る気持ちもあり、やや無茶な働き方になってしまいましたが、その甲斐もあってか、成果が出るのも早かったように思います。

継続で得たものは？

▼「テキストコミュニケーション力」

オンライン秘書として求められる能力はたくさんありますが、なかでも特に大事な「**テキストコミュニケーション力**（**文字で相手に伝え、動かす力**）」が鍛えられたと思います。

秘書としては、クライアントにいかに確認や回答の負担をかけないかが大切です。端的に要点を伝えつつ、トゲトゲしたコミュニケーションにならないよう配慮しないといけません。当初は、こちらの言いたいことがうまく伝わらず、悔しい思いもしましたが、クライアントの方々から綿密にフィードバックをいただけたことで改善できました。

数多くの実務経験をこなしたからこそ、身についたスキルだと思います。

副業にどのくらいの時間をかけていた？

▼〈平均週20時間〉
平日3日×3〜4時間、土日1日×5〜6時間

基本的には、子どもたちが起きてくる前の朝1時間と、子どもたちが寝た後の夜2〜3時間ほどです。

朝5〜6時には起床し、速攻で自分の身じたくを済ませました（5分で化粧など）。自分の身じたくが終わったら1時間ほど仕事し、子どもたちを保育園に連れていき、自分もそのまま出勤していました。

仕事が終わった後は、子どもを保育園に迎えに行きます。子どもたちが寝る前まではまったく時間が取れないので、寝静まった後21〜22時すぎから、就寝する24〜25時まで作業していました。

⑤ご指名をもらえる質に仕上げる

どんな経緯で時間単価が上がった？

▼仕事を巻き取る「提案力」を磨いた

「提案力」とは、

・クライアントが負担に感じていることは何か
・どうやって仕事を進めていくと負担が軽くなるか
・返答しやすい声かけのタイミング

などを考慮し、提案する力です。

多くのクライアントは、あまりに忙しすぎて「そもそも何をお願いしていいいか」がわからなかったり、把握していても、指示を出す時間がなかったりします。

ですから、こちらから積極的に仕事を提案すると喜ばれ、結果的に時間単価アップにもつながりました。クライアントが「それでお願いします」と返答すれば、仕事が進んでいく提案を心がけています。

自分のご指名ポイントは？

▼クライアントの「やってみたい」を実現する力

私が担当するクライアントの多くは、スピード感を求めるスモールビジネスの経営者です。彼らは新規事業をどんどん立ち上げていきますが、すべて自ら作業していては時間が足りず、「やってみたい願望」が溜まっていくばかり。その「やってみたい」をこちらが察知し、サポートできると非常に喜ばれます。

たとえば、何をすべきか、いつまでにすべきかなど「To Doタスク」や「スケジュール」をリスト化し、こちらで対応できるところは進め、クライアントの意向を反映すべき箇所だけ随時確認。クライアントのやってみたいことを実現に近づけるサポート力が、またのご指名につながるポイントだと思っています。

⑥外注してチーム化する

外注してどんな変化があった?

▼発注者の視点を持てるようになった

自分が外注する立場になったことで、クライアント目線で物事を判断できるようになったのが大きいです。

時給に対する考え方や、気持ちのいいコミュニケーションについてなど、仕事をお願いしている立場でしか見えないものがたくさんあります。

外注の難しさは？

▼自分でできることを人にお願いする難しさ

自分にとって苦手な作業であれば、外注に抵抗はないのですが、自分でもできる作業を人に依頼するのは、やってみるとけっこう難しいものです。詳細に指示し、作業方法をレクチャーしていると、自分でやるより時間がかかってしまうケースがあるからです。

しかし、今振り返ってみると、外注してみて本当によかったと思います。

今、私が、中心となる業務や新しい挑戦の種まきに貴重な時間を使えているのは、外注してチーム化するステップをおろそかにしなかったからだと思います。

副業年表（本業を超えるまで）

開始	貯金が貯まらず、給料の少なさに絶望し、副業開始。とりあえず、Twitterで情報収集
2か月	せどり開始。しかし、仕入れ作業の時間がなく、大きい荷物の梱包などが大変で挫折。月収1万円いかない程度の収益
4か月	小さなものなら梱包がラクだと思い、アクセサリー販売に着手。だが、ほとんど売れず
9か月	プログラミングがいいと噂を聞きつけ、始めてみる
10か月	プログラミングは性に合わず、すぐに挫折
1年0か月	アフィリエイトブログを始める
1年6か月	アフィリエイトで月収3万円達成
2年3か月	アフィリエイトで月収10万円達成
2年4か月	離婚を考え、自由がきく個人事業主を目指すようになる
2年6か月	アフィリエイトで月収15万円達成
2年8か月	好調だったアフィリエイトの収益が半額以下に
2年10か月	オンライン秘書開始
3年0か月	オンライン秘書だけで本業の月収を超えたため独立
現在5年目	中小企業経営者7名がクライアント。日々社長たちをサポート。オンラインコミュニティ「秘書部」を運営

よくある質問

会社に副業はバレないですか?

自慢せず、「住民税」をケアすればバレません。

まず基本ですが、会社の人（同僚や後輩）に「副業で稼いだ自慢」をするのはやめましょう。副業が軌道に乗ってくると、誰かに自慢したくなる気持ちはよくわかりますが、それで得することはありません。その自慢がひとり歩きし、会社にバレるケースは非常に多いです。

あとケアすべきなのが「住民税」。副業で稼いだ所得に応じた住民税額が会社に通知されてしまうと、副業していない社員と金額がずれるため、会社にバレてしまうケースがあります。

ただ、これは対策可能です。副業収入（事業所得）の確定申告をする際に、住民税を「特別徴収」ではなく、「**普通徴収**」にすればＯＫです。具体的には、確定申告書作成の際、下図のとおり**「自分で納付」という項目に丸をつけるだけ。**まったく難しくありません。これで会社に通知がいかなくなります。

副業は実名と匿名、どっちでやるべきですか？

私は匿名をオススメします。

各種ＳＮＳの発達により、情報拡散スピードが年々速まっている今、個人情報をネット上に公開してしまうリスクは非常に大きくなっています。今後、よりリスクは高まっていくことが予想されます。

「実名＆顔出し」でないと信頼してもらえず、ビジネスが成立しないのであれば実名公開もやむをえないですが、そんなことはありません。「匿名＆顔出しなし」の副業で稼いでいる方は、いくらでもいます。

本業の立場と副業が、大きな相乗効果を生み出すような特殊な方は実名でいいかもしれませんが、基本は**匿名からの副業スタート**をオススメします。匿名から始めれば、あとあと必要に応じて実名に切り替えることは可能なので。

イメージ
（確定申告書の住民税に関する事項）

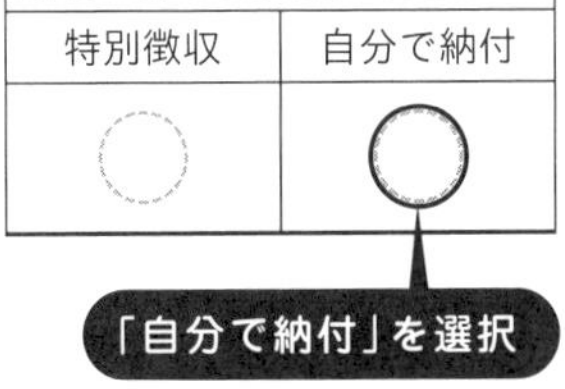

なんだかんだ言っても、本業に集中したほうが効率的では？

もちろん、その可能性もあります。

本業に集中するにしても、副業に集中するにしても、どちらもメリット・デメリットがあります。それらを踏まえて、生涯収入をトータルで考えてみてください。答えは、人それぞれ違います。

副業を始めたら、絶対に確定申告しないとダメ？

副業の場合、**「年間所得」が20万円を超えない**なら確定申告は不要です。

「所得」とは、売上から経費を引いたもの。つまり、ブログの年間売上が20万円あった場合、サーバ費や参考書籍代で5万円の経費がかかったら、「年間所得」は15万円になるので確定申告は不要ということです。

※厳密には、住民税の確定申告が必要になるケースもあります。

サラタメ：私は細かい経理作業がめちゃくちゃ苦手なので、売上が上がった初年度から税理士さんにお任せでした……。年間10万～15万円程度で、確定申告作業を全部（領収書の整理含めて）やってくれる税理士さんもいますよ～！

副業で本業以上に稼げるようになったら、サラリーマンをやめたほうがいい？

まずは「転職」でワークライフバランスを調整しましょう！

これは、十分稼げるようになったからこその悩みです。

結論！　両立できるなら、サラリーマン業は続けたほうがいいです。**安定したサラリーマン収入と、爆発力のある副業収入の組合せこそ最強**だからです。それをみすみす手放すのはもったいないです！

サラタメ：とはいえ、副業の時間単価のほうが高くなっているのに、本業の拘束時間が長いとなると、見えない損をしている状態になります。まず、副業の時間を、より多く取れる職場に転職することから検討してみてはいかがでしょうか？

STEP 3
マネー力

お金との一生モノのつき合い方

感情揺さぶる罠にハマる前に

マモル：サラタメさん、おかげさまで副業も軌道に乗ってきたので、貯金が徐々に増えてきました！　もっとガッツリお金稼ぎたいんで、ぜひ投資も教えてください！

サラタメ：おー、それはおめでとうございます！　ただマモルさん、**お金を稼ぎたいなら、投資より副業をさらに育てるほうが得策ですよ。**

マモル：え、そうなんですか！　でもこの前、めちゃくちゃお金持ちのインフルエンサーが、「自分で働くのは非効率。お金に働かせろ。今すぐ投資だ！」って言い放ってましたよ。

サラタメ：むむ、それは半分正解・半分ウソですね。資産規模が5000万〜1億円くらいあればわかるんですが、私も含め、普通のサラリーマンはそうじゃないですよね。「投資でガッツリ稼ぐ」より、「マネー力（マネーリテラシー）で**致命的なミスを避ける**」ほうがよっぽど大事です！

マモル：具体的には、どうすればいいんですか？

サラタメ：**結論、致命的なミスを避けたうえで、長期の積立投資で将来に備える。**これが「シン・サラリーマン」らしいお金とのつき合い方です。

マモル：そうなんですね……!!　じゃあ、なんであのインフルエンサーは、投資をゴリ推しするんですかね？

サラタメ：稼げるからだと思いますよ！　投資関連は、アフィリエイトも企業案件も報酬が高いので。そういうポジショントークは話半分で聞いておいて、次の3つのポイントだけ頭に刻み込んでおいてください。

お金とのつき合い方で大事な3つのポイント

①「何を買いたいのか」を忘れない
②お金の罠は「感情」でハマる
③「短期で稼ぐ投資」はただのギャンブル

①「何を買いたいのか」を忘れない

お金は、あくまでも「目的」を達成する「道具」でしかありません。

この前提を常に頭にたたき込んでおきましょう。

何かを買うために、お金がある。にもかかわらず、「何を買いたいか」を忘れ、ぼんやりと「お金持ちになりた〜い」と考えると、お金という道具をうまく使いこなせません。常に「何を買いたいのか」を具体的にイメージしましょう。

どんな家に住み、子どもを何人持ち、どこにレジャーに出かけ、老後はどんな生活をしたいのか、詳細に考えてみることです。そうすると、自分は何歳までに、いくら稼がないといけないか、自然と見えてきます。

そして多くの人は、自分の夢をすべて叶えるとしても、必ずしも億万長者になる必要はないと気づくはずです。

マモル：**たしかに、「毎年家族でハワイ旅行に行きたい」というボクの夢も、年収100万円アップするだけで、全然実現できちゃうなぁ（笑）。**

サラタメ：そういうもんなんですよ！　それなのに「とにかくもっとお金持ちになりたい」で頭がいっぱいになっちゃう。すると、リスクが高い投資（ほぼギャンブル）にハマっちゃったりしますので、要注意なんです！

②お金の罠は「感情」でハマる

サラリーマンがひっかかりやすいお金の罠として、「家」「車」「保険」「ギャンブル的投資」などが挙げられます。

お金の問題ですので、電卓をたたきながら数字で判断すればひっかからないはずなのですが、多くの人が巧みなセールストークで感情を揺さぶられ、ダマされてしまいます。お金の話は、「感情」で判断してしまうと、罠に落ちてしまうのです。

感情を揺さぶられるセールストーク

「老後に借りられる家なんてないですよ？」

↓家を買ってしまう（詳細P527）

「あなたにもしものことがあったら、ご家族はどうなりますか？」

↓ムダな保険に入ってしまう（詳細P535）

「不動産投資家に仲間入りしたくないですか？」

↓新築ワンルーム不動産投資を始めてしまう（詳細P590）

「働くのがツライなら、不労所得を手に入れませんか？」

↓「ポンジ・スキーム」にひっかかる（詳細P592）

どれも数百万円から数千万円規模の大金を失うリスクがあり、「うっかり高いモノ買っちゃった！」で済まされる話ではありません。

③「短期で稼ぐ投資」はただのギャンブル

投資は基本的に、リスクとリターンが同じくらいになるもの。

つまり、**すぐに大儲けできるチャンスがある投資は、すぐに大損するリスクも抱えていて、ほぼギャンブルに近いと考えてください。**

たとえば、「仮想通貨に20万円ぶち込んだら、1か月で2000万円になりました！」と喜んでいる人がいても、それに再現性はなく、「宝くじに当たりました！」程度の意味しかありません。

ギャンブルに当たった極めてレアケースの幸運な人なのに、やたら再現性があるようにアピールしてくる場合は特に注意してください。その場合、アフィリエイトや広告案件による報酬など、別の意図を疑うべきです。

サラタメ：結論！　投資するなら「**インデックスファンドに長期積立投資**」です（詳細P574）。将来の備えとして、長期投資はとても心強い味方。月1万円くらいからでも、ぜひ始めてみてほしいです！

〈まとめ〉

- 短期で稼ぐなら「投資」より「副業」を育てるほうが得策
- お金のつき合い方で大事なポイントは3つ

①「何を買いたいのか」を忘れない

②お金の罠は「感情」でハマる

③「短期で稼ぐ投資」はただのギャンブル

- 長期投資は心強い味方
- 月1万円くらいからでも、始めたほうがいい

生活

STEP 3 マネー力

家は買わずに、借りましょう

「マイホームは資産」というウソ

マモル：サラタメさん、毎月の家賃がバカにならないので、住宅ローンを組んでマイホームを買ってみようと思ってるんですけど、どう思いますか？

サラタメ：なるほどですね〜。ただ「金銭的メリット」という点だけでいえば、**マイホーム購入より賃貸のほうがお得ですよ！**

マモル：あら、言い切りましたね!?「持ち家VS賃貸」の議論って絶えないと思うんですけど、サラタメさんは、ズバリ賃貸派なんですね。

サラタメ：そうですね。まぁ全人類に当てはまる答えではないですが、普通のサラリーマン限定なら、賃貸にしておいたほうがいいかなと。持ち家だと、取り返しのつかないミスに至ることもあるので。

持ち家をオススメできない2つの理由

サラタメ：結論、2つの理由で持ち家はオススメできません。

①資産価値が落ちて損をするから
②一つの場所に縛られてしまうから

①資産価値が落ちて損をするから

持ち家を検討した人が、不動産屋からほぼ100%言われるセールストークがこちら。

「賃貸で家賃を払い続けても、何も残りませんよ。一方、ローンを組んでマイホームを買っておけば35年後にローンを返済し終わったとき、家が資産として残ります」

とても魅力的な言葉ですが、これはただのセールストーク。実態とはほど遠い内容です。**なぜなら、住宅ローンを払い終えた35年後の古びた家は、資産と呼べないからです。**

建物も土地も、資産価値は落ちていくもの

まず建物についてですが、新築で買おうものなら、自分が住んでしまったその瞬間に中古物件になり下がり、1～2割、資産価値が落ちます。もうその時点で損失。さらにそこから約30年も経てば、建物の資産価値はほぼ残っていません。

土地の資産価値も、同様に下がるでしょう。ご存じのとおり、今後日本の人口は確実に減少していきますので、不動産ニーズも下がっていくことが予想されます。

資産価値が上がる見込アリなのは、誰もがあこがれる人気エリアの物件に限られます。ただ、そういう優良物件は、**やり手の不動産投資家たちが死にもの狂いで奪い合っているので、普通のサラリーマンにはなかなか回ってきません。**

ローン返済しても住居費0円ではない

ここも見落としがちですが、たとえローンを返済し終わっても、住居費が0円になるわけではありません。固定資産税もかかりますし、古くなってきたら修繕費、マンションの場合は管理費が引き続きかかります。結局、ローン返済後も、月にならして数万円の費用を支払う必要があるのです。

マモル：「賃貸で大家さんに家賃を払い続けても資産にならない」とか悔しがってましたけど、別にマイホームでも資産にならないんですね！

サラタメ：残念ながら……。不動産投資家ばりの目利きもできず、ただのお客さんとして購入したマイホームが資産になるとは思えないですね。

②一つの場所に縛られてしまうから

簡単に引っ越せないことも、大きなハンデとなります。

マイホーム購入後、次のような事態に陥らないと断言できるでしょうか。

- 転勤、または転職で働く場所が別の地方になった
- お隣に変な人が引っ越してきてしまった
- 日当たりが魅力だったのに、近くに高いビルが建ってしまった
- 子ども2人が大学生になって、一人暮らしを始めた

どの変化も、完璧に予測するのは難しいでしょう。

もし賃貸であれば、変化に合わせて、またすぐ別の物件に引っ越せばいいだけの話ですが、持ち家だとそうもいきません。多くの場合、長期の住宅ローンを組んでしまっているため、手放すにしても、売るなり貸すなりしないといけないわけで、時間も手間もかかります。

手放すまでは、住宅ローンが重い固定費としてのしかかり、場所的な意味だけでなく、経済的な意味でも縛られてしまいます。

その経済的な縛りのせいで、おもいきって転職・育休・起業などのライフステージに踏み出せなくなってしまうなら、多くのライフステージを経験する人生100年時代において、見すごせないデメリットです。

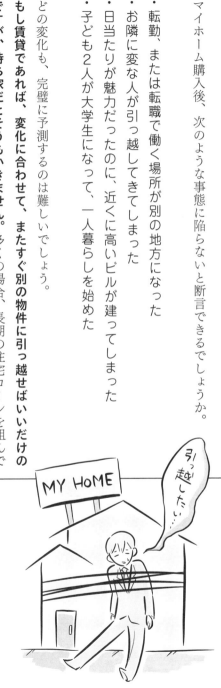

それでも家を買いたいんだ！

サラタメ：こんなに言われても、まだ「マイホームを買いたい！」という方のご意見にお答えします！

でも「高齢者になったら部屋を貸してもらえない」って聞くけど？

▼資産があれば問題なし。もしくは条件を選ばなければ問題なしです。

人口減少の影響もあり、家がどんどん余ってきます。

すでに2018年時点で、約800万戸余っている状態※ですので、お金持ちの高齢者はもちろん問題ないですし、お金持ちでなくても、条件を選ばなければ住める家はたくさんあります。

※総務省「平成30年住宅・土地統計調査」によると、約5400万世帯に対して住宅数は約6200万戸。

持ち家か？　賃貸か？　損得勘定

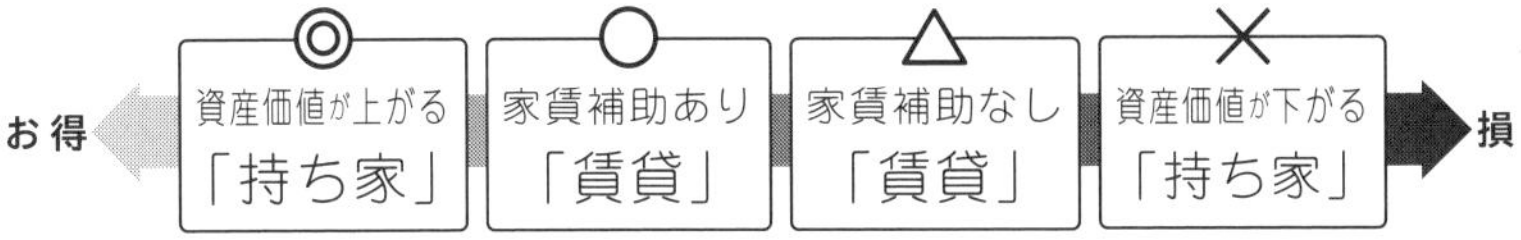

でも、会社の家賃補助が出なくなったんです！

▼不動産の目利きができないなら、それでも賃貸のほうがお得です。

上のように、図にしたほうがわかりやすいかもしれません。「○家賃補助あり『賃貸』」から金銭的負担の大きい「△家賃補助なし『賃貸』」になってしまうのは、とても心苦しいと思います。ただ、その対策として持ち家を選択するのは得策ではありません。

資産価値の上がる物件を目利きできないにもかかわらず、持ち家を選択した場合、「×資産価値が下がる『持ち家』」に該当することになります。つまり、△を避けたいあまり、×に陥ってしまっているわけで本末転倒。賃貸で継続するほうが得策です。

もはや金銭的に損してでも買いたいんです！

▼それならもちろんOKです！　いろいろ言ってすみませんでした……。

ここでお伝えしたのは、あくまで経済合理性を重視した話です。マイホームを持つことによって、「家族が戻ってくる実家をつくれる」「自分の理想どおりのデザイン・仕様にできる」「子どもがノビノビ遊べる家に」など、お金とは別のメリットがたくさんあると思います。ですから、金銭的に多少の損失があったとしても、そのメリットを求めたい場合にはマイホームの選択も全然アリだと思います。

サラタメ：マイホームに対する考え方は、マイカー購入の際にもぜひ参考にしてみてください。買うより借りるほうが、基本お得です。もし買う場合にも、「価値が落ちない車種を中古で買う」工夫ができるとよさげですね。

〈まとめ〉

- 普通のサラリーマンなら「持ち家」より「賃貸」のほうがお得
- 不動産の目利きができないと、結局資産にはなりえないから
- 場所的にも経済的にも縛られ、フットワークが重くなってしまうから
- とはいえ、お金以外の価値を感じるならマイホーム購入もアリ

サラリーマンの保険入りすぎ問題

デキる営業マンに会うな

マモル：サラタメさん、保険ってめちゃくちゃいっぱいあるから迷いますよね〜。最近、友達から紹介された、めっちゃデキる感じの営業マンに生命保険提案してもらってて、それくらいは入ろうかなと。

サラタメ：いや〜、入らなくていいと思いますよ！　保険に月3万円とか払っている人、けっこういますけど、それって30年間払い続けたら合計1080万円ですからね……。

マモル：たしかにそう考えると、**人生の中でもトップクラスの大きなお買い物**ですね……。

サラタメ：というか、マモルさんって独身で、持ち家もないし、車も持ってなかったですよね。だったら、入るべき保険なんて特にないですよ！

マモル：え、そうなんですか⁉　でも、もしボクに万一のことがあったら、実家の父は！　母は！　未来の妻とベイビーちゃんは！　どうなっちゃうんですか⁉

サラタメ：あらら、デキる営業マンにそう言われたんですね（笑）。大丈夫です！　国の社会保険がちゃんとありますので、マモルさんは民間の保険には入らず、貯金しとけばOKですよ！

それでもサラリーマンが入るべき3つの保険（条件付き）

サラタメ：サラリーマンが入るべき保険、結論この3つです。

①扶養家族がいる場合→掛け捨ての生命保険
②マイホームがある場合→火災保険

③マイカーがある場合↓自動車保険（対人・対物無制限）

基本的にすべて、ネット保険でOKです。

さわやかで人当たりのいい保険営業マンから入りたくなる気持ちもわかりますが、ぶっちゃけ損です。私たちが支払う保険料に、デキる営業マンの人件費も上乗せされているので、お得に済ませたいなら、**ネット保険一択。月々5000〜1万円程度**でも十分な保障を得られます。

サラタメ：裏を返せば、右の3条件に該当しない人は、保険不要ってことです！「安心」「家族」を駆使した巧みなセールストークに、くれぐれも惑わされないようご注意ください。

民間の保険がいらない理由

結論！　日本国民なら原則みんな入っている「社会保険」が、ほぼカバーしてくれるからです。前に挙げた3つの保険は、いずれも「社会保険」だけではカバーしきれないリスクに対応しています。

マモル：社会保険！　毎月給料から4万円くらい天引きされている、あの憎いヤツ！

サラタメ：そうです！　なかなかバカにならない額を持っていくだけあって、病気・ケガ・死亡・失業・介護など、かなり手厚くサポートしてくれるんですよ！

〈社会保険の手厚いサポート例〉

- 病院に行っても、個人負担は3割だけ
- 病気やケガで休んでも、月収の約3分の2が最大1年6か月もらえる
- 高額治療を受けても、大半は健康保険から払い戻される
- 育休中も、最初の半年は月収の約7割、その後半年は約5割もらえる

このように国の社会保険には手厚いサポートがあるので、プラスαの準備は貯金で十分。

民間の保険は、あくまでビジネスでやっているもの。人件費・広告費・手数料・会社の利益など、多くのムダが含まれていることを認識しましょう。

不要だけど入ってしまいがちな保険

万一のための「がん保険」

▼社会保険の「高額療養費制度」があるので、不要です。

高額療養費制度により、負担額はかなり抑えられます。

たとえば年収500万円の人なら、100万円の医療費がかかった場合でも、約9万円のみの負担。ですから、ある程度貯金しておけば問題ありません。

「先進医療」は適用外ですが、先進医療を受けるのは全国民の約0・02%。また適

用外ということは、「評価療養（まだ国として評価している段階の治療法）」ということなので、治る確率が高い高度な治療とは限りません※。

※出所：ダイヤモンド・オンライン『先進医療は300万円もかかる』は本当？医療保険商品『先進医療特約』の濡れ手で粟」（2014年9月11日）

老後のために「養老保険」「外貨建て保険」「貯蓄型生命保険」

▼投資と保険はしっかり分けるべきなので、不要です。

この手の保険は、投資機能も含まれ、満期になったら少しお金を増やして戻してくれます。なんだかいい話のようですが、どの会社も、投資の運用効率が悪いです。投資をしたいなら、積立投資（P574）を自分でやったほうがよっぽど得。保険会社に任せて、みすみす手数料を取られる必要はありません。

子どものために「学資保険」

▼ほぼ意味がないので、不要です。

別に大きな損はしません。ただ、10~20年という長期間、途中解約できず、解約すると元本割れになる。そんなに長期間の縛りが続くわりに、お金は2~5%ほどしか増えません。いつでも使える貯金、もしくは、もっと増やしたいなら積立投資をしたほうが得です。

〈まとめ〉

・保険は高い買い物。むやみに入らない
・サラリーマンが入るべき保険は3つだけ
①扶養家族がいる↓掛け捨ての生命保険
②マイホームがある↓火災保険
③マイカーがある↓自動車保険（対人・対物無制限）
・「がん保険」「養老保険」「外貨建て保険」「貯蓄型生命保険」「学資保険」は不要

家族を持つ「覚悟とコスト」

子ども一人当たり約3000万円の衝撃

マモル：サラタメさん、「家」「車」「保険」にお金がかかることはわかりましたが、他に注意すべき出費はありますか？

サラタメ：あと、大きいのは「子育て」です。子ども一人、大学卒業まで育てるのに、ザックリ3000万円くらい※かかりますからね。

マモル：えぇ!! 子どもを育てるのって、そんなにお金かかるんですか!? 親ってスゴッ！

サラタメ：そうなんです！ だから、流れに任せるのでなく、「いつ、何人子どもをつくるか」は綿密な計画を持って決めるべきです。人生プランにおいて超重要ポイントなので！

マモル：ですね！　だって、**子ども2人ほしかったら、独身で生きるより、ザックリ6000万円くらいお金がかかるってことですもんね。**たしかに、そこから逆算して本業や副業に取り組まないとヤバいかも……。

サラタメ：お金だけの話でもありません。独身時代より、自分だけの時間が減ることになるので、要は「短い時間で大きく稼ぐ」必要が出てきます。

マモル：ぐぬぬ……、けっこう覚悟がいるんですね。ボクに家族を持つことなんてできるのか……。

サラタメ：私は結婚してみて、人生がよりハッピーになった確信があるのでオススメしたい気持ちもありますが、一方で覚悟は絶対いるかなと。あと、この本でいう「リーマン力」と「副業力」をある程度身につけてから、家族を持てるとベストかなと！

※「教育費」だけでなく、食費や医療費などの「養育費」を含めた総額。

結婚・子育てにかかる費用一覧

ザックリいえば、結婚には約550万円、子育てには一人当たり約3000万円かかります。

もちろん、次に挙げた金額はすべて統計上の数字ですので、工夫次第で削減できます。あくまでも目安としてご覧ください。

結婚にかかる費用：約550万円

・婚約指輪：約36万円
・結　婚　式：約355万円
・新婚旅行：約61万円
・新居費用：約100万円（引越しあり、インテリア買い換えの場合）

※出所：「ゼクシィ結婚トレンド調査2019 首都圏」「ゼクシィ新生活準備調査2016」（ともにリクルートマーケティングパートナーズ）

子育てにかかる費用：約3000万円

※「教育費」だけでなく、食費や医療費などの「養育費」を含めた総額。

・0～6歳：約737万円
・小学1年～中学3年：約1162万円
・高校1年～高校3年：約437万円（公立）、約591万円（私立）
・大学1年～大学4年：約595万円（国立）、約759万円（私立）
↓〈計〉高校（公立）、大学（国立）の場合：約2931万円
↓〈計〉高校（私立）、大学（私立）の場合：約3249万円

出所：内閣府「平成21年度インターネットによる子育て費用に関する調査」、文部科学省「平成30年度子供の学習費調査」「令和元年度私立大学等入学者に係る初年度学生納付金平均額の調査結果について」「国立大学等の授業料その他の費用に関する省令」

マモル：こうやって金額を見せつけられると、かなりキツそうですね。もうなんだか結婚したくなくなってきたかも……。

サラタメ：たしかに、ラクかどうかという基準でいえば、結婚しないほうがいいかもですね（笑）。ただ、私はそう思いながらも、結婚したいと思いましたし、実際結婚してみて、なかなかハッピーですよ！

マモル：お～、なんかノロけてますねぇ（笑）。そうですね、ボクはまず「リーマン力」と「副業力」をもっと鍛えつつ、いい人探します!!

まとめ

- 結婚には約550万円、子育てには一人当たり約3000万円かかる
- 家族を持つ場合、独身で生きるより、かなり多くのお金が必要になる
- さらに自分の時間も確保しにくくなる
- できれば結婚する前に「リーマン力」と「副業力」をバッチリ鍛えて備えたいところ

給与・税金

STEP 3 マネー力

よく見りゃ奪われ放題の給与明細

サラリーマン節税の限界

マモル：サラタメさん、前々から思ってたんですが、ボクの給料って「控除」ってヤツでめちゃくちゃ引かれまくってないですか？

サラタメ：「社会保険料（健康保険料・厚生年金保険料・雇用保険料）」と「税金（所得税・住民税）」などのことですね。基礎的な話のようで意外に知られていないので、ここで解説しましょう。後半では、私たちに許された唯一の節税法にも触れるので、小難しそうですが、どうぞお見逃しなく!!

給与明細の「控除」って何？

前提として、給与明細は次の3つに分かれています。

①勤怠：出勤日数、欠勤日数、残業時間などの「実際に勤務した日数・時間数」

②支給：基本給や残業手当、役職手当などの「会社から支払われる金額」

③控除：社会保険料、所得税・住民税などの「給与から天引きされる金額」

私たちが実際に受け取る「手取り金額」は、「②支給」から「③控除」を引いたものです。

サラタメ：「③控除」の詳しい中身が謎だと思うので、そこを深掘りしていきます！

（例）給与明細

①勤怠	就業日数	出勤日数	労働時間	欠勤日数	休日出勤日数	有休消化日数	
	22.00	20.00	160.00	0.00	1.00	2.00	
	平日普通残業	平日深夜残業	休日労働時間		遅刻早退時間	有休残日数	
	10.0	2.00	6.00		0.00	14.00	

②支給	基本給	役職手当	資格手当	住宅手当	家族手当		
	210,000		10,000	30,000			
	通勤手当	残業手当	深夜残業手当	法定休日手当			総支給額
	5,500	17,187	4,125	11,137			287,949

③控除	健康保険	厚生年金保険	厚生年金基金	介護保険	雇用保険	社会保険合計	
	13,776	25,620			863	40,259	
	所得税	住民税	税額合計	共済費			総控除額
	6,320	19,600	25,920	300			66,479

集計	総支給額	総控除額					差引支給額
	287,949	66,479					221,470

控除の中の「社会保険料」って何？

日本国民なら原則全員入るのが「社会保険」（健康保険・年金保険・雇用保険）です。保険のパート（P535）でも触れましたが、社会保険は病気・ケガ・死亡・介護・失業・老後など、幅広いリスクに対応してくれる心強い味方です。

右の例でも、総支給額約29万円のほぼ14%となる約4万円が引かれているので、高く感じるかもしれません。ただ、**この金額は会社と個人で折半された額**であることを知っておきましょう。

サラタメ：実際には、会社がさらに4万円を出し、合計8万円程度がマモルさんの社会保険料として納められているんです。

マモル：「社会保険料って高すぎぃ」って思ってましたが、会社が半分出してくれてたんですね！　知らなくてごめん、弊社!!

控除の中の「所得税」って何？

所得税は、所得に応じてかかる税金です。累進課税なので、所得が大きくなればなるほど、税率が高くなります。

サラリーマンの場合、毎年「年末調整書類」を会社に提出すると思いますが、あれは所得税に関わる書類です。所得税額は本来、年末まで確定しないものですが、国が確実に徴収するため、「先に取って、後で差額を調整する」仕組みになっています。

マモル：「年末調整ってちょっとお金もらえてラッキー」とか思ってたけど、払いすぎたものが返ってきてるだけなのか！　別にラッキーじゃなかった……（笑）。

控除の中の「住民税」って何？

地域の行政サービス（教育、消防・救急、ゴミ処理など）維持のために納める税金です。

こちらは所得税と違い、**前年の所得を基準に確定した金額を納める**ので、年末調整の必要はありません。

マモル：住民税は、前年の所得から計算するんですね。だから、サラリーマン1年目のときは、住民税がなかったのか〜。で、サラタメさん！　結論として、ボクたちサラリーマンってどんだけ社会保険料と税金を払ってるんですか!?

サラタメ：それは、下の一覧表を見ていただければ、わかりやすいと思います！

マモル：ちょ、待ってくださいよ！　夢の年収1000万円になっても、結局3割くらい持ってかれちゃってるじゃないですか!?　ヤバ!!　何か節税する方法とかないんですか？

サラタメ：そうですね。「医療費控除」や「扶養控除」を駆使した細かい方法はあったりするんですが、強力な節税効果があるかっていうと、ぶっちゃけ微妙というか……。

年収から見る税金の早見表

（円）

年収	− 税金＆社会保険料	＝ 手取り
300万	61万	239万
400万	85万	315万
500万	111万	389万
600万	138万	462万
700万	171万	529万
800万	209万	591万
900万	248万	652万
1000万	288万	712万

マモル：えー！　もうボクの人生は、搾り取られ続けるだけってことですか!?

サラタメ：そんなことはないです（笑）。**まず超絶オススメなのは、「副業で個人事業主になる」という方法。**この節税インパクトは絶大です。あとは「**ふるさと納税**」ですかね。こちらも、やらない理由がないくらいにお得な制度なので、ぜひ覚えておいてほしいです。

マモル：おー!!　ボクたちサラリーマンにも、対抗手段は残されていたんですね！

サラタメ：そうです！　この2つはマジで大事ですので、次の項目以降でガッツリ解説していきます。

〈まとめ〉

- 給料から引かれているものは、「社会保険料」と「税金」
- サラリーマンの節税手段は限られ、年収の2～3割が徴収されてしまう
- 強力なのは「副業で個人事業主になる」「ふるさと納税する」の2つ

「副業」こそ最強の節税術

合言葉は「領収書ください」

マモル：「副業」が最強の節税になるって、どういうことですか？

サラタメ：まず、サラリーマンより、**経費を使える個人事業主**のほうが節税しやすいのはわかりますか？

マモル：なんとなくわかります。自営業の人がよく言う「領収書ください」ってヤツですよね。あれで「なんかうまいことやってるらしい」というのは聞いたことあります！

サラタメ：それです、それです！　ザックリいうと、あの領収書を経費にすると、税金を安くできるんです。サラリーマンだと、仕事のために読んだ書籍代を経費にしようとしないですよね。でも、**個人事業主だと仕事に関わるもの**

を、ほぼすべて経費にできてしまうんです。

マモル：ムキー！　ズルいですね！　サラリーマンは奪われ放題なのに!!

サラタメ：その気持ち、わかりますけど（笑）、マモルさんだって今、副業やってるんですから、もう個人事業主なんですよ！

マモル：あ、そうか！　ボクも「領収書ください」戦法を駆使できる立場なんですね。

サラタメ：そうです！　さらに副業サラリーマンには、**経費以外のメリット**もあったりするので、詳しく解説させていただきます！

「副業」の強力な節税メリット2つ

副業の節税メリットの中で、特に強力なのがこの2つです。

①経費が使える
②青色申告特別控除が使える

①経費が使える

副業のために使ったお金なら、次のように経費になります。

〈例〉

全額 経費にできる可能性があるもの

パソコンなどの電子機器、文房具、書籍代、セミナー参加費、仕事に行くための交通費、打合せのための食事代、情報交換のための飲み会代、営業目的のプレゼント代など

一部 経費にできる可能性があるもの

家賃、水道代、光熱費、スマホ代など

基本は「副業に関係している」と税務署に説明できれば、経費にできます。ただ

し、判断に迷う場合は、税理士や税務署職員など、専門家にきっちり相談のうえ、判断してください。

マモル：普通にサラリーマンしてるだけだったら、経費にしようなんて思いもしないものがいっぱい並んでるな〜。領収書もらうのを忘れないようにしないと！

②青色申告特別控除※が使える

マモル：なにやら小難しそうですが、ザックリどういうことですか？

サラタメ：超ザックリいうと、**副業で利益が出た場合、年間65万円分までは税金がかからない**ってことです！

マモル：無税！　それはスゴいですね！　サラリーマンだと年収の2〜3割持ってかれちゃうのに、副業は経費で利益を減らすことができて、さらに65万円分見逃してくれるなんて!!　最高かよ！

青色申告特別控除とは？

個人事業主を対象にした控除制度。①複式簿記で記帳、②電子帳簿での保存・提出という2点をクリアすれば、年間65万円の控除が受けられる。白色申告と比べて大きな節税効果がある。

サラタメ：最高ですよね！（笑）　さらに言うと、サラリーマンの場合、会社の給料（給与所得）から「社会保険料」は納めてるので、副業（事業所得）のほうで追加して納める必要がないんです。

マモル：え、あの毎月給料から4万円くらい差っ引かれてる憎いヤツを、副業では払わなくていいんですか！

サラタメ：**そのとおり！　副業だけは社会保険料の負担から解放されるのです。**

マモル：これが、個人事業主のパワーか！　使わないのは、もったいないですね！

「副業で節税」のよくある疑問

副業で節税するためにやらないといけないこととは？

▼「開業届」「青色申告承認申請書」の提出と「確定申告」です。

「開業届」「青色申告承認申請書」を提出しましょう

「開業届」は開業してから**1か月以内**、「青色申告承認申請書」は**2か月以内**に、それぞれ税務署に提出しないといけません。

これをしないと確定申告ができません。絶対やりましょう。書類に必要事項を記入するだけなので、まったく難しくありません。

「確定申告」をしましょう

「確定申告」とは、自分のビジネスで稼いだ利益と経費をもとに、払うべき税金を計算する作業です。サラリーマンの場合、すべて会社がやってくれますが、個人事業主になると自分でやらないといけません。今は、便利な会計ソフトがたくさんありますので、マメに作業できる方なら、けっこう自分でできてしまいます。

サラタメ：とか言いながら、私は細かい計算作業が壊滅的にダメなため、初回の確定申告から税理士さんにお任せしました（笑）。領収書の整理からまるごとやってもらい、ザックリ10万～15万円ほどでしたね。

副業を始めたら、絶対確定申告しないといけないの？

▼**副業の場合、年間所得**（売上から経費を差し引いた金額）**が20万円を超えないなら確定申告不要です**（詳細P516）。

どこまで経費になるの？

▼**自分で「副業の売上に貢献している」と税務署に説明できる範囲です。**

ただ、説明できるからといって、まるごと経費になるわけではありません。たとえば「家賃」なら、自宅の中で副業に使っている時間やスペースをもとに、経費割合を出します（だいたい3～5割など）。これを「**家事按分**《かじあんぶん》」といいます。何割が正解かという明確な線引きはなく、ここも「自分でしっかり説明できるか」がポイントになってきます。

〈まとめ〉

・「副業」が強力な節税手段になる理由は2つ

①経費が使える

②青色申告特別控除が使える

・「開業届」「青色申告承認申請書」の提出と「確定申告」が必須

STEP 3 マネー力

今年こそ「ふるさと納税」しよう

やらない理由がないお得っぷり

マモル：「ふるさと納税」がお得って話は、なんとなく聞いたことあるんですけど、具体的にどうお得なんですか？

サラタメ：**超ザックリいえば、実質約2000円の負担だけで、数万円分の返礼品（肉・フルーツ・米・酒・ティッシュ・カバンなど）がもらえちゃう制度です。**

マモル：え、いいですね！　おいしいお肉食べたいです！　ちなみに数万円分って、具体的にいくらなんですか？

サラタメ：年収によって寄付の上限額が決まるんですよ。たとえば年収500万円の人なら、（控除対象になる）寄付額の上限が6万円くらいになります。その金額に応じて返礼品がもらえるんですが、たとえばこんな感じです！

〈例〉6万円寄付した場合の返礼品

・佐賀牛入り熟成ハンバーグ約120g×20個（寄付金額1万円）
・辛子明太子1kg（寄付金額1万円）
・かにしゃぶセット1kg（寄付金額1万円）
・シャインマスカット2kg（寄付金額1万5000円）
・缶ビール×24缶（寄付金額1万円）
・ティッシュ×20箱（寄付金額5000円）

出所：「ふるさと納税ガイド」（https://furu-sato.com/、2021年8月時点）

マモル：実質約2000円の負担で、こんなにもらえちゃうんですか!? お得すぎて、もはや怪しい話に聞こえますね（笑）。

サラタメ：一つ注釈させていただくと、別に「節税にはならない」ということです。たくさんの返礼品をもらうには、普通より2000円多く負担しないといけないわけで、お得な制度ですが、負担額は2000円増となります。

ふるさと納税の手順

ザックリ、次の4ステップです。

①自分の寄付上限額を確認する
②好きな商品を選んで申し込む
③お礼の品と証明書が届く
④確定申告or「ワンストップ特例制度」

①自分の寄付上限額を確認する

あなたの年収や家族構成により、（控除対象になる）寄付上限額が決まります。上限額以上に寄付した分は、そのまま自分の負担になってしまうので、まずは上限額をチェックしましょう。ネットで「ふるさと納税　控除シミュレーション」と検索すれば、簡単にシミュレーションできるサイトが見つかります。

②好きな商品を選んで申し込む

Webサイト経由で「返礼品の選択」「寄付金の支払い」が簡単にできます。具体的には、「ふるさとチョイス」「ふるなび」「楽天ふるさと納税」「さとふる」といったWebサイトがあります。

サラタメ：各サイトで微妙に特色があったりするので、マメな方はいろいろ調べてから選んでみてください。別にどこを選んでも損するわけではないので、私はテキトーに選んでます（笑）。

③お礼の品と証明書が届く

お礼の品は、頼んでからすぐ来るものもあれば、2〜3か月後に来るものもあります。

申込ページに、スケジュールが書かれているので確認しておきましょう。

ここで大事なのは、**証明書**です。

これは「どこの自治体にいくら寄付したのか」を証明する書類。

次のステップの**確定申告の際に必ず使うものなので、大切に保管**しておいてください（手続きが簡素化され、2021年分からは、ふるさと納税ポータルサイトで発行できる証明書でもOKになりました）。

④確定申告

副業している人、もしくは年間の給与所得が2000万円超の人は、証明書をもとに**確定申告**を進めてください。

④「ワンストップ特例制度」

確定申告する予定のない方は、「**ワンストップ特例制度**」を利用しましょう。寄付した自治体に簡単な書類を送るだけで、**確定申告なしで控除**を受けられます。

サラタメ：「ワンストップ特例制度」は、確定申告に比べるとラクチンですが、年間の寄付先を**5か所以内**にしないといけないので、そこだけご注意ください！

〈まとめ〉

- ふるさと納税は、実質約2000円の負担で数万円分の返礼品がもらえてお得
- 手順は次の4ステップで難しくない

①自分の寄付上限額を確認する

②好きな商品を選んで申し込む

③お礼の品と証明書が届く

④確定申告or「ワンストップ特例制度」

- 「ワンストップ特例制度」を使えば、確定申告不要

STEP 3 マネー力

投資

持たざる者の投資ルール

頼るべきは「複利の力」

マモル：なんか節約とか節税みたいな話ばっかで、テンション上がんないっすね～。投資でガッツリ儲ける方法も教えてほしいです!!

サラタメ：夢がない話ばかりで、すみません……。ただ、最低でも数千万円規模の資産がない場合、「投資で短期的に稼ごう」というのはやめたほうがいいです。5年以内に結果を出したいなら、「投資」より絶対「**副業**」を優先すべきです。

マモル：なんでですか？　副業でブログ書いたり、動画編集やったりするより、投資のほうがラクそうじゃないですか！

サラタメ：たしかに作業的にはラクですが、その分、資金力バトルになります。結局、投資においては、勝つまでお金を投下し続けられるお金持ちが強いってことです。

マモル：億単位のお金を持ってる人たちに、資金力バトルを仕掛けても負けるのは明白ですか……。じゃあ、ボクなんてもう投資なんてしないほうがいいんですか？

サラタメ：いえいえ、そんなことないです。20～30年単位の長期視点でやるなら、全然アリです。持たざる者の投資ルールを守りながら、**結論、インデックスファンドに積立投資するのをオススメします。**

投資する前に知っておきたい2つの前提

サラタメ：どんな投資をやるにせよ、大前提として、この2つのポイントだけでも頭に入れておきましょう！

①投資の平均利回りは5％くらい

②複利の力は地味にスゴい

①投資の平均利回りは5%くらい

投資の代表格「株式投資」の平均利回り（年利）は、だいたい5%くらいです。

つまり、「100万円投資したら、1年間で105万円になる」ということ。もちろん、中長期で運用すると上下しますが、3~7%前後が目安になります。この「利回り5%くらい」という基準は、どの投資を検討する際にも役立ちます。

たとえば、「この投資なら、100万円が1年間で150万円（利回り50%）になるけどやらない？」と勧誘された場合にも、**「相場の10倍の利回りっておかしくない？」**と、冷静に疑いの目が持てるようになります。

②複利の力は地味にスゴい

「複利の力」とは、「利回りで得たプラスを、さらに投資することで利益が利益を生んでいく力」のことです。対義語は「単利」。単利の場合は、利益を再投資せずに、最初の投資額のまま運用します。

マモル：スゴ!! **単利と複利で比較すると、30年で180万円以上も差がついちゃうんですね！** 元本も利回りも同じなのに、複利で投資し続けるだけで、こんなインパクトが……!!

サラタメ：そうなんです。この**驚異的な「複利の力」**に頼れば、現時点で資金力が大したことなくても、**時間を味方**にして資産をガッツリ増やせるわけです！

持たざる者の投資ルール4つ

「持たざる者」とは、まだ資産を蓄えている最中で、短期的に稼ぐ意味では副業のほうを優先すべき人を指しています。

もうすでに数千万円規模の資産を持っている人は、該当しませんのでご注意を。

100万円を年利5%で運用した場合

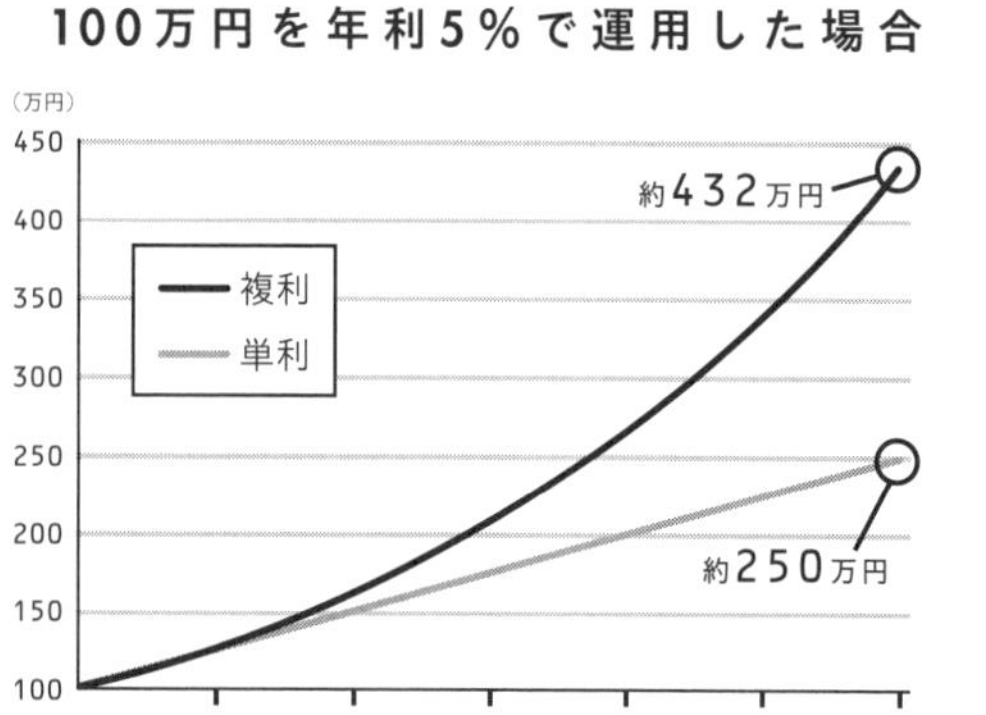

サラタメ：投資の際には、結論、次の4つのルールをぜひ意識してください！

①元手が少なくてOK

数百万円規模の資金がないと、挑戦できない投資は避けましょう。そのために、借金するのもオススメしません。持たざる者は、「生活」と「副業」を支障なく継続していくことが最優先。投資する際は、それらの弊害にならない程度に抑えましょう。

②手間がかからない

前述のように、短期的（直近5年を目処）に収益を上げたいなら、「投資」より「副業」が優先です。投資に手間と時間をかけ、副業がおろそかになると、結局トータルの収益力が下がってしまいます。持たざる者には、毎日手間ひまがかかる投資は向きません。

③資産として手堅い

資産価値が乱高下しないものに投資しましょう。余剰資金で投資するなら、価値が激しく動くリスク資産に投資するのもアリですが、持たざる者が手を出す投資ではありません。

④長期的に儲かる

短期的に稼ぐのは「副業」で実現し、「投資」では長期的な資産形成を目的にしましょう。**20〜30年という長期間ほぼ放置**で、忘れた頃に大きな利益をもたらしてくれるような投資が理想です。

サラタメ：要は、先ほど出てきた「複利の力」を使いましょう！　ってことで、それを実現できるのが「**インデックスファンドへの積立投資**」です。詳しくは、次の項目で解説します！

〈まとめ〉

・直近5年くらいの短期的視点で稼ぐなら「投資」より「副業」
・持たざる者は、20〜30年スパンの長期的視点で投資するのが得策
・投資する前に知っておきたい2つの前提
①投資の平均利回りは5％くらい
②複利の力は地味にスゴい
・持たざる者の投資ルール4つ
①元手が少なくてOK
②手間がかからない
③資産として手堅い
④長期的に儲かる

STEP 3 マネー力

初心者リーマン投資家は、まずコレ!

インデックスファンドに積立投資

なぜインデックスファンド?

そもそもファンド(投資信託)とは?

サラタメ:超ザックリいえば、「いろいろな投資商品の詰合せパック」みたいなものです!

○メリット

・運用のプロにお任せするので、手間がかからない
・詰合せパックになっているので、分散投資になる

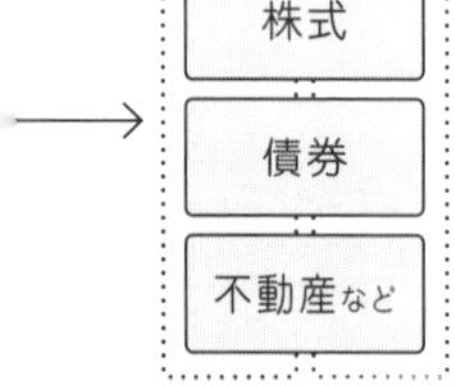

×デメリット

・運用のプロに任せる分、運用手数料がかかる

インデックスファンドとは？

マモル：ファンド（投資信託）の意味はなんとなくわかりましたが、インデックスファンドって何ですか？

サラタメ：株価指数などに連動した運用を目指すファンドのことです。アクティブファンドと比較されることが多いですが、**インデックスファンドのほうがオススメ**です！

マモル：あまりよくわかっていませんが、なんとなく指数※を上回ることを目指すアクティブファンドのほうが、儲かりそうじゃないですか？

サラタメ：そう思いますよね（笑）。ただ、景気をバッチリ予測して運用するなんて誰に

指数とは？
市場のモノサシのこと。ニュースでよく聞く「日経平均株価」「ダウ平均株価」などの株価指数をはじめ、「債券指数」「REIT（不動産投資信託）指数」「コモディティ指数」などがある。

ファンド（投資信託）とは？

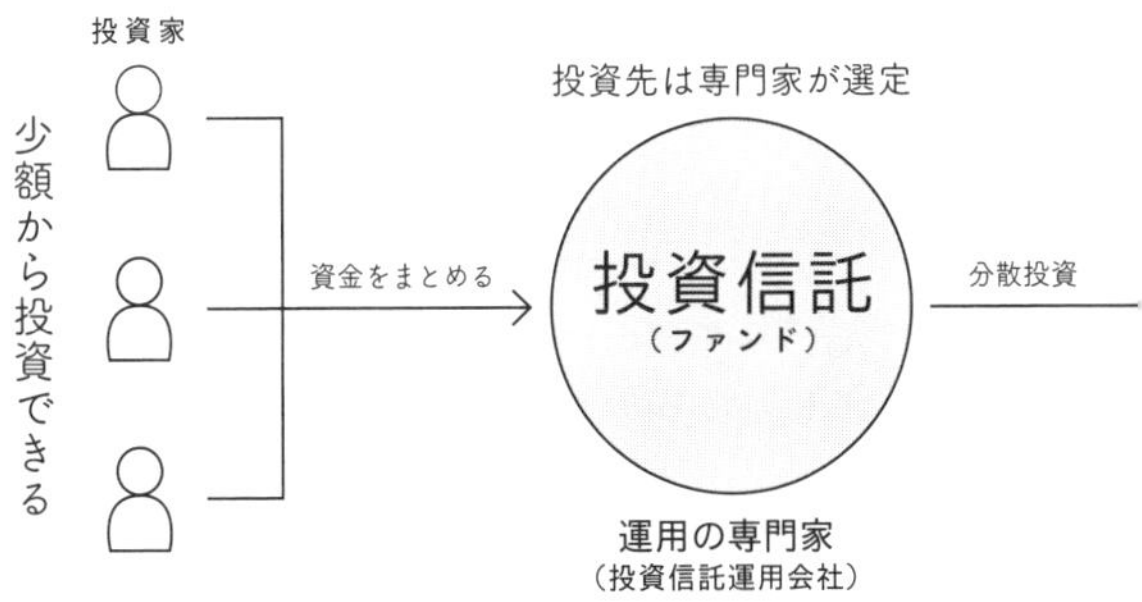

も高い……。もできないので、結局、指数を上回れないケースが多いんです。さらに手数料

マモル：アクティブファンドは一応、頑張って上回ろうとする分、手数料が高いんですね……。

サラタメ：そうなんです。**なので、結局は手数料が低く抑えられる「インデックスファンド」のほうが、投資パフォーマンスが高かったりするんです。**個人的にはインデックスファンド一択かなと思います。

なぜ積立投資？

P569で触れたとおり、得た利益を長期間再投資し続けることで、**インパクト絶大な「複利の力」を活用できるからです。**

また、次ページの図のとおり、値動きを意識せず、淡々と定期的に買い続けたほうが購入価格を平準化できます。

アクティブファンドとインデックスファンド

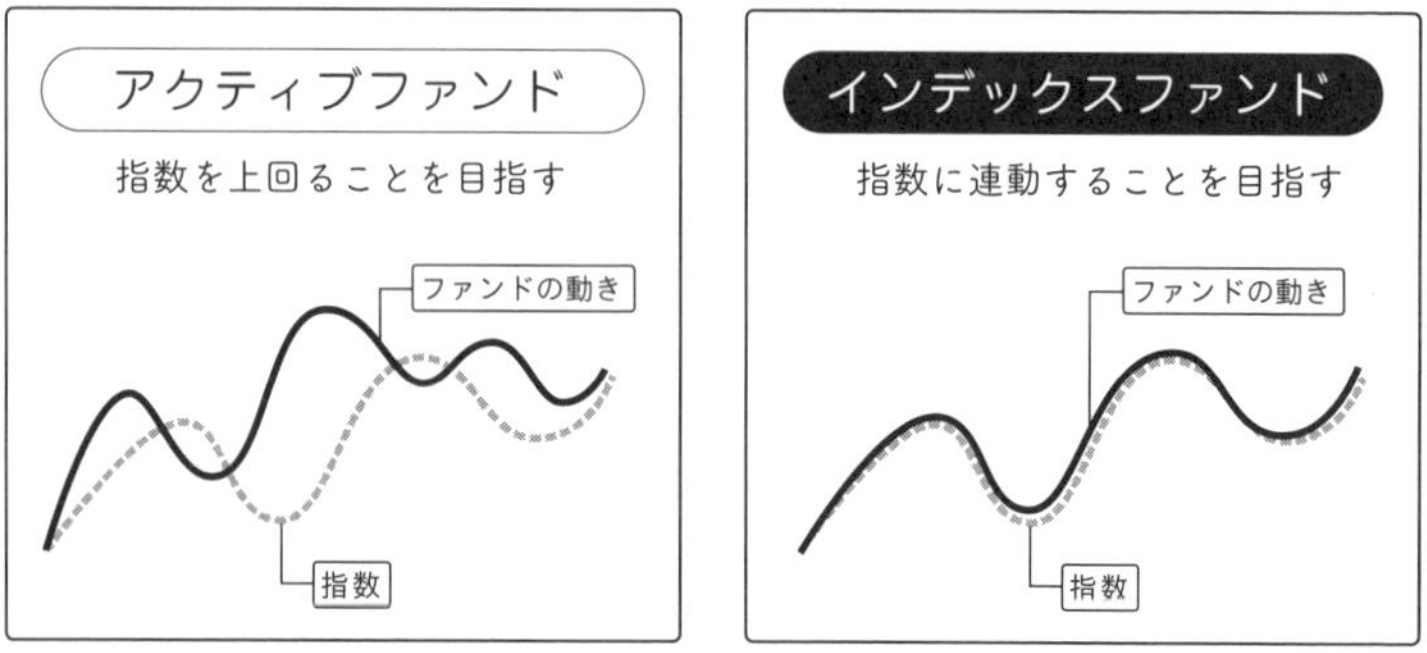

このように、**一定期間に一定金額で、同じものに投資し続ける手法を「ドルコスト平均法」**といいます。ベテラン投資家でも使っているオススメの投資法です。

サラタメ：いざ投資してみると、どうしても市場が盛り上がってるお祭りムードで買いたくなってしまうのが、人間の性《さが》です（笑）。運用のプロ中のプロでもない限り、思考も感情も殺して、淡々と積み立て続けたほうが投資パフォーマンスはよくなると思います！

他の投資と比べてもインデックスファンド？

サラタメ：投資初心者で、まだ投資より副業に注力すべき段階の方には、やはりインデックスファンドがオススメかなと！

ドルコスト平均法のイメージ

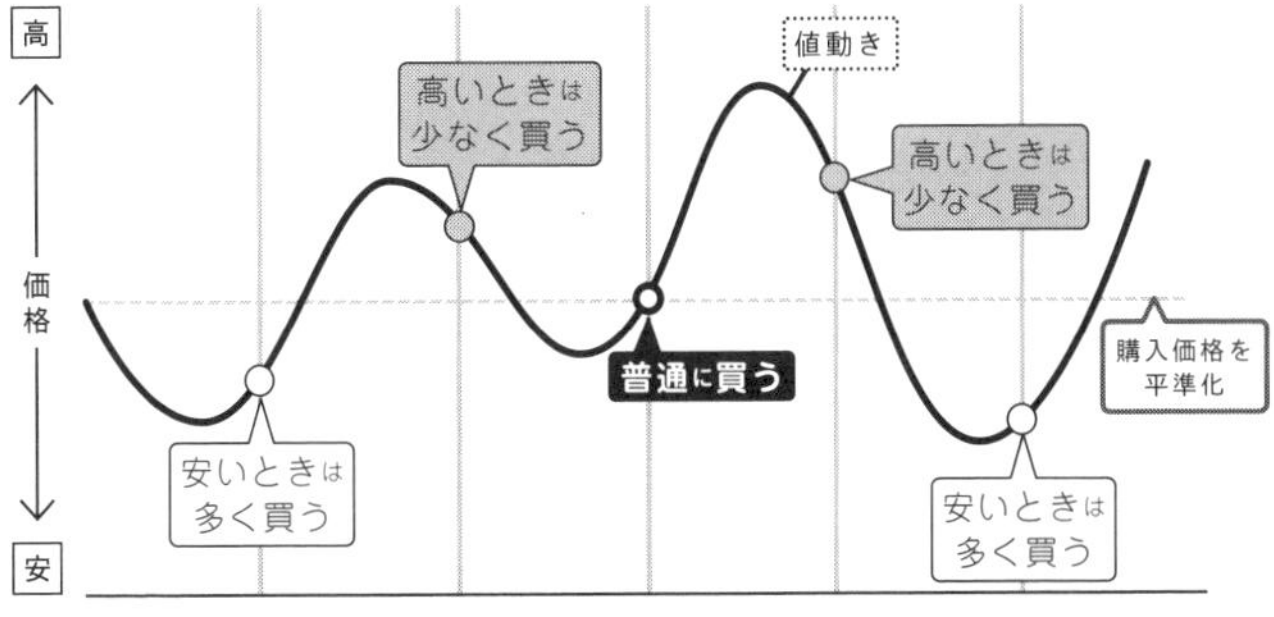

株式投資

親しみやすい投資手法だが、国内株式の多くは100株単位で買わないといけないため、一つの銘柄に投資するだけで10万円以上かかることも。そのため、手元のお金が少ないうちは、投資の基本である分散投資を実現しにくい。

FX（外国為替証拠金取引）投資

「レバレッジ」を使うと、自分で持っているお金以上に投資できる（最大25倍）。少額で一発逆転を狙うには最適だが、その分リスクもかなり高い。

仮想通貨投資

今後存在感が高まっていくのは確実だが、新しい投資手法のため情報がまだ不足しており、税制度を含めた法整備が不十分。聞いたこともない無名の銘柄は、特に注意が必要。お金を集めるだ

結論！ インデックスファンドが最強

	元手が少なくてOK	手間がかからない	資産として手堅い	長期的に儲かる
株式（国内株）	△	△	△	○
インデックスファンド	○	◎	○	◎
アクティブファンド	○	◎	△	△
FX	◎	△	×	×
仮想通貨	○	△	×	?
不動産	×	×	○	◎
債券	○	○	◎	△

け集めて逃げるような詐欺まがいの事件も起きている。

不動産投資

ミドルリスク・ミドルリターンの投資。大きな金額の借入を前提にした投資手法なので、覚悟が必要。一つのビジネスとして、すべての労力をつぎ込んで取り組むならアリ。

債券投資

国債も社債も元本割れのリスクは少なく、堅実な投資手段。インデックスファンド同様、安定した投資対象だが、得られる利益が長期的に見ても少ないので、メインの投資対象にはしにくい。

〈まとめ〉

・投資初心者は、インデックスファンドの積立投資がオススメ
・ファンド（投資信託）とは、「いろいろな投資商品の詰合せ」のようなもの
・アクティブファンドより、インデックスファンドがオススメ
・積立投資は、「複利の力」と「ドルコスト平均法」がポイント
・初心者にはインデックスファンドがオススメだが、他の投資手法も目的によってはＯＫ

STEP 3 マネー力

で、どのインデックスファンドを選べばいい?

初心者でも低コストにこだわれ!

マモル:なんとなくインデックスファンドのよさはわかってきましたけど、どれを選べばいいんですか? ファンドって、めちゃくちゃいっぱいあるんじゃないですか?

サラタメ:たしか数千種類以上あったと思います(笑)。なかなか責任重大すぎるので、ファンド選びはぜひご自身でやってほしいと思いますが、私は「**eMAXIS Slim**(**全世界株式 除く日本**)」「**eMAXIS Slim 米国株式**(S&P500)」というファンドに投資しています。

マモル:じゃあそれにします!!

サラタメ:ちゃんと調べてからにしてください(笑)。各ファンドに「交付目論見書」という説明書が用意されているので。初心者でもせめて「**低コスト**」だけは意識して、目論見書をチェックしてみましょう。

インデックス投資初心者に伝えたい3つのポイント

①低コスト

ここでいう「コスト」とは、ファンドに払う「**信託報酬**」のことを指します。投資初心者でも「交付目論見書」を見ればすぐわかるものですので、せめてこのポイントだけはこだわりましょう。

サラタメ：私が先ほど挙げた2つは、**0・12％以下**と超低コストですが、**高いファンドだと1・5％を超えるような恐ろしいものもあります。**10倍以上って……。

P569でも触れましたが、平均投資利回りは5％くらい。そんな少ない利益の中の1％を信託報酬として取られてしまうのは、見すごせません。せめて**0・5％以内**には収めたいところです。

②日本以外

インデックスファンドを選ぶときには、どの指数（Index：インデックス）に連動するかを選ぶわけですが、日本に関する指数（TOPIX、日経平均株価、債券など）はあまりオススメしません。

投資の鉄則は分散投資ですが、**日本で働き、日本円で貯金している私たちは、すでに日本にかなり集中投資している**ともいえます。あえて分散させましょう。

また、日本は今後、少子高齢化・人口減少が確実に進むので、急激に経済成長することは考えにくいです。今後も目覚ましい経済発展が見込めそうなアメリカや新興国、もしくはそれらすべて含めた全世界株式など、日本以外の指数のほうが期待感が大きいでしょう。

③つみたてNISA

マモル：「つみたてＮＩＳＡ」は聞いたことあります！ ｉＤｅＣｏもよく聞くんですが、とりあえず、なんかお得なんですよね!?

サラタメ：そう、お得なんです！ 今から投資を始めるなら、２つとも絶対使ったほうがいい制度ですね。普通は、**投資で得た利益に対して約20%の税金が取られてしまうんですが、NISAもiDeCoも一定額まで非課税、つまり税金がかかりません！**

マモル：一般の証券口座をつくるより、税金面でかなりお得なんですね！ で、結局どっちを使えばいいんですか？

つみたてNISAとiDeCoの違い

	一般口座・特定口座	つみたてNISA（非課税累積投資契約に係る少額投資非課税制度）	iDeCo（個人型確定拠出年金）
年間投資上限金額	上限なし	40万円	14万4000円～81万6000円 ※職業、加入している年金の制度により異なる
運用できる商品 ※金融機関ごとに金融商品や手数料に差があるので注意	制限なし	投資信託・ETF（上場株式投資信託）など（金融庁が認めた投資適格商品）	預貯金・投資信託・保険商品
税制優遇		運用益は非課税	■運用益は非課税 ■掛け金を所得控除できる ■受け取り時に年金控除が使える ■退職所得控除が使える
運用期間	制限なし	20年	60歳まで ※受け取りタイミングは70歳まで延長可能
投資商品の売却	いつでもOK	いつでもOK ※ただし、非課税枠は使い切りで復活しない	いつでもOK ※他の商品への乗り換え可能。ただし、資金の引き出しは60歳以降
資金の引き出し	いつでもOK	いつでもOK	60歳まで原則不可能

出所：株式会社FPパートナー「マネードクターナビ」（https://fp-moneydoctor.com/news/knowledge/NISA_iDeCo_comparison/）をもとに一部改変

サラタメ：それぞれ投資できる上限額があるので、もし余裕があれば、どっちもやっておくと老後の備えとして心強いです。ただ、ｉＤｅＣｏは「**原則60歳まで引き出せない**」という強い縛りがあるので、まずは「つみたてＮＩＳＡ」から始めるのがベストかなと思います。

〈まとめ〉

・インデックス投資初心者に伝えたい3つのポイント
①低コスト
②日本以外
③つみたてNISA
・「つみたてNISA」も「iDeCo」も税金面でかなりお得
・まずは「つみたてNISA」から。余裕があれば「iDeCo」も

副業リーマンが手を出してはいけない投資

激ヤバ危険キーワード一覧

サラタメ：「マネー力」パートもこれで最後になりますが、もしかすると、ここが**一番大事なポイント**かもしれません！

マモル：そうなんですか⁉「激ヤバ危険キーワード」とか書いてありますけど！（笑）

サラタメ：正直、今まで私がお伝えした「ムダな保険に入るな」「積立投資しろ」みたいな話は、めんどくさかったら無視してもいいです。ただ、**このアドバイスは無視すると、取り返しのつかない事態に陥る危険性がある**ので絶対守ってほしいです。

マモル：取り返しのつかないことに⁉　ど、どうすればいいんですか？

サラタメ：結論、次のキーワードに近づかないこと。こういう話をオススメしてくる人からは、全力疾走で逃げてください！

①バイナリーオプション
②FXの自動売買ツール
③FXのレバレッジ
④デイトレード
⑤ソーシャルレンディング
⑥新築ワンルーム不動産投資

副業リーマンが手を出してはいけない投資6選

①バイナリーオプション

「バイナリーオプション」は、FX投資の一種。「投資」というより、いわばFXを使った「ギャンブル」に近い。数時間後に為替レートが、上がるか下がるかを当てるゲームみたいなもの。
また、当たったときのリターンは小さい一方、ハズしたときのリスクは大きく、取り組む理由がありません。

②FXの自動売買ツール

「FXの知識がなくても、忙しくても、この自動ツールがあれば稼げますよ」というセールストークで誘われます。それに応じると、「じゃあ、この口座に運用資金（証拠金）を振り込んでください」と言われ、結局、お金は持ち逃げされるパターンが多発しています。

サラタメ：自動売買ツールを使うだけで、稼げるなら全国民が億万長者です。ありえません。「あなたはラッキーです！　当選しました！」というダイレクトメールを、急に送ってくるパターンが多いのでご注意ください。

③FXのレバレッジ

FXでは、自分の持っているお金の最大25倍の金額を扱うことができます。こ

バイナリーオプションの仕組み

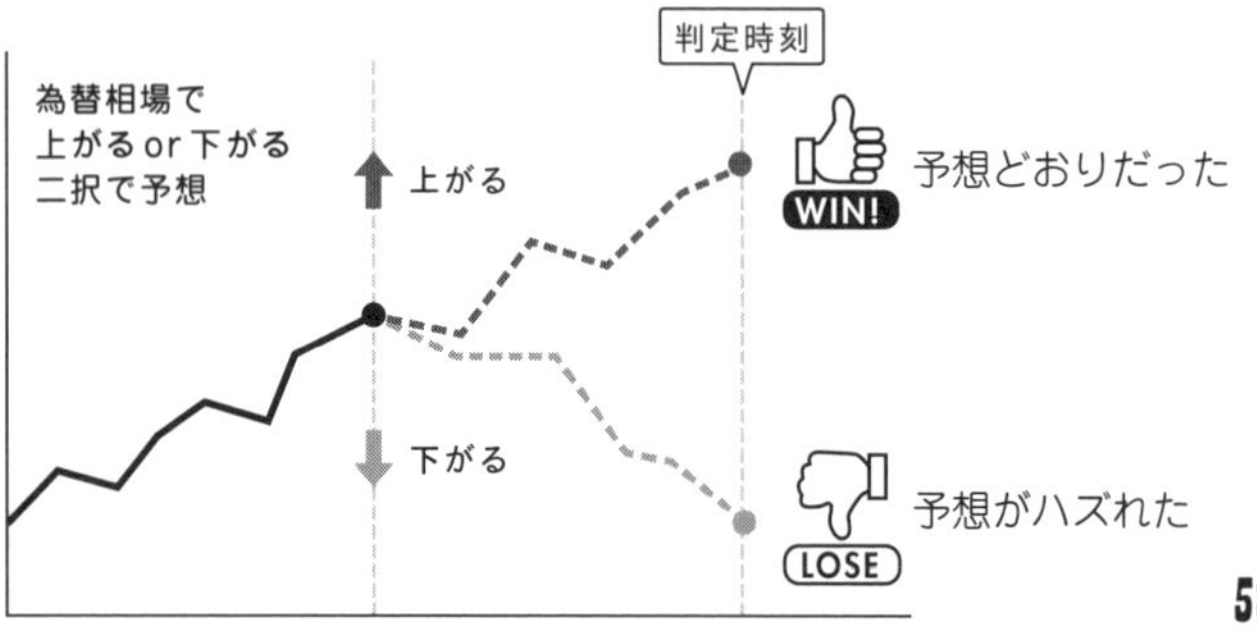

れが「レバレッジ」を活用した取引です。

25倍の利益を手にするチャンスがある一方、25倍の損失を出してしまうリスクもあり、初心者には絶対オススメできない投資手法です。

④デイトレード

もちろん「デイトレード」「短期トレード」で、大きく稼いでいるその道のプロはいます。ただ、私たち副業サラリーマンが手を出す投資ではありません。

一日中チャートを眺め続けることは現実的でないですし、なにより精神的に疲弊します。

⑤ソーシャルレンディング

「ソーシャルレンディング」とは下図のように、仲介する会社を通じ、企業にお金を貸して、高い利回りを得る投資手法です。

10%を超える高利回り案件もあったりしますが、オススメしません。

投資の価値がある、素晴らしいビジネスをしている会社なら、銀行や投資家など、正式ルートから十分資金調達できるはずだからです。

ソーシャルレンディングの仕組み

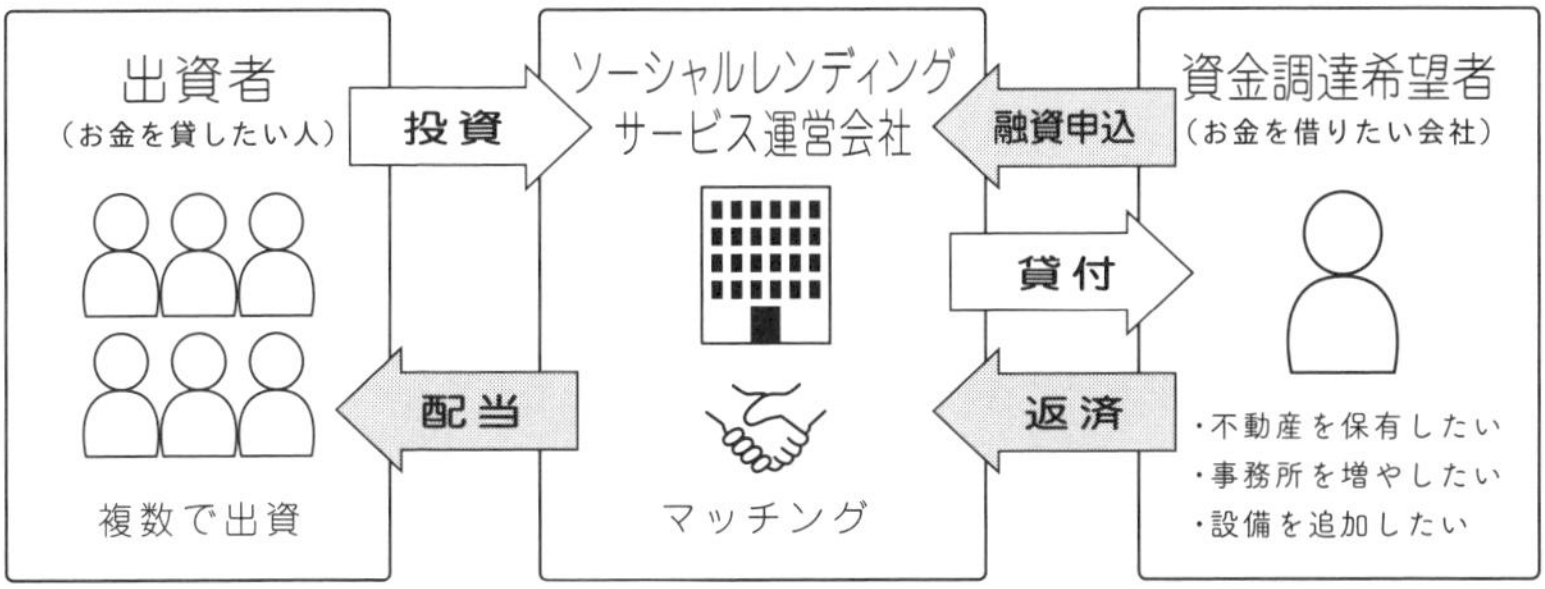

サラタメ：ザックリいえば、**期待できない「ワケあり企業」に投資することになります。**
たとえ利回りが高くても、それ以上にリスキーです。

⑥新築ワンルーム不動産投資

不動産投資自体は、多大な勉強時間と作業時間を費やせば、ミドルリスク・ミドルリターンの投資になりえますが、「新築ワンルーム不動産投資」だけはリスキーですので、やめておきましょう。

マイホームのパート（P527）でも触れましたが、一般的に新築物件は、中古になった瞬間、1〜2割、資産価値が下がります。新築物件に投資するということは、**「割高な投資商品を買わされている」**という事態に陥るケースが多いです。

サラタメ：「新築ワンルーム不動産投資」のセールストークは、普通のサラリーマンでは見抜けない落とし穴だらけです！

落とし穴だらけのセールストーク

・「ザックリ利回り5％は出ますよ！」

➡ザックリすぎる。税金、手数料、修繕費入れたら赤字。

・「節税になりますよ！」

➡節税になるということは、投資単体として赤字になっているということ。論外。

・「サブリース契約で、空室になっても家賃保証しますよ！」

➡よく読むと、いつでも先方都合で変更できる契約内容になっていて、実質、家賃保証になっていないケースが多い。

・「あの大手銀行が融資してくれるんですから、この物件はお墨付きですよ」

➡銀行はローンを返済してもらえればＯＫなので、返済できる程度のサラリーマン年収があれば融資する。投資物件の価値を認めたことにはならない。

サラタメ：もはや投資ではないんですが、最後によくある詐欺の手法も一つだけ解説させてください！

100年続く伝統的詐欺「ポンジ・スキーム」

100年以上前に詐欺師のチャールズ・ポンジ（1882〜1949）がつくった詐欺手法。今もなお、ダマされる人があとを絶たない最強の手口です。

「ポンジ・スキーム」でダマす手順

①おいしすぎる儲け話を持ちかける

詐欺師「配当30％の未公開株があるんです。マモルさんだけに教えますよ」

②本当に何度か配当を渡す

マモル「怪しいと思ってたけど、本当だったんだ！」

③出資額がさらに増える

マモル「こんな儲かるなら、もっと投資しちゃおう！　友達にもオススメしよう
かな！」

④お金が十分に集まったら逃げる

詐欺師「これ以上儲けすぎると目立ってヤバそうだから、そろそろ逃げるか」

マモル「あれ……？」

この事例では「未公開株」ですが、「仮想通貨」「宝石」「社債」など、時代に合わせて巧妙に変化していく詐欺手法です。

配当もいったん受け取ることができてしまうため、途中で詐欺だと気づくのが非常に難しいです。広告塔になっているタレントやスポーツ選手、オススメしてくる友人自身も詐欺だとわかっていないケースが大半だからこそ、**被害者がさらに被害者を生んでしまう、かなり厄介な詐欺手法なのです。**

サラタメ：ここでも、「平均利回りは5％くらい」を思い出してください。そこからかけ離れている投資は、まず疑ってかかるようにしましょう！

〈まとめ〉

・「マネー力」を身につけた「シン・サラリーマン」なら、次の投資手法は避けよう

①バイナリーオプション

②FXの自動売買ツール

③ＦＸのレバレッジ
④デイトレード
⑤ソーシャルレンディング
⑥新築ワンルーム不動産投資
・伝統的な詐欺手法「ポンジ・スキーム」に要注意

おわりに

サラタメ：マモルさん、おつかれさまでした！　これで「シン・サラリーマン」になるための解説は、すべて終わりです！

マモル：長かったですね（笑）。一つひとつ実践しながら進んでいったので、めちゃくちゃ時間かかりましたよ〜。

サラタメ：ですよね。ザッと流し読みするなら、１〜２日で終わると思いますが、「３つの武器（「リーマン力」「副業力」「マネー力」）を実践で使いこなすには、最低でも１〜２年くらいかかってしまうと思います。

マモル：でもまぁ、人生１００年時代の「シン・サラリーマン」の道のりは、40年近い長さになりそうですから、それに比べれば、ほんの１〜２年ともいえますね。この本を小脇に抱えながら、自分のペースで「３つの武器」をモノにしていきます。

サラタメ：ぜひ、そうしてください！　私も「シン・サラリーマン」の一人として、まだまだこれからも勉強&試行錯誤していきます。その中で「これは伝えなきゃ」という情報を見つけたら、ブログやSNSなんかで発信して、引き続き伴走させていただきます！

マモル：はい、これからもよろしくお願いします!!

YouTube
https://www.youtube.com/channel/UCaG7jufgiw4p5mphPPVbqhw

Twitter
https://twitter.com/SALATAME_media

転職ブログ
https://salatame.co.jp/tenshoku

読者のみなさまへ

「〝今〟を逃したら、もう書けないかも」
そう思い、この本を書き上げました。

というのも、6年前までブラックな職場で疲弊しているだけの、しがないサラリーマンだった私ですが、今では「シン・サラリーマン」の一人として、より新しい形のキャリアに挑戦しているところだからです。

「3つの武器」を駆使して、YouTuberをしながらブログを運営し、この本を書き、自分が社長の法人を立ち上げ、「新R25」というメディアで業務委託社員として働いています。

なんだかよくわからない謎の人間ですよね（笑）。

会社に所属しているという意味では、サラリーマン的な働き方ですが、業務委託社員なのでフリーランスともいえますし、同時に法人を持つ経営者でもあるわけで、ホントに謎の存在になりつつあります。

もはや自分でも何者なのか説明できない謎人間に、まるっきり変貌を遂げてしまう前に、この本を書き残しておきたいと思いました。

一番ツラかった、あのときの自分に手渡せる「攻略本」をつくっておきたいと。


パワハラ上司との悪戦苦闘。

人生初の転職における試行錯誤。

数々の副業に手を出しては挫折する日々。

その生々しい記憶がまだ新鮮なうちに、詳細なノウハウを、焦りや葛藤を、書き残しておきたかったんです。


まるで「6年前の自分」のようなマモルさんと対話することで、〝今〟の頭の中にあるすべてを吐き出せたように思います。

すべてを吐き出し切った結果、とんでもないボリュームに……。そして、読者のみなさんに「実践と継続」を求める、なかなかハードな内容に仕上がってしまいました。

「1時間で読み切れて、3日で結果が出る」という本にできればよかったのですが、そうできなかったので、いったいこの本は多くの方々に手に取っていただけるのだろうかと、少し不安です……。

とはいえ、きっとマモルさんのように、6年前の私のように、サラリーマン人生に悩む方が、この日本のどこかに一人はいるはず。そんなたった一人の〝サラ〟リーマンの〝ダメ〟になれば、サラタメ冥利に尽きるってもんです。

何年後でもかまいません。この本の内容を一つでも実践して「サラリーマン人生が一歩前進したよ」という方がもしいらっしゃれば、ぜひ教えてください。泣いて喜びます。

ということで、長くなってすみません！　こんな最後の最後まで読んでくださったあなたに、全身全霊の土下座で感謝を申し上げまして、締めくくらせていただきます。

本当にありがとうございました。またどこかで。

2021年12月

サラタメ

〈参考文献一覧〉

・リンダ・グラットン＋アンドリュー・スコット著、池村千秋訳『ＬＩＦＥ ＳＨＩＦＴ（ライフ・シフト）――100年時代の人生戦略』（東洋経済新報社）
・岸見一郎＋古賀史健著『嫌われる勇気――自己啓発の源流「アドラー」の教え』（ダイヤモンド社）
・佐々木圭一著『伝え方が9割』（ダイヤモンド社）
・ハイディ・グラント著、児島修訳『人に頼む技術――コロンビア大学の嫌な顔されずに人を動かす科学』（徳間書店）
・樺沢紫苑著『精神科医が教える ストレスフリー超大全――人生のあらゆる「悩み・不安・疲れ」をなくすためのリスト』（ダイヤモンド社）
・安宅和人著『イシューからはじめよ――知的生産の「シンプルな本質」』（英治出版）
・グロービス経営大学院著『改訂3版 グロービスＭＢＡクリティカル・シンキング（グロービスＭＢＡシリーズ）』（ダイヤモンド社）
・楠木建著『ストーリーとしての競争戦略――優れた戦略の条件』（東洋経済新報社）
・吉原英樹著『「バカな」と「なるほど」――経営成功の決め手！』（ＰＨＰ研究所）
・河野英太郎著『99％の人がしていないたった1％の仕事のコツ』（ディスカヴァー・トゥエンティワン）
・田端信太郎著『これからの会社員の教科書――社内外のあらゆる人から今すぐ評価されるプロの仕事マインド71』（ＳＢクリエイティブ）
・桐生稔著『雑談の一流、二流、三流』（明日香出版社）

・ロジャー・フィッシャー＋ウィリアム・ユーリー著、金山宣夫＋浅井和子訳『ハーバード流交渉術』（三笠書房）
・ロバート・B・チャルディーニ著、社会行動研究会訳『影響力の武器 第三版 ――なぜ、人は動かされるのか』（誠信書房）
・ダン・アリエリー著、熊谷淳子訳『予想どおりに不合理――行動経済学が明かす「あなたがそれを選ぶわけ」』（早川書房）
・デボラ・ザック著、栗木さつき訳『SINGLE TASK 一点集中術――「シングルタスクの原則」ですべての成果が最大になる』（ダイヤモンド社）
・榊巻亮著『世界で一番やさしい会議の教科書』（日経BP）
・樺沢紫苑著『学び効率が最大化するインプット大全』（サンクチュアリ出版）
・樺沢紫苑著『学びを結果に変えるアウトプット大全』（サンクチュアリ出版）
・鈴木康弘著『転職の赤本』（エンターブレイン）
・moto（戸塚俊介）著『転職と副業のかけ算――生涯年収を最大化する生き方』（扶桑社）
・大河内薫＋若林杏樹著『お金のこと何もわからないままフリーランスになっちゃいましたが税金で損しない方法を教えてください！』（サンクチュアリ出版）
・本田健著『ユダヤ人大富豪の教えⅢ――人間関係を築く8つのレッスン』（大和書房）
・両@リベ大学長著『本当の自由を手に入れる お金の大学』（朝日新聞出版）
・グレッグ・マキューン著、高橋璃子訳『エッセンシャル思考――最少の時間で成果を最大にする』（かんき出版）
・北野唯我著『このまま今の会社にいていいのか？と一度でも思ったら読む 転職の思考法』（ダイヤモンド社）

〈参考ＨＰ一覧〉

- マイナビ転職「履歴書の書き方マニュアル完全版！ 履歴書の見本（サンプル）・作成方法」
https://tenshoku.mynavi.jp/knowhow/rirekisho
- リクルートエージェント「職務経歴書の書き方・職種別の書き方見本とフォーマットダウンロード」
https://www.r-agent.com/guide/article564/
- ダイヤモンド・オンライン「『先進医療は３００万円もかかる』は本当？ 医療保険商品『先進医療特約』の濡れ手で粟」
https://diamond.jp/articles/-/58962
- リクルートマーケティングパートナーズ「ゼクシィ結婚トレンド調査２０１９首都圏」
https://souken.zexy.net/data/trend2019/XY_MT19_report_06shutoken.pdf
- リクルートマーケティングパートナーズ「ゼクシィ新生活準備調査２０１６」
https://souken.zexy.net/data/trend2016/XY_ML16_report.pdf
- 内閣府「平成21年度インターネットによる子育て費用に関する調査」
https://www8.cao.go.jp/shoushi/shoushika/research/cyousa21/net_hiyo/mokuji_pdf.html
- 文部科学省「平成30年度子供の学習費調査」
https://www.mext.go.jp/content/20191212-mxt_chousa01-000003123_01.pdf
- 「国立大学等の授業料その他の費用に関する省令」
https://www.kyoto-u.ac.jp/uni_int/kitei/reiki_honbun/w002RG00000953.html
- 株式会社ＦＰパートナー「マネードクターナビ」
https://fp-moneydoctor.com/news/knowledge/NISA_iDeCo_comparison/
- ふるさと納税ガイド
https://furu-sato.com/

「シン・サラリーマン」なら、絶対に読んでおきたい 超厳選30冊

① マインド

最初の一冊はコレ!

河野英太郎著
99%の人がしていないたった1%の仕事のコツ
（ディスカヴァー・トゥエンティワン）

② マインド

残酷な世界の唯一の希望

森岡毅著
苦しかったときの話をしようか
――ビジネスマンの父が我が子のために書きためた「働くことの本質」
（ダイヤモンド社）

③ マインド

承認欲求奴隷解放宣言

岸見一郎+古賀史健著
嫌われる勇気――自己啓発の源流「アドラー」の教え
（ダイヤモンド社）

④ マインド

イラッとしたら才能

八木仁平著
世界一やさしい「やりたいこと」の見つけ方
――人生のモヤモヤから解放される自己理解メソッド
（KADOKAWA）

⑤ マインド

ホントは怖い人生100年

リンダ・グラットン+アンドリュー・スコット著、池村千秋訳
LIFE SHIFT（ライフ・シフト）――100年時代の人生戦略
（東洋経済新報社）

⑥ マインド

あなたも動かされる

D・カーネギー著、山口博訳
人を動かす 文庫版
（創元社）

7

マインド

King of 自己啓発

スティーブン・R・コヴィー著、フランクリン・コヴィー・ジャパン訳
完訳 7つの習慣――人格主義の回復
（キングベアー出版）

8

コミュニケーション

驚くほどうまいパスタ

佐々木圭一著
伝え方が9割
（ダイヤモンド社）

9

コミュニケーション

孫さんも認めたプレゼン術

伊藤羊一著
1分で話せ
――世界のトップが絶賛した大事なことだけシンプルに伝える技術
（SBクリエイティブ）

10

コミュニケーション

クソ会議殲《せん》滅《めつ》

榊巻亮著
世界で一番やさしい会議の教科書
（日経BP）

11

コミュニケーション

人間関係完全対策マニュアル

本田健著
ユダヤ人大富豪の教えⅢ
――人間関係を築く8つのレッスン
（大和書房）

12

コミュニケーション

科学的にラクに生きる

樺沢紫苑著
精神科医が教える ストレスフリー超大全
――人生のあらゆる「悩み・不安・疲れ」をなくすためのリスト
（ダイヤモンド社）

13

コミュニケーション

戦略的シカト

草薙龍瞬著
反応しない練習――あらゆる悩みが消えていく
ブッダの超・合理的な「考え方」
（KADOKAWA）

14

コミュニケーション

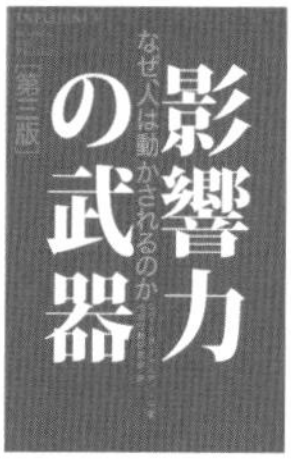

悪用厳禁! 6つの心理トリガー

ロバート・B・チャルディーニ著、社会行動研究会訳
影響力の武器［第三版］――なぜ、人は動かされるのか
（誠信書房）

15

思考法

8割の仕事
ムダ

グレッグ・マキューン著、高橋璃子訳
エッセンシャル思考
──最少の時間で成果を最大にする
（かんき出版）

16

思考法

紙に
吐き出せ

赤羽雄二著
ゼロ秒思考
──頭がよくなる世界一シンプルなトレーニング
（ダイヤモンド社）

17

思考法

斬新な
アイデアは
存在しない

ジェームス・W・ヤング著、今井茂雄訳、竹内均解説
アイデアのつくり方
（CCCメディアハウス）

18

思考法

そもそもが
間違ってる

安宅和人著
イシューからはじめよ
──知的生産の「シンプルな本質」
（英治出版）

19

思考法

デキる
脳みそ
インストール

グロービス経営大学院著
改訂３版 グロービスMBAクリティカル・シンキング
（ダイヤモンド社）

20

思考法

変人
最強説

楠木建著
ストーリーとしての競争戦略
──優れた戦略の条件
（東洋経済新報社）

21

思考法

一を聞き、
万を知る

細谷功著
アナロジー思考
──「構造」と「関係性」を見抜く
（東洋経済新報社）

22

マーケティング

「マーケティング」
知ってる？

森岡毅著
USJを劇的に変えた、たった１つの考え方
──成功を引き寄せるマーケティング入門
（KADOKAWA/角川書店）

23

マネジメント

平社員から はじめる マネジメント

岩崎夏海著
もし高校野球の女子マネージャーが
ドラッカーの『マネジメント』を読んだら
（ダイヤモンド社）

24

情報収集術

読書は無意味 今すぐ 話せ

樺沢紫苑著
学びを結果に変えるアウトプット大全
（サンクチュアリ出版）

25

情報収集術

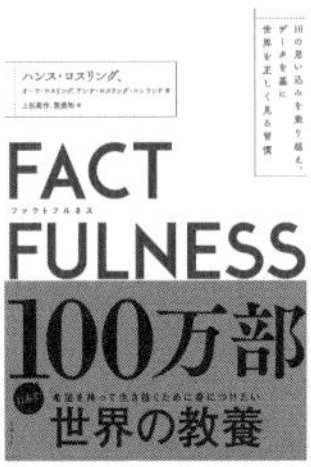

惑わされるな! ネガティブ 本能

ハンス・ロスリング+オーラ・ロスリング+アンナ・ロスリング・ロンランド著、上杉周作+関美和訳
FACTFULNESS（ファクトフルネス）
──10の思い込みを乗り越え、データを基に世界を正しく見る習慣
（日経BP）

26

転　職

上司を見るな、 市場を見よ

北野唯我著
このまま今の会社にいていいのか?
と一度でも思ったら読む 転職の思考法
（ダイヤモンド社）

27

転　職

年収6倍の 方程式

moto（戸塚俊介）著
転職と副業のかけ算
──生涯年収を最大化する生き方
（扶桑社）

28

お　金

お金のことは コレ一冊

両@リベ大学長著
本当の自由を手に入れる お金の大学
（朝日新聞出版）

29

お　金

税金 奪われ放題の あなたへ

橘玲著
新版 お金持ちになれる黄金の羽根の拾い方
──知的人生設計のすすめ
（幻冬舎）

30

お　金

働くな、 働かせろ

ロバート・キヨサキ著、白根美保子訳
金持ち父さんのキャッシュフロー・クワドラント
──経済的自由があなたのものになる
（筑摩書房）

［著者］

サラタメ

登録者60万人超えのサラリーマンYouTuber。
「サラリーマンのタメに」というコンセプトで情報発信をしており、名前の由来でもある。2012年に東証一部上場企業に入社し、おもにマーケティングを担当。２度の転職を経て、2021年５月からWebメディア「新R25」を運営する株式会社Cyber Nowに業務委託社員として勤務。サラリーマン業で得た知見をもとに、2018年12月から副業としてYouTubeチャンネルを開設。書籍解説と転職ノウハウに関するチャンネルを約３年間運営し、現在の登録者数は60万人以上にものぼる。

真の「安定」を手に入れる
シン・サラリーマン
――名著300冊から導き出した人生100年時代の攻略法

2021年12月７日　第１刷発行
2021年12月23日　第３刷発行

著　者――サラタメ
発行所――ダイヤモンド社
〒150-8409　東京都渋谷区神宮前6-12-17
https://www.diamond.co.jp/
電話／03･5778･7233（編集）　03･5778･7240（販売）
ブックデザイン―吉岡秀典（セプテンバーカウボーイ）
DTP、図版作成―エヴリ・シンク
イラスト――ヒルマ ミズキ（FlutterDesign）
編集協力――佐々木ゴウ
「マネー力」監修―マイルくん（税理士）
校正――――加藤義廣、宮川咲
製作進行――ダイヤモンド・グラフィック社
印刷――――勇進印刷（本文）・新藤慶昌堂（カバー）
製本――――ブックアート
編集担当――寺田庸二

ISBN 978-4-478-11434-6

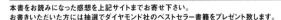